A PAZ É O CAMINHO

Deepak Chopra

A PAZ É O CAMINHO

Acabando com a guerra e a violência

Tradução
CLÁUDIA GERPE DUARTE

Rocco

Título original
PEACE IS THE WAY

Direitos para a língua portuguesa reservados
com exclusividade para o Brasil à
EDITORA ROCCO LTDA.
Avenida Presidente Wilson, 231 – 8º andar
20030-021 – Rio de Janeiro – RJ
Tel.: (21) 3525-2000 – Fax: (21) 3525-2001
rocco@rocco.com.br
www.rocco.com.br

Printed in Brazil/Impresso no Brasil

preparação de originais
FÁTIMA FADEL

CIP-Brasil. Catalogação-na-fonte.
Sindicato Nacional dos Editores de Livros, RJ.

C476p
Chopra, Deepak, 1946-
A paz é o caminho: acabando com a guerra e a violência/Deepak Chopra; tradução de Claudia Gerpe Duarte. – Rio de Janeiro: Rocco, 2006.
(Arco do Tempo. As leis do espírito)

Tradução de: Peace is the way
ISBN 85-325-1971-7

1. Paz – Aspectos religiosos. 2. Guerra – Aspectos religiosos. 3. Violência – Aspectos religiosos. 4. Conflito – Administração – Aspectos religiosos. I. Título. II. Série.

05-3547
CDD – 261.873
CDU – 261.6

Este livro foi impresso na Editora JPA Ltda.
Av. Brasil, 10.600 – Rio de Janeiro – RJ,
para a Editora Rocco Ltda.

A todos os pacificadores do mundo que, ao se fixarem firmemente na não-violência, farão com que todos os seres ao redor deles parem de sentir hostilidade.

Agradecimentos

PETER GUZZARDI, o meu competente editor: você é ao mesmo tempo o meu crítico e um dos meus melhores amigos;

Shaye, Julie, Julia, Tina, Tara, Brian, Jenny, Sarah e o resto da minha família na Harmony: vocês têm sido amorosos, agradáveis e tolerantes desde o início da minha carreira;

Roberto Savio e Arsenio Rodriguez, vocês fizeram a Alliance for the New Humanity [Aliança para a Nova Humanidade] algo de que posso me orgulhar;

Rita, Mallika, Gotham, Sumant, Candice e as minhas queridas Tara e Leela: vocês fazem tudo ser sagrado e valer a pena;

Carolyn Rangel, Felicia Rangel e Janice Crawford, do meu escritório: a dedicação e o esforço de vocês tornam tudo possível;

E, finalmente, agradeço à minha família no Chopra Center, que traduz as minhas palavras para uma prática que faz a diferença na vida das pessoas.

Agradecimentos

Sumário

"Não existe um caminho para a paz. A paz é o caminho."

– MAHATMA GANDHI

A GUERRA ACABA HOJE

HOJE É UM BOM DIA para a guerra terminar.

O número simbólico de mil baixas americanas foi ultrapassado hoje no Iraque – escrevo estas linhas no dia 9 de setembro de 2004 – e a maioria das mortes teve lugar depois que a vitória foi declarada há mais de um ano. Como está o mundo no dia em que você está lendo as minhas palavras? Não posso prever, mas sei que, mesmo que essa guerra particular termine, você estará se vendo diante do terrorismo, de atentados suicidas, insurreições e da guerra civil em algum lugar do planeta. Você também se defrontará com ameaças nucleares de nações rotuladas de "desprezíveis e indignas" pelos Estados Unidos, como a Coréia do Norte e o Irã. A violência ainda estará se alastrando sem controle, independentemente do dia em que você estiver lendo estas palavras.

No início de 2003, estimava-se que trinta conflitos militares estavam tendo lugar ao redor do mundo. Hoje é um bom dia para todas essas guerras chegarem ao fim. Mas será que isso vai acontecer? E se acontecer, o que as substituirá?

Para acabar com a guerra, você precisa pensar em acabar não apenas com um único conflito e não apenas com trinta. Na verdade, temos que acabar com a idéia da guerra, que se transformou no hábito da guerra e depois na constância anestesiante da guerra. A última vez que os Estados Unidos não estavam em estado de guerra foi no dia 6 de dezembro de 1941, na véspera do dia em que Pearl Harbor instigou os Estados Unidos a declararem guerra ao Japão. Desde então, os Estados Unidos aceitaram a necessidade de um enorme exército permanente, o crescimento dos fabricantes e comerciantes de armas que se tornou uma parte substancial da economia, milhares de soldados baseados ao redor do mundo, uma intensa pesquisa de novas tecnologias mortíferas e um clima político no qual é suicídio pronunciar-se contra a guerra. Toda essa situação, que chega a todos os lares, nos mantém em estado de guerra mesmo quando não há uma guerra declarada que domine as manchetes dos jornais.

Como qualquer hábito, a guerra criou um sulco na nossa mente, de modo que, quando ficamos com medo ou muito zangados, a reação da guerra surge naturalmente. Ela tem uma pista fácil a seguir. Mesmo quando a contagem de corpos aumenta no Triângulo Sunita e as fotografias de tortura da prisão de Abu Ghraib abalam a nossa consciência, o sulco ainda está presente, profundo e familiar. A guerra tornou-se quase um prazer secreto. Ela gera emoção e acelera o ritmo rotineiro da vida. Na adaptação para o cinema de *Vanity Fair*, de Mira Nair, uma mulher comenta em uma festa com um ar de superioridade: "A guerra é boa para os homens. É como revolver o solo." Procuramos a guerra da maneira como o fumante inveterado é atraído pelo cigarro, resmungando o tempo todo que temos de parar. Nas últimas quatro décadas, o hábito de guerra dos Estados Unidos nos levou ao Iraque, ao Afeganistão, ao Kuwait, à Somália, ao Líbano, ao Panamá, a Granada, ao Vietnã e ao Camboja, sem mencionar operações militares mais secretas em lugares como o Laos, a Nicarágua e a Colômbia.

Este livro se dedica a tentar apagar essa rotina e substituí-la por uma nova maneira de reagir, quando estamos com medo ou muito zangados, ou mesmo quando não estamos. O caminho da paz precisa tornar-se um novo costume. Para isso, ele precisa oferecer um substituto para cada coisa que a guerra oferece hoje. Você talvez se sinta imune aos encantos da guerra, mas todo mundo se beneficiou de alguma maneira com as contribuições da guerra.

A guerra oferece um escoadouro para a vingança nacional.

Ela satisfaz as necessidades do medo.

Ela confere poder ao vencedor.

Ela proporciona segurança na terra natal.

Ela abre o caminho para que obtenhamos pela força o que queremos.

Em contrapartida, ao viver em paz respiramos livremente. Existe espaço para que nos associemos a outras pessoas. As discussões prosseguem com respeito mútuo para ambos os lados. Mahatma Gandhi, Nelson Mandela e Madre Teresa viveram aspectos diferentes da paz. Aprendemos com cada um deles que o caminho da paz pode acabar com o sofrimento e a opressão, não por meio da guerra contra o inimigo e sim reconhecendo as injustiças, e permitindo que a solidariedade e a condição humana comum realizem o seu paciente trabalho. A guerra sufoca tudo isso.

As contribuições da guerra podem se revelar amargas e vazias no final, mas este fato não desgastou o hábito da guerra na nossa consciência. Hoje, depois de um século no qual mais de cem milhões de pessoas morreram por causa da guerra, nós, sobreviventes, ainda nos voltamos para a guerra por acharmos que ela pode fazer algum bem. A satisfação de travar a guerra não pode ser substituída pela filosofia ou pela religião. O Buda e o Príncipe da Paz não poderiam ter se expressado com mais intensidade contra a violência, mas as convicções deles foram distorcidas e transformadas em uma causa de derramamento de sangue nas mãos dos seus seguidores.

A nossa era está embebida na operação militar mecanizada que é absolutamente terrificante sob o aspecto humano. Em alguma parte deste país, equipes de cientistas estão trabalhando em uma bomba que vaporizará os seres humanos que entrarem em contato com ela sem destruir os prédios onde eles residem. Em algum lugar desta nação, outros cientistas estão tentando descobrir como desorganizar o suprimento de água, a eletricidade, as comunicações e os transportes do inimigo através de sinais transmitidos pela Internet. Logo seremos capazes de danificar uma nação sem mesmo ter que pôr os pés no território dela.

Estamos quase chegando lá, graças ao bombardeamento do alvo exato a partir de altitudes elevadas e das "bombas espertas" [mísseis dirigidos] capazes de se orientar sozinhas em direção ao alvo enquanto os nossos soldados permanecem em segurança, fora do alcance do dano. Essa tecnologia deixa algumas pessoas, inclusive no meio militar, muito constrangidas, porque ela implica que o nosso exército pode matar livremente sem perdas do nosso lado. O último vestígio de honra no campo de batalha era o respeito pelo inimigo, mas nem isso existe mais. A satisfação de administrar a morte com tanta eficiência precisa ser acrescentada à lista das contribuições da guerra.

O caminho da paz pode realmente substituir tudo isso? Ele pode ter sucesso onde séculos de sabedoria e moralidade falharam?

Pode, porque o caminho da paz não se baseia na religião ou na moralidade. Ele não pede que nos tornemos santos da noite para o dia ou que renunciemos aos nossos sentimentos de raiva e à nossa sede de vingança. Na verdade, pede algo novo: a evolução consciente.

É chegada a hora de deixarmos de ser passivos e assumirmos o controle do nosso destino, pessoa por pessoa. O que mantém viva a guerra? O retardamento da resposta, a dependência de reações que os seres humanos têm seguido desde o começo da história. A violência não é a essência da natureza humana. De fato, ela predomina e é inata. Mas o mesmo podemos dizer do seu oposto: o amor. O caminho da paz é amor em ação. Embora a raça humana, explícita ou implicitamente, pareça acreditar que a violência é mais poderosa do que o amor, isto é o mesmo que dizer que a morte é mais poderosa do que a vida.

Essa simplesmente não é a verdade. A humanidade evoluiu e transcendeu muitas coisas que certa vez pareceram inatas. Aprendemos a usar o raciocínio de forma triunfante. Superamos a superstição e a doença. Expusemos à luz as trevas da psique. Investigamos profundamente o funcionamento da natureza. Todos esses sucessos apontam para o passo seguinte, que é a compreensão de que os seres humanos superaram a guerra.

Hoje não é o dia em que eu ou qualquer outra pessoa pode dizer que os seres humanos finalmente transcenderam a guerra. A única notícia recente que oferece esperança é pequena, um relato estatístico que diz que os últimos 12 meses, apesar das manchetes do Iraque, produziram o menor número de mortes na guerra desde 1945, o final da Segunda Guerra Mundial. No ano passado, o total de corpos provenientes de todos os conflitos foi de 20 mil no mundo inteiro. Assim sendo, a tendência pode já estar começando. Você e eu, na nossa angústia de acabar com a guerra, podemos estar captando tremores do futuro.

Hoje é o dia de agir sobre eles. Assim como a lei da gravidade de Newton significou que os seres humanos estavam finalmente e para sempre no caminho de uma nova ciência, de uma estrada que conduziria a um mundo completamente transformado, você e eu podemos criar um novo ponto crucial. Eu argumentaria que, para a maioria das pessoas nos Estados Unidos e em muitas outras partes do mundo, a tendência do futuro já se inverteu. As pessoas estão prontas para seguir o caminho da paz, desde que possam aprender o que ele é.

O caminho da paz baseia-se na mesma coisa que prenunciou a era da ciência: um salto de consciência. Quando presenciaram demonstrações das máquinas a vapor, da luz elétrica e das vacinas, as pessoas se adaptaram a elas no seu nível de percepção. A concepção do ser humano não era mais compatível com ler à luz de velas, viajar a cavalo, enfrentar índices elevados de mortalidade infantil, ter um tempo de vida curto e sofrer a devastação das doenças. Teve lugar um salto na consciência coletiva.

O caminho da paz, acredito, pode mudar o futuro da mesma maneira. Se você e eu demonstrarmos que a paz é mais satisfatória do que a guerra, a consciência coletiva se modificará. Hoje, você eu acordamos e consideramos fácil não matar ninguém. A nossa sociedade, no entanto, não pode afirmar a mesma coisa. Está na hora de a sociedade seguir uma direção que corresponda ao que o indivíduo deseja. Não pode haver nenhuma desculpa para vivermos uma vida confortável incrustada em uma cultura de morte e violência mecanizadas. Você e eu não somos observadores inocentes da guerra. Dependemos dela política, econômica e socialmente. Mostrarei em detalhes por que isso é verdade e como podemos passar a ser solidários com um modo de vida que não esteja envolvido com a guerra ou com a morte. Quanto mais pessoas se unirem a nós, mais rápido a guerra chegará ao fim. Em vez de desejar que os outros parem de matar, você pode se tornar uma força a favor da paz, e, ao fazer isso, realizar a contribuição suprema.

Se você passar a ser solidário com a paz, a guerra acabará hoje para você. Isso acontece com uma pessoa de cada vez, mas funciona. Um milhão de minúsculos terremotos deslocam mais terra do que um único abalo cataclísmico. Não existe maneira melhor ou mais fácil de viver do que pegar a onda da evolução. Quão difícil é levantar os olhos e dizer que hoje é um bom dia para a guerra terminar? Se a sua consciência seguir essas palavras e permanecer fiel a elas, a guerra nunca mais retornará à sua vida.

O CAMINHO DA PAZ

Mahatma Gandhi expressou uma profunda verdade quando disse: "Não existe um caminho para a paz. A paz é o caminho." O que ele quis dizer é que não alcançamos a paz trabalhando com a violência ou vencendo-a através da força. A paz possui um poder que lhe é exclusivo, um sistema próprio para organizar eventos. Estamos procurando substitutos capazes de satisfazer necessidades que hoje são atendidas pela guerra. As antigas satisfações não são triviais, pois a aventura, o poder e a expansão são valores primordiais na vida.

Quando não existe uma maneira viável de a pessoa comum participar da aventura, do poder e da expansão, até mesmo o caminho ilusório da guerra, com o terrível tributo que ela cobra da vida humana, é preferível a nada. Como veremos, se você realmente se aprofunda no caminho da paz, encontra o poder. Você alcança a liberdade e a emoção que se espera que a aventura proporcione. Você expande a consciência sem ter de invadir outro país e confiscar as riquezas dele. A guerra é acima de tudo uma coisa material. Ela envolve a força bruta, corpos lutando contra corpos, a destruição de cidades que são reconstruídas, o desperdício de armas para que outras mais mortíferas possam ser inventadas.

Se as pessoas conseguissem alcançar a satisfação sem destruição, acredito que o fariam. Milhões de pessoas já querem viver sem destruição. Estamos procurando agora uma maneira de tornar nossa vontade e nosso desejo mais poderosos do que a guerra. Por sorte, isso não é complicado. De acordo com os antigos textos védicos, você saberá que está vivendo o caminho da paz quando três coisas estiverem presentes:

Seva: as suas ações não prejudicam ninguém e são vantajosas para todo mundo.

Simran: você se lembra da sua verdadeira natureza e do seu propósito para estar aqui.

Satsang: você pertence à comunidade de paz e sabedoria.

Essas três palavras que começam com a letra S procedem do sânscrito. Elas descrevem a vida ideal de qualquer pessoa espiritual. No entanto, fazem algo igualmente importante: liberam um poder que o materialismo não pode derrotar, assim como uma pedra não pode derrotar a chuva, embora a primeira seja dura e a segunda, mole; assim como uma árvore não pode derrotar o vento, embora a primeira seja sólida e o segundo, invisível. O poder pode parecer abstrato, mas a satisfação não é. Cada uma dessas três palavras proporciona uma satisfação que a guerra nunca conseguirá igualar.

Seva lhe traz a alegria de saber que as suas ações cotidianas sustentam a vida como um todo. Você se torna parte da evolução do planeta e não da destruição maciça dele. Você vive em paz com a sua consciência porque cumpriu o dever de cuidar de cada aspecto da natureza, até o nível mais sagrado.

Simran lhe traz a satisfação das possibilidades expandidas. Você não está limitado a ser um indivíduo perdido no mar da humanidade. Você encontra o seu eu autêntico e a sua verdade autêntica. Um caminho único em direção à maestria abre-se exclusivamente para você.

Satsang lhe traz a satisfação de não ter inimigos. Você está em casa no mundo. O resto da família humana é parte de você. As gerações mais velhas e as mais jovens não estão mais separadas por um abismo, trabalhando juntas em direção à visão de um mundo sem pobreza, ignorância e violência.

A principal razão pela qual a paz é a tendência do futuro é que essas três coisas já são por si só fortes tendências. Segundo algumas avaliações, de um terço a cinqüenta por cento dos americanos aceitam alguma forma de valores da Nova Era, o que representa um espectro tão amplo que deixou de ser útil usar esse rótulo. O proveitoso é perceber que você é importante e não está sozinho. Em 1987, uma dona-de-casa que caminhava na chuva para comprar pão à sombra do Muro de Berlim talvez não tivesse a menor idéia de que a sua vontade reprimida de ser livre era mais poderosa do que o muro. O que é a vontade de uma pessoa em comparação com tijolos, torres de metralhadoras e arame farpado? Mas a vontade é um aspecto da consciência e a tendência do tempo precisa obedecer à consciência quando esta decide mudar. Acredito que a sua vontade reprimida já esteja moldando o futuro, embora você só esteja envolvido com coisas do dia-a-dia, como andar na chuva para comprar pão. Apresento a seguir um exemplo:

TENDÊNCIAS DE UMA NOVA HUMANIDADE

A visão que já nos une

Você acredita que o mundo precisa se unir em torno da questão do aquecimento global?

Você deseja ver um esforço de grande porte para acabar com a AIDS em todo o planeta?

Você quer ver os oceanos livres da poluição?

Você acha que os Estados Unidos devem conduzir o Terceiro Mundo a alcançar economias sustentáveis?

Você defende a liberdade religiosa e o final do fanatismo religioso em todas as suas formas?

Você deseja a plena igualdade de direitos para os imigrantes?

Você quer ver o fim de todas as reservas nucleares?

Você deseja ver os Estados Unidos se tornarem menos militarizados?

Você quer que uma alternativa para os combustíveis fósseis seja desenvolvida o mais rápido possível?

Você acredita na igualdade das mulheres em todas as sociedades?

Podemos ter diante de nós décadas de luta e esforço para que essas metas se tornem realidade, mas, na condição de convicções aceitas, elas já estão vivas e são essenciais. Milhões de pessoas que não se identificam com a Nova Era, que nunca participaram de uma demonstração pela igualdade de direitos ou contra a poluição das empresas, que se consideram centristas na política social, fazem na verdade parte de uma maioria que está esperando para se reconhecer. O caminho da paz inclui todos esses objetivos, já que cada um deles se enquadra na categoria de serviço para o bem comum (*Seva*), na de uma mudança na autoimagem para um nível mais elevado (*Simran*) ou na de apagar as diferenças para promover uma nova comunidade humana (*Satsang*).

Na verdade, a surpresa é que o caminho da paz não tenha reunido mais impulso. Consigo enxergar alguns dos obstáculos que se recusaram a se mover. A escalada maciça de armas nos últimos cinqüenta anos dá a impressão de não poder ser detida. As autoridades que controlam essas armas não têm nenhum escrúpulo em usar a intimidação e o medo para promover a sua política. A dominância esmagadora de empresas gananciosas desprovidas de valores e impulsionadas apenas pela competição e pelo lucro cria a sua própria intimidação. Essas forças impedem, de várias maneiras, que as pessoas espirituais acreditem que têm poder. Podemos ser sinceros a respeito disso uns com os outros. As pessoas sentem-se inibidas por se destacarem na multidão e serem rotuladas de diferentes, e existe também o medo de ficarmos isolados quando não conseguimos encontrar outros que acreditam nas mesmas coisas que nós.

Coloque a timidez de lado por um momento e entenda algo surpreendente, porém verdadeiro. Os obstáculos materialistas são irrelevantes. Eles existem em um nível que pode ser aparentemente convincente, mas que exerceu pouco efeito no nosso coração e nos nossos desejos mais profundos. *Você é potencialmente mais poderoso do que qualquer arma.* Compreendo que esse é um grande salto para as pessoas. Recue no tempo e pense nas enormes paradas do

Primeiro de Maio que retumbavam na praça Vermelha na era soviética, fazendo uma impressionante exibição de mísseis e tanques. A fachada parecia invulnerável. Hoje sabemos que nem sempre devemos acreditar nas exibições de força. Por trás daquelas máscaras de aço, a estrutura do comunismo estava desmoronando, motivo pelo qual, nos Estados Unidos, vemos um esforço exagerado semelhante tentando convencer as pessoas de que elas precisam obedecer ao antigo sistema favorável à guerra e respeitá-lo. Os armamentos são reais, mas não podem interromper o surgimento de novas crenças.

A força secreta da paz reside precisamente no fato de ela não ser materialista. Se você se comprometer a ter ao menos uma pequena parcela adicional de confiança no futuro, deixará de se sentir fraco e solitário. Esteja certo de que a consciência está em ação. Procure absorver esse fato e as implicações que ele encerra. Comunidades espirituais brotaram no mundo inteiro com o objetivo de orientar conscientemente o futuro. Nos Estados Unidos, toda cidade relativamente grande possui igrejas alternativas cujas congregações seguem uma visão que inclui diversas formas de *Seva*, *Simran* e *Satsang*. Não é, no entanto, necessário excluir a sociedade convencional, que já aceita muitos aspectos desses valores espirituais. Relaciono a seguir algumas palavras-chave.

***Seva* – ação altruísta:** caridade, trabalho voluntário, programas educacionais para segmentos necessitados da sociedade, aconselhamento, cura, direitos dos animais, opositores conscientes, evangelismo.

Todos esses movimentos expressam um desejo de oferecer serviços por meio de ações altruístas. Eles não são motivados pelo dinheiro ou pela vaidade pessoal. Envolvem a convicção subjacente de que aqueles que praticam o serviço estão se beneficiando tanto quanto os que estão recebendo ajuda. *Seva* representa o impulso de escapar das armadilhas do ego, do egoísmo e do dinheiro.

***Simran* – visão mais elevada da humanidade**: a defesa do meio ambiente, o movimento pela paz, direitos humanos, psicoterapia, medicina alternativa, o movimento do potencial humano, religiões orientais e da Nova Era.

Todos esses movimentos estão ligados por uma visão mais elevada do que significa ser humano. Eles se opõem a uma sociedade tecnológica na qual o indivíduo é diminuído e desumanizado. As doutrinas oficiais estão sendo contestadas. *Simran* expressa o impulso de viver na dignidade, na pureza e na elevação espiritual.

***Satsang* – comunidades de paz e sabedoria:** igrejas, grupos de oração, vigílias de paz, conventos, mosteiros, meditação, retiros, comunidades e cooperativas, comunidades utopistas.

Todos esses grupos estão unidos pelo desejo de encontrar uma nova forma de vida comum. Eles representam uma reação à anonimidade das cidades e o colapso das verdadeiras conexões humanas. É claro que as igrejas existem há milhares de anos, mas nunca há escassez de novos grupos motivados por novas convicções. *Satsang* expressa o impulso de compartilhar a jornada espiritual com os outros, de conferir forma física à família humana.

Pode parecer estranho colocar o evangelismo na mesma lista dos opositores conscientes e do movimento dos direitos humanos, mas um fervoroso batista instigando as pessoas a encontrar Cristo está expressando o mesmo anseio espiritual de uma comunidade utopista da Nova Era à sombra do monte Shasta. Renascido é uma palavra válida para o que milhões de pessoas sentem que querem, freqüentemente com desesperada urgência, mesmo que o renascimento de uma pessoa seja completamente diferente do de outra. Os Estados Unidos possuem uma tradição profunda e abrangente, e não existe um único período, desde a época dos Pilgrims,* em que comunidades utopistas não tenham existido no país. Muitas pessoas perderam esse fato de vista, acreditando que o conforto da classe média é a razão da existência dos Estados Unidos. No entanto, para pensar dessa maneira, você teria de dar as costas a séculos de visão espiritual. O caminho da paz não é uma revolução, e sim uma consolidação de tudo que já existe aqui.

O *status quo* está montando um esforço maciço para negar e repudiar esse novo crescimento; ele não seria o *status quo* se não fizesse isso. De longe, o repúdio mais nocivo é a guerra. Se ela puder ser sustentada, a dominância da antiga ordem mundial estará assegurada. Quando digo antiga ordem não estou me referindo a uma ordem social e sim, literalmente, à maneira pela qual ordenamos o nosso mundo. No momento atual, o mundo está ordenado segundo valores de poder e força, da competição econômica, do progresso impiedoso à custa da sociedade tradicional e da marcha progressiva da tecnologia. A Figura 1 expressa a antiga ordem como uma rede emaranhada de tendências e valores.

O quadro apresenta a realidade como uma hierarquia emaranhada, uma frase que pedi emprestada à física, que vê todo o cosmo como um entrelaçamento de matéria e energia. É opressivo constatar o dano que foi causado à visão mais elevada da humanidade. A hierarquia emaranhada é criação nossa. Todos contribuímos para construir

---

* *Pilgrim Fathers*. Puritanos ingleses emigrados (em número de 102) que se estabeleceram na Nova Inglaterra em 1620 (hoje estado de Massachusetts). (N. da T.)

uma parte dela através do medo, da ganância e do crescimento insustentável.

HIERARQUIA EMARANHADA DE MEDO/ GANÂNCIA/INSUSTENTABILIDADE

Figura 1

Todas as vezes que esse quadro é passado como slide em uma tela, as audiências reagem com surpresa e estupefação. Essas tendências que se entrelaçam umas com as outras como cobras estão fortemente inter-relacionadas. Você pode pegar dois temas, por mais separados que estejam no quadro, e interligá-los. Forme um par ao acaso e pense em uma ligação entre os seus componentes. Por exemplo:

Combustíveis fósseis + Conflito religioso: estão ligados pela guerra no Iraque.

Extinção das espécies + Poluição-doenças relacionadas: estão ligados pelo crescimento rápido de cidades industrializadas ao redor do mundo.

Ganância + Falta de água: estão ligados pelas barragens hidroelétricas que contêm os rios a fim de servir as grandes cidades.

Fundamentalismo religioso + Indústria de armamentos: Estão ligados pela crença de que Deus deseja que os verdadeiros seguidores matem os infiéis ou se defendam no Apocalipse que se aproxima.

Escolhi quatro pares, mas esse quadro produz, potencialmente, várias centenas. Vivemos em um mundo totalmente interdependente. Tentar atacar um problema de cada vez é absolutamente inútil. Sob o aspecto prático, esse quadro é a prova viva da declaração de Gandhi de que não existe um caminho para a paz. Não pode haver quando a realidade está tão emaranhada e cada problema encerra um relacionamento incestuoso com todos os outros.

Eu lhe pedi que pensasse em uma ligação para o par que você escolheu, mas na verdade existem um sem-número de ligações. A ganância e a falta de água dizem respeito a rios, barragens, tratados, à competição entre estados, poluição das empresas e áreas urbanas em desenvolvimento que consomem mais do que o suprimento de água disponível. Poderíamos arquivar por dia centenas de novas histórias pertencentes a esse par, apenas nos Estados Unidos. Para o par que vincula os combustíveis fósseis com o conflito religioso, você poderia arquivar milhares de histórias por dia.

Você já viu o que eu quis dizer com antiga ordem. É um mundo inteiro. Considere agora um segundo quadro (Figura 2) que apresenta um mundo diferente.

Essa também é uma hierarquia emaranhada, mas, em vez de se basear no medo e na ganância, expressa a consciência da paz. Exatamente como no primeiro quadro, tudo nesse está inter-relacionado. Para cada item, já existe um movimento e através do quadro há valores humanos compartilhados. Sempre que exibo esse quadro, os ouvintes reagem com surpresa e esperança renovada. Embora o mundo construído a partir do medo e da ganância seja extremamente ameaçador, não abrange o mundo inteiro.

Figura 2

Os seres humanos são complexos e cada um de nós está contribuindo para um segundo mundo que é tão real e bem mais sustentável do que o primeiro.

Gostaria que você escolhesse alguns pares nesse quadro e estabelecesse uma ligação entre os componentes. Por exemplo:

Sofrimento compartilhado + Comunidade saudável: estão ligados pela tragédia do 11 de Setembro e os vínculos que ela formou entre as famílias das vítimas.

Reciclagem + Comunidade saudável: estão ligados pela redução da poluição das águas nas cidades, que indiscriminadamente não enterra o lixo em aterros sanitários.

Sentimento do sagrado + Educação holística: estão ligados pelos sistemas de escolas particulares que dão aulas às crianças a partir de uma base espiritual.

Assim como no caso do primeiro quadro, podemos criar centenas de pares e incontáveis conexões a partir desse. Esse fato sugere que o mundo novo já esteja completo, o que é verdade. Não existe uma falta de escoadouros para a consciência da paz, pois eles têm a sua raiz no amor e na colaboração. Esses valores estão vivos há séculos. A principal diferença entre os dois mundos que retratei é a consciência. O medo e a ganância emanam de um nível inferior de consciência, nível do qual todos participamos. O amor e a colaboração emanam de um nível superior de consciência, do qual todos também participamos.

A questão crítica, portanto, é definir o nível que você deseja apoiar.

A idéia de que o mundo mudará se um número suficiente de pessoas elevar a sua consciência é absolutamente verdadeira. O mundo do medo e da ganância não surgiu por acaso. Você e eu experimentamos um mundo inteiramente construído pela consciência. Se desejarmos um mundo novo, teremos uma enorme vantagem se soubermos o que quer dizer criar uma mudança de consciência. Vamos nos aprofundar nessa noção, porque a frase *mudança de consciência* soa fraca e desgastada para muitas pessoas. Ela reflete um idealismo que nunca parece chegar a algum lugar. Ela parece uma filosofia que se satisfaz em ficar sentada nas laterais, vivendo no mundo, mas sem fazer parte dele. No entanto, essa noção está muito longe da verdade.

COMO CRIAR UM MUNDO

Sete elementos fundamentais da realidade

Pensamento e crença
Emoções
Intenções
Relacionamentos
Momentos decisivos e avanços revolucionários
Meio ambiente
Visão

Esses fatores precisam estar vivos e ativos para que qualquer mundo possa nascer e não apenas o que queremos criar para a paz. Sempre que a consciência estiver pronta para uma mudança, você notará efervescência e tumulto nessas áreas. A ordem estabelecida será contestada e, a partir do nível silencioso e invisível da consciência, uma nova ordem começará a emergir. Parece um processo místico, porque ninguém controla a mudança e, no entanto, todo mundo o faz. Um desejo comum desperta sem que as pessoas saibam que estão ligadas entre si de uma maneira invisível.

Essa verdade ficou clara para mim quando o meu filho Gotham era adolescente. Ele descende de imigrantes, desde a infância é devoto do Senhor Krishna (que ele conheceu devorando revistas em quadrinhos indianas que apresentavam as proezas dos deuses e das deusas) e é um menino ligado de um modo invisível a uma profunda tradição. Quando a nossa família se levantava de manhã para fazer o *puja** com arroz e incenso, a nossa pequena cerimônia caseira era uma minúscula partícula entre as milhões que as precederam. No entanto, para o meu imenso alívio e o da mãe dele, Gotham adorava o basquete e teria morrido pelos seus amados Celtics; novos vínculos estavam invisivelmente ligando-o a este país. Certo dia, então, ele e eu estávamos batendo papo e percebi que o meu filho não tinha uma compreensão da guerra. Lembro-me de ter ficado impressionado com a estranheza do fato. Estávamos conversando sobre a Guerra do Vietnã, que terminou antes de ele nascer, e o seu rosto me mostrou que estava perdido. *Por que eles lutaram? Por que toda aquela raiva e confusão?* Perguntei-lhe se conseguia pensar em um bom motivo para ir para a guerra, e tudo que Gotham conseguiu fazer foi dar de ombros. Em algum lugar da consciência dele, um velho elo tinha se partido, e tudo que a guerra oferecia às antigas gerações – aventura, romance, um campo de provas para o machismo, um palco para o drama do bem *versus* o mal – não tinha mais importância. Apresso-me em acrescentar que o meu filho não era apático; ele se tornou um jornalista e viaja para muitas zonas de guerra perigosas, enviando notícias com grande curiosida-

* No hinduísmo e no budismo, o ritual de devoção diário que envolve oferendas de alimentos, bebida e orações a uma divindade. (N. da T.)

de e compaixão por essa obsessão pela guerra que até hoje não consegue entender, porque a conexão foi rompida.

Se você olhar em volta, verá o mesmo fenômeno. O processo de nascimento do futuro não precisa ser místico. As habilidades necessárias para romper com o passado sempre estiveram presentes em nós. Mas o mundo novo que agora está emergindo, um mundo baseado na paz, será único. Outros mundos nasceram devido a religiões compartilhadas (a Idade Média cristã, por exemplo) ou a uma tecnologia compartilhada (o industrialismo ocidental, por exemplo), mas nenhum deles foi completamente global. As palavras-chave que definirão a nova hierarquia são as seguintes:

Evolução consciente
Autodeterminação
Não-militar
Não-sectário
Compartilhamento global
Economias sustentáveis
Ambientes reparados

Essas tendências separadas vão se unir e se fundir à medida que se aglutinam. A mesma coisa já lhe aconteceu sob o aspecto biológico, só que você não consegue se lembrar. O embrião começa a vida no útero da mãe como uma gota livre de células e, com o tempo, o ser experimenta uma crescente complexidade. Células aglutinam-se em órgãos e estes se comunicam, sentindo que são parte do todo. A inteligência assume o comando para manter o embrião intacto; nos meses finais da gravidez, novas conexões neurais formam-se a uma velocidade de milhões por minuto. Com o tempo, o feto torna-se tão complexo que a única opção dele é nascer, meta que a natureza sempre teve em mente, mas que era impossível enquanto não houve uma ordem e poder suficientes dentro do embrião para que se tornasse independente. As ordens sociais seguem o mesmo padrão antes de nascer. As pessoas dizem o seguinte: "Eu já acredito em todas as coisas que você relacionou. Por que ainda não são reais?" Sinto as respostas desanimadoras que elas estão dando interiormente a si mesmas: *Ninguém consegue vencer o sistema, os problemas são grandes demais, os homens são intrinsecamente violentos, a natureza humana sempre foi autodestrutiva, há um excesso de ignorância no mundo.*

Esses obstáculos são ilusórios. Eles também estavam presentes antes da ascensão do cristianismo, e, no entanto, o mundo cristão nasceu a partir de 13 pessoas. As barreiras da ignorância e da superstição existiam em todas as sociedades antes do advento da ciência e da tecnologia, mas a maçã de Newton deu origem ao mundo que hoje habitamos. A verdadeira resposta ao motivo pelo qual ainda não vemos um mundo novo é que ele não está pronto para nascer. E não estará pronto enquanto os elementos fundamentais não se tornarem mais fortes.

COMPREENDENDO O NOSSO PODER

Usando a percepção consciente para moldar o tempo

Pensamento e crença. Se você acreditar fortemente em alguma coisa, começará a vê-la. A realidade é construída a partir do nível mais sutil: uma intuição ou aspiração efêmera, um desejo que não vai embora. Pensar sobre a paz é um recurso poderoso para fazê-la acontecer, se o pensamento vier de um nível profundo. Jesus e Buda foram muitas coisas, mas, acima de tudo, foram pensadores que acreditavam que os seus processos mentais conseguiam alterar a realidade.

Você possui as mesmas ferramentas, apenas não as utiliza para modificar a realidade.

Emoções. A maioria das pessoas hoje em dia usa as emoções para desabafar. A raiva e a ansiedade reprimidas precisam de um escoadouro. Mas a emoção liberada é muito mais poderosa. O sentimento conduz à verdade. A mente pode racionalizar a idéia de viver em uma cultura mecanizada na qual prevalece a tecnologia da morte, mas as nossas emoções dizem o contrário. Elas desejam fluir livres, sem ansiedade e a constante necessidade de ficar atenta aos inimigos. O nível de consciência reconhece qualquer oportunidade de encontrar uma maior felicidade e satisfação. Sob esse aspecto, as emoções são um guia extremamente confiável. Sentir a angústia da guerra e compaixão pelas suas vítimas é uma força que quer criar a mudança.

Intenções. Sozinhos, os pensamentos e as emoções são livres e flexíveis. Para conferir-lhes um propósito, é preciso acrescentar o elemento da intenção. Essa é mais do que uma direção, um caminho que você quer seguir. Se tiver origem em um nível profundo, a intenção abre o caminho para a sua própria realização. Como se a troco de nada, os eventos começam a se organizar para transformar os pensamentos em realidade. As intenções são muito mais poderosas quando são positivas e criativas. Apenas desejar que as coisas ruins desapareçam não é suficiente. Você precisa tencionar uma coisa nova para pôr no lugar da antiga. Os movimentos pacifistas que eram apenas contra a guerra nunca tiveram êxito. Precisamos visualizar uma nova ordem com base inteiramente na paz, porque então forças invisíveis começarão a gestar essa realidade.

Relacionamentos. Os elementos anteriores são todos internos. No entanto, a consciência não é apenas um fenômeno interior. Ela precisa fluir para fora, o que acontece por meio dos relacionamentos. Não podemos produzir um mundo pacífico se não nos relacionarmos pacificamente. Os relacionamentos são o cadinho da realidade. Eles testam através do fogo se uma pessoa é realmente desprovida de violência, se podem ser encontradas soluções pacíficas para problemas difíceis, se um ideal é efetivamente viável na luta de foice do mercado. Um mundo pacífico tem lugar quando nos relacionamos uns com os outros como seres pacíficos.

Momentos decisivos e avanços revolucionários. À medida que a consciência faz seu trabalho, as conexões da antiga ordem começam a enfraquecer. Elas se partem aqui e ali. Nesses momentos, o indivíduo experimenta um avanço revolucionário pessoal. É uma prova de que a consciência estava prestando atenção. Antigos padrões se rompem e começamos a ver a luz, em vez da escuridão. Os avanços revolucionários acontecem porque os elementos fundamentais iniciais fizeram o trabalho deles. Citei no primeiro capítulo uma pequena notícia que dizia que 2003 tivera um menor número de mortes causadas pela guerra do que qualquer outro ano, desde o fim da Segunda Guerra Mundial. Eu consideraria esse fato um avanço revolucionário e não um evento aleatório. Ele pode ser tão significativo quanto a queda do Muro de Berlim, que eu chamaria de um momento decisivo. O momento decisivo fornece um vislumbre de luz; o avanço revolucionário altera efetivamente a forma do tempo. O movimento de paz precisa prestar atenção aos avanços revolucionários e compartilhá-los ao redor do mundo.

Meio ambiente. Poucas pessoas têm dúvidas de que o meio ambiente está doente, ferido pelo descaso negligente dos seres humanos. O mundo físico está refletindo as nossas próprias feridas; a doença dele começou dentro de nós. Quando um número suficiente de pessoas cura a si mesmo, o ambiente também reflete esse fato. Não estou me referindo à mudança de diretivas e à adoção do Protocolo de Kyoto. A natureza é uma expressão viva da consciência. Ela se adapta à nossa evolução assim como nos adaptamos a ela. Esse relacionamento, assim como tudo na hierarquia emaranhada, é recíproco e interdependente. É perturbador que uma proporção tão grande do pensamento da Nova Era esteja concentrada em mudanças catastróficas no planeta, como os terremotos e a rarefação da camada de ozônio. Esse tipo de negatividade profética não pode obter um bom resultado. Ela estimula a profecia a tornar-se realidade quando queremos fazer exatamente o oposto. O princípio que devemos ter em mente é que a consciência *quer* evoluir. Por conseguinte, é muito mais fácil encorajar a cura do que nos alinharmos à doença. O amor e o respeito pelo ambiente dariam origem a uma reversão da deterioração progressiva do mundo físico. Precisamos acreditar que isso é verdade, porque, em um sentido muito real, o ambiente é sustentado pela consciência humana. Se você alinhar sua consciência com a catástrofe, a natureza considerará essas idéias como o seu voto para o futuro. O movimento pela paz pode se alinhar com um planeta recuperado, acrescentando milhões de votos a esse lado. E como os nossos votos carregam uma profunda percepção consciente, serão bem mais poderosos do que qualquer voto descuidado a favor da destruição.

Visão. Quando todos os elementos anteriores estão no devido lugar, a visão está em movimento. Em vez de se arrastar como um ideal que nunca se tornará realidade, a visão que tem a raiz na consciência *precisa necessariamente* tornar-se realidade. A prova dessa afirmação sempre surge em uma observação retrospectiva. Colombo e Magalhães estavam envolvidos com a organização dos detalhes de uma longa e árdua viagem pelo mar, sem nenhuma garantia de que teriam êxito ou mesmo que permaneceriam vivos. A época das explorações reuniu uma energia e vontade suficientes para tornar-se uma realidade histórica. Esse enredamento da visão pessoal com a mudança histórica é misterioso. Só nos lembramos dos principais exploradores e descobridores, mas a parte intrigante é como as pessoas comuns foram afetadas pela mudança.

O movimento pela paz precisa dar mais um passo, não apenas esperando engajar pessoas comuns, mas também sabendo como isso é feito. Esses elementos fundamentais da consciência são os únicos recursos que possuímos e, por sorte, são extremamente poderosos. Podemos deixar as reservas militares e as empresas multinacionais para aqueles que se sentem ligados a elas e que, portanto, precisam defendê-las. Esses símbolos da antiga ordem nada são além de uma consciência congelada. Eles talvez tenham o poder de afetar a vida do dia-a-dia, mas as rédeas da mudança encontram-se nas nossas mãos.

Qualquer pessoa que saiba conduzir a consciência em uma direção evolucionária faz parte do movimento pela paz. Considero esse fato imensamente estimulante porque não pode existir um ser humano cuja constituição não contenha pelo menos uma parcela de devoção à evolução.

O nosso desejo inato de sermos mais felizes garante a verdade dessa afirmação. Outra parcela do eu pode acreditar que a felicidade aumentará com a construção de uma nova arma, com a descoberta de uma nova tecnologia mortífera, se ele viver em um país fortemente militarizado e assim por diante. A antiga ordem é ampla, poderosa e tem o materialismo ao lado dela. Mesmo assim, não importa. A parte mais dinâmica da percepção consciente está sempre na vanguarda, é a parte que quer evoluir. É preciso tempo para que essa vanguarda convença o restante do eu a desistir dos antigos hábitos superados, mas o impulso evolucionário é irresistível.

A melhor coisa que você pode fazer hoje pela paz é estimular o impulso evolucionário dentro de você. O desenvolvimento da consciência de paz é um projeto prático, e quanto maior o número de pessoas que se dedica a ele, mais ímpeto acrescentamos ao futuro. Este último não existe no tempo, não é um lugar no horizonte de amanhã. O futuro é a forma seguinte que a consciência assume. A flor é o futuro da semente. É preciso tempo para que a semente se transforme em flor, mas, na verdade, o padrão planejado nos genes da planta controla o tempo. Ela o utiliza para produzir uma realidade que já está profundamente estampada. A consciência da paz, uma vez impressa na nossa mente, pode usar o tempo exatamente da mesma maneira, como o palco para um desenvolvimento que já estava completamente moldado de antemão.

O movimento pela paz terá sucesso desde que as pessoas consigam fazer pequenas realizações todos os dias. Com esse objetivo, eis um programa para a paz que você pode implementar aqui e agora.

SETE PRÁTICAS PARA A PAZ

Como tornar-se um pacificador

O PROGRAMA EM PROL da paz pede que você se torne um pacificador praticando um exercício específico todos os dias, cada um deles baseado no tema de tornar a paz uma realidade, passo a passo, na sua vida pessoal.

Domingo: existindo em Prol da Paz
Segunda-feira: pensando em Prol da Paz
Terça-feira: sentindo em Prol da Paz
Quarta-feira: falando em Prol da Paz
Quinta-feira: agindo em Prol da Paz
Sexta-feira: criando em Prol da Paz
Sábado: compartilhando em Prol da Paz

Cada exercício leva apenas alguns minutos. Você pode ser tão discreto ou tão aberto quanto quiser, mas as pessoas à sua volta saberão que você é a favor da paz devido à maneira como vive a vida no dia-a-dia.

Domingo: Existindo em Prol da Paz

MEDITE HOJE CINCO MINUTOS em prol da paz. Sente-se tranqüilamente, de olhos fechados. Leve a atenção para o coração e repita interiormente estas quatro palavras: *paz, harmonia, riso, amor.* Deixe que as palavras se irradiem da quietude do seu coração para o seu corpo.

Ao encerrar a meditação, diga para si mesmo: *Abandonarei hoje todos os ressentimentos.* Pense em um ressentimento que você tenha contra alguém e deixe que ele vá embora. Envie o seu perdão para a pessoa em questão.

Segunda-feira: Pensando em Prol da Paz

O PENSAMENTO ENCERRA PODER quando é substanciado pela intenção. Hoje, introduza a intenção da paz nos seus pensamentos. Passe alguns momentos em silêncio e a seguir repita esta antiga prece:

Que eu seja amado, que eu seja feliz, que eu seja pacífico.
Que os meus amigos sejam felizes, amados e pacíficos.
Que os meus inimigos sejam felizes, amados e pacíficos.
Que todos os seres sejam felizes, amados e pacíficos.
Que o mundo inteiro vivencie essas coisas.

Se em qualquer momento do dia você se vir dominado pelo medo ou pela raiva, repita essas intenções. Use a prece para retornar ao seu centro.

Terça-feira: Sentindo em Prol da Paz

ESTE É O DIA para experimentar as emoções da paz, que são a compaixão, a compreensão e o amor.

A compaixão é o sentimento do sofrimento compartilhado. Quando você sente o sofrimento de outra pessoa, surge a compreensão.

A compreensão é o conhecimento de que o sofrimento é compartilhado por todos. Quando você compreende que não está sozinho no seu sofrimento, nasce o amor.

Quando existe amor, a oportunidade da paz está presente.

Enquanto você pratica, observe um desconhecido em algum momento do dia. Diga em silêncio para si mesmo: *Essa pessoa é exatamente como eu sou. Como eu, ela já sentiu alegria e tristeza, desespero e esperança, medo e amor. Como eu, ela tem pessoas na sua vida que se importam profundamente com ela e a amam. Como eu, a vida dessa pessoa é impermanente e um dia chegará ao fim. A paz dessa pessoa é tão importante quanto a minha. Desejo paz, harmonia, alegria e amor na vida dela e na vida de todos os seres.*

Quarta-feira: Falando em Prol da Paz

O PROPÓSITO DE FALAR HOJE é criar felicidade no ouvinte. Tenha a seguinte intenção: cada palavra que eu pronunciar hoje será escolhida conscientemente. Eu me absterei de me queixar, condenar e criticar.

O seu exercício é fazer pelo menos uma das seguintes coisas:

Dizer a uma pessoa o quanto você a aprecia.

Expressar uma gratidão genuína por aqueles que o ajudaram e amaram.

Dizer palavras edificantes ou carinhosas para alguém que precise delas.

Demonstrar respeito por alguém cujo respeito você valoriza.

Se perceber que está tendo uma reação negativa diante de alguém, uma reação que não seja pacífica, abstenha-se de falar e fique em silêncio. Só se pronuncie quando se sentir calmo e equilibrado e, então, fale com respeito.

Quinta-feira: Agindo em Prol da Paz

HOJE É O DIA de ajudar uma pessoa necessitada: uma criança, alguém doente, uma pessoa idosa ou frágil. A ajuda pode assumir muitas formas. Diga a si mesmo: *Hoje farei um desconhecido sorrir. Se alguém agir de um modo prejudicial comigo ou com outra pessoa, responderei com um gesto de bondade amorosa. Enviarei para alguém um presente anônimo, mesmo que insignificante. Oferecerei ajuda sem exigir gratidão ou reconhecimento.*

Sexta-feira: Criando em Prol da Paz

PROPONHA HOJE ao menos uma idéia criativa para resolver um conflito, seja na sua vida pessoal, seja no seu círculo familiar ou entre amigos. Se puder, tente criar uma idéia que se aplique à sua comunidade, nação ou ao mundo inteiro.

Você pode mudar um antigo hábito que não esteja dando certo, olhar para alguém de uma nova maneira, dizer palavras que nunca disse antes ou pensar em uma atividade que reúna as pessoas de um modo caloroso e alegre.

A seguir, convide um membro da sua família ou um amigo para propor uma idéia criativa desse tipo. A criatividade é mais agradável quando é você que tem a nova idéia ou propõe a nova abordagem. Anuncie que aceita e aprecia a criatividade. Seja flexível e descontraído. Deixe as idéias fluírem e experimente tudo que é interessante. O objetivo neste caso é a união, porque só pode haver confiança mútua quando nos ligamos aos outros. Quando você confia nas pessoas, desaparece a necessidade de uma hostilidade e desconfiança ocultas, as duas grandes inimigas da paz.

Sábado: Compartilhando em Prol da Paz

COMPARTILHE HOJE com duas pessoas o seu exercício de pacificação. Ofereça a elas este texto e convide-as a iniciar a prática cotidiana. À medida que um número cada vez maior de pessoas participar desse compartilhamento, a nossa prática se expandirá, tornando-se uma massa crítica.

Celebre hoje prazerosamente a sua consciência da paz com pelo menos outra pessoa consciente da paz. Entre em contato com ela por e-mail ou por telefone.

Compartilhe sua experiência de uma paz cada vez maior.

Compartilhe sua gratidão pelo fato de outra pessoa encarar a paz com tanta seriedade quanto você.

Compartilhe suas idéias para ajudar o mundo a aproximar-se da massa crítica.

Faça o que puder, de uma forma notável ou modesta, para ajudar qualquer pessoa que deseje tornar-se um pacificador.

Esforços estão sendo realizados para levar esse simples programa a uma audiência mundial. É possível perceber que é fácil formar comunidades de consciência. Na era da internet, essas comunidades não precisam ser físicas, embora eu consiga antever que elas darão esse salto em um futuro próximo. Uma comunidade de consciência utiliza elementos básicos invisíveis para formar uma nova realidade. Esse é o vínculo que nos unirá, independentemente da distância que nos separe. Os sete exercícios em prol da paz são simples, mas, quando seguidos em escala maciça, o poder deles é potencialmente ilimitado. Se você se transformar em um pacificador, não se tornará um ativista que participa de passeatas. Você não será contra nada. Não é preciso contribuir com dinheiro. Basta que entre dentro de si e se dedique à paz.

Pode ser que dê certo.

Mesmo que você não veja de imediato um declínio na violência ao redor do mundo, saberá no fundo que dedicou a vida à paz. A melhor razão para que se torne um pacificador é o fato de que todas as outras abordagens fracassaram. Ninguém sabe qual deve ser a massa crítica antes que a paz se torne a base da nova ordem; o seu dever, e o meu, é ocasionar a mudança por meio da transformação pessoal. Não vale a pena dedicar alguns momentos do seu dia para acabar com trinta guerras ao redor do mundo e talvez com todas as guerras futuras que certamente serão deflagradas? A guerra é como o câncer: ela piora quando não é tratada. Existem neste momento 21,3 milhões de soldados servindo em exércitos ao redor do mundo. Não podemos recrutar uma brigada dez vezes maior?

Cem vezes maior?

O projeto começa agora, com você.

O FANTASMA DELES

O CAMINHO DA PAZ ENSINA que ninguém é nosso inimigo. Como essa é uma mudança extremamente radical com relação à maneira como nos ensinaram a sentir, precisa acontecer aos poucos. O primeiro passo é deixar de acreditar no monstro lendário chamado *eles*. Todo inimigo, quando enfrentado frente a frente, revela-se um ser humano. Li recentemente que no dia 6 de junho de 1945, o dia em que os aliados desembarcaram na Normandia, um fenômeno perturbador teve lugar. Descobriu-se que o soldado americano típico recusava-se a atirar contra os alemães que estavam defendendo as praias. Mesmo sob ordens diretas, com um oficial de comando marchando ao longo da linha de fuzileiros e gritando a ordem de atirar, apenas um em cada 25 soldados obedeceu.

Na seqüência da guerra, quando o Dia D veio a ser uma gloriosa vitória do bem, esse fato perturbador não se tornou público. Na verdade, ele foi discutido em um relatório interno do exército americano. Nesse relatório, a razão pela qual os soldados não atiraram estava clara. Aparentemente, nada tinha a ver com a covardia; os soldados não conseguiram atirar nos alemães porque os viam como seres humanos. Desde a infância, cada fuzileiro aprendera que matar era contra a lei de Deus, e era quase impossível sobrepujar esse ensinamento, até mesmo no calor da batalha. Essa relutância dos soldados em atirar contra o inimigo representava um problema para o exército, que decidiu modificar os métodos de treinamento. Em vez de atirar e matar outro ser humano, os fuzileiros eram ensinados a fazer contato com o alvo ou cumprir o objetivo estratégico, o que ainda significa matar outro ser humano, porém com uma espessa máscara de linguagem encobrindo os fatos brutais. A solução global foi condicionar o soldado comum a nunca ver o inimigo como sendo totalmente humano e certamente não tão humano quanto os que lutam do nosso lado.

Desumanizar o outro lado não é uma invenção moderna. O movimento pela paz atual condena o fato de a operação militar americana ter se tornado um videogame de alta tecnologia. Soldados podem observar o inimigo em telas eletrônicas compatíveis com as das lojas de diversões eletrônicas e detonam armas a uma grande distância sem jamais ver o rosto daqueles que estão destruindo. No entanto, tornar o inimigo menos do que humano é uma tática antiqüíssima, que tem raízes na noção de *eles.*

AS REGRAS DO NÓS *VERSUS* ELES

Crenças que mantêm viva uma lógica falsa

É preciso que seja nós *versus* eles.
Eles são maus, nós somos bons.
Temos de derrotá-los, caso contrário eles nos destruirão.
Eles acreditam em um Deus falso.
Eles são malucos.
Eles nos odeiam e provavelmente sempre odiarão.
Eles merecem o que recebem.

Se essa lógica parece rude, só posso dizer que seria impossível exagerar a crueldade com que ela é efetivamente usada. Um estudante de história pode apontar para a reação britânica à Primeira Guerra Mundial. Antes de 1914, o ano em que a guerra foi deflagrada, a Alemanha ocupava um lugar como uma nação entre nações, talvez não de uma aliada, mas respeitada pela sua cultura e filosofia. Esse mesmo povo, depois que a guerra começou, passou a ser formado por bárbaros desprezíveis, acusados de torturas desumanas, do assassinato maciço de bebês e dos mais perversos crimes imagináveis. Essa demonização era considerada uma parte necessária da campanha de propaganda para manter vivo o entusiasmo do público pela guerra.

Vemos a mesma demonização ter lugar agora, praticamente pelas mesmas razões. Transformar *eles* em criaturas do mal é eficaz, como todo líder de uma situação de guerra sabe, mas na hierarquia emaranhada é impossível separar a verdade da ficção. As verdadeiras atrocidades fazem parte da mistura, junto com o verdadeiro horror e desalento diante do que acontece na guerra. O sectarismo acrescenta o seu toque, visto que as atrocidades do nosso lado são minimizadas, ao passo que aquelas cometidas por *eles,* mesmo quando apenas supostas, são exageradamente anunciadas.

No entanto, não existe nenhuma dúvida de que explorar o medo é um ato de crueldade. Em última análise, *eles* são transformados em demônios para que um número maior *deles* possa ser eliminado com a consciência tranqüila. A crueldade se justifica devido ao fim visado, que é a vitória total. Em um etos do tipo o que importa é vencer, o fim precisa justificar os meios, visto que perder é um resultado completamente negativo e, por conseguinte, totalmente inaceitável. Isso é verdade nos esportes de competição, onde nós *versus* eles parece inócuo. No entanto, na guerra, a vitória total é uma ilusão, a não ser que apaguemos a perda de vidas do lado perdedor e desprezemos os horrores da guerra que os nossos soldados suportaram para chegar ao momento da vitória.

O caminho da paz preconiza que cada pessoa deve abolir a lógica de nós *versus* eles e abandonar a lealdade para com as regras dessa lógica. Toda regra deixa de dominar a mente quando é vista como falsa e desnecessária.

É preciso que seja nós *versus* eles.

A PRIMEIRA REGRA é, e sempre foi, a mais poderosa. Podemos chamá-la de causa fundamental do conflito, porque o conflito exige a separação. No entanto, sob o aspecto espiritual, a separação é o problema e não a solução. Na idéia de nós *versus* eles, ela se transforma na resposta. Se não podemos nos livrar das pessoas que não são como nós, por que não lutar contra elas? Por que não transformar a diversidade delas na nossa motivação? Isso é uma ilusão, pois a única alternativa é corrigir a separação, acabar com a diversidade. Quando você aceita o caminho da paz, a sua meta é sempre retificar e nunca se opor. Não basta dizer que os islamitas radicais são apenas um tanto maus. Embora isso pareça moderado e razoável, no final essa posição se reduz ao raciocínio eu *versus* eles, pois você ainda está tolerando a guerra contra a maldade deles. A alternativa é clara: trabalhar para acabar com a separação na sua vida. Não deixe que julgamentos cômodos a respeito da maldade deles toldem a questão.

Eles são maus, nós somos bons.

ESTA REGRA ACRESCENTA emoção e um elemento dramático à luta. Em vez de enfrentar a verdade, ou seja, o fato de que todo mundo está aprisionado na separação e precisa escapar, podemos recorrer à eterna guerra entre o bem e o mal. Como é emocionante perceber que você descobriu alguém que você pode atacar em vez de enxergar o inimigo dentro si mesmo. A eterna guerra da luz contra as trevas funciona como um cômodo disfarce. O que a torna uma impostura é o fato de essa batalha nunca ser bem definida. A vida é sempre confusa e tumultuada. Estamos todos juntos nisso, por mais sedutor que seja jogar todo o mal em cima *deles*.

Temos de derrotá-los, caso contrário eles nos destruirão.

ESTA REGRA DÁ o passo seguinte e transforma *eles* em agressores. Como tática de medo, ela é muito eficaz. O mal, uma vez rotulado, nunca parece satisfeito em ficar em casa. Ele quer se espalhar, quer conquistar e destruir. A mesma lógica é válida para as pessoas que sofrem de fobias. Se você tem um medo arraigado de insetos, por exemplo, imagina que eles sabem que está com medo. Cada gafanhoto e aranha que você avista não está se movendo ao acaso, e sim avançando na sua direção. As pessoas que sofrem de fobias estão intensamente convencidas por essa lógica, mas, se nos colocamos ao largo da fobia, percebemos de imediato que ela é irracional. Os gafanhotos não têm uma noção secreta de quem devem pegar; na verdade, não querem pegar ninguém, embora no seu comportamento natural possam se revelar destrutivos para as plantações e assim por diante.

O mal raramente é implacável. Ele pode ser incrivelmente obstinado e em algumas situações (o caso clássico é o de Hitler) uma sociedade inteira pode tornar-se vítima da psicose, confundindo o bem com o mal. Em certas famílias, a pessoa que pratica abuso pode obter um poder tão grande que os outros membros esquecem que estão sendo agredidos e ficam do lado dela. No entanto, por mais obstinado que o mal possa ser, nunca existe um *eles* que personifique o mal total e que tenha uma única missão na vida: procurar o bem e destruí-lo.

Eles acreditam em um Deus falso

ESTA REGRA REPRESENTA outra maneira de reforçar o status da virtude, pressupondo que Deus gosta o suficiente da guerra para tomar partido. Ele escolhe o lado que realmente O conhece em detrimento da facção que O adora da maneira errada. Acho que é aqui que a lógica do nós *versus* eles perde força para muitas pessoas. O ensinamento de um Deus onipotente penetrou muito profundamente e a idéia do que Deus quer é muito incerta. Não faz sentido, se pensarmos intensamente em Deus, que Ele precise ser defendido. Afinal de contas, Ele é eterno, o que significa que existiu durante um intervalo infinito de tempo antes deste momento e continuará a existir posteriormente por um espaço de tempo infinito. Como poderia ser ameaçado? Os argumentos que colocam Deus em um dos lados de uma guerra aplicam-se igualmente ao outro lado, o que faz com que ambos se cancelem mutuamente. Ao contrário da violência, o caminho da paz não precisa que Deus o justifique; ele se justifica pelos seus próprios méritos para melhorar a vida de cada pessoa.

Eles são loucos

ESTA PODE PARECER uma das regras mais primitivas, mas atualmente transformou-se em uma das mais fascinantes, até mesmo para as pessoas sofisticadas. Acredita-se que os islamitas radicais em particular estejam sob a influência de uma estranha maneira de pensar. Eles rejeitam o mundo moderno e a sua tecnologia. Recusam-se a enxergar a justiça óbvia do Ocidente capitalista. Querem arrastar o mundo de volta a uma era medieval, que foi a última vez em que se sentiram à vontade. Em vez de encarar as idéias deles como contrárias às nossas, nós as vemos como loucas, no mesmo nível das de alguém que sugerisse a volta da escravidão ou a subjugação das mulheres (essa idéia se insere facilmente nos argumentos de loucura contra todo o Islã).

O que torna esse argumento tão subversivo é o fato de podermos dizer a nós mesmos que cometer violência contra pessoas loucas é para o bem delas. Ao contrário das pessoas más, as pessoas loucas não podem ser completamente responsabilizadas pelos seus atos. Estão desorientadas e não têm consciência disso. Por conseguinte, podemos justificadamente retirar das mãos delas o controle da sua vida. Mas se você estiver matando pessoas pelo bem delas, o fardo da irracionalidade poderá cair mais do seu lado do que do delas.

Elas nos odeiam e provavelmente sempre odiarão

ESTA REGRA É UMA MERA PROJEÇÃO, que envolve imaginar como uma pessoa se sente porque é útil para a maneira como você quer, ou precisa, que ela se sinta. É muito mais fácil para a sua consciência ferir alguém que o odeia. Mas por que as coisas deveriam ser dessa maneira? Se encostar uma arma na cabeça de uma pessoa e disser: "Só vou atirar em você se eu conseguir descobrir qual é a sua disposição de ânimo", essa regra é exposta pelo que ela é, um modo de fingir que a violência é moralmente certa porque parece certa. Os sentimentos e as emoções não modificam a imoralidade da violência. É verdade que, em alguns países, uma pessoa acusada de assassinato pode ser libertada se o crime for considerado passional, mas nesse caso o ódio não estava na vítima e sim no criminoso. É o nosso ódio, e não o deles, que nos deixa cegos. Fazer *deles* aqueles que sentem ódio é uma tentativa clara de manter a virtude do nosso lado e evitar o único procedimento que acabará com a violência: olhar dentro de nós mesmos para descobrir o nosso lado mais sombrio.

Eles merecem o que recebem

ESTA REGRA REMOVE totalmente a responsabilidade do lado que está cometendo a violência e joga todo o fardo sobre a vítima. Nos casos de violência doméstica, o homem que comete o abuso é que freqüentemente se queixa de que "ela me obrigou a fazer aquilo". A imagem é de um marido tolerante e resignado que foi pressionado demais e não teve escolha a não ser retaliar. As pessoas violentas conseguem aceitar completamente essa lógica para a sua própria sobrevivência psicológica. (É notório o fato de O. J. Simpson ter dado uma entrevista coletiva à imprensa na qual se descreveu como a verdadeira vítima do seu casamento, apesar de ter matado a outra pessoa.)

Culpar a vítima é a forma mais imoral e doentia da lógica do nós *versus* eles. Ela atingiu um horrendo nadir quando os oficiais alemães da SS designados para funções nos campos de concentração se queixaram amargamente de que os judeus os forçavam a fazer o que faziam. Essa era na verdade uma queixa comum, que surgiu porque a tarefa de lidar com os cadáveres e as cinzas em escala maciça era de outro modo intolerável. Sem a defesa egoísta de culpar a vítima, a função dos oficiais da SS teria sido considerada insana, o que é a verdade. O caminho da paz é claro com relação a esta questão: ninguém merece a violação, e os atos de violência que você cometer repousam nos seus ombros e nos de mais ninguém. *Eles* nunca são a desculpa.

Na hierarquia emaranhada, a vítima e o perpetrador estão unidos. No fundo, não existe nenhum *eles* porque todo mundo está conectado. Temos de estar dispostos a pensar no nível da consciência coletiva – a percepção consciente que faz de nós uma humanidade única – como uma maneira cotidiana de pensar. Caso contrário, a sedução da lógica de nós *versus* eles se consolida. As conexões são tênues nesse estágio. As desconexões são tão preponderantes que poucas pessoas efetivamente percebem como são nocivas. Quantas vezes você já se encontrou em uma das seguintes posições?

Desejando que o seu time favorito esmague os adversários.
Apoiando um candidato político que se vale de uma propaganda difamatória.
Desejando desesperadamente que a sua empresa se coloque na vanguarda da competição.
Tentando parecer melhor do que os seus vizinhos.
Rezando para conseguir derrotar um rival na disputa por um aumento ou uma nova função.

Em todos esses casos, a hierarquia emaranhada põe em movimento muitos componentes associados: a competitividade, o interesse próprio, o ego, a auto-imagem, a imagem da família, o orgulho de pertencer a uma cidade ou nação, a raiva, a inveja. Cada contexto é único, mas ao mesmo tempo todos são idênticos. O indivíduo começa a se identificar com algum conflito. Se a situação for por demais desagregadora, não há esperança de que o relacionamento entre nós *versus* eles seja remediado. A desagregação é o combustível que mantém *eles* em uma posição degradante. O próprio eu da pessoa é definido por ela não ser como *eles*.

Esse é realmente o ponto crucial. O caminho da paz nos diz que a nossa verdadeira identidade situa-se exclusivamente no nível do espírito. Todas as outras identidades são temporárias. Muitas são simplesmente falsas. A identidade é sutil porque não requer nenhum pensamento. Você absorve por osmose uma influência após outra, até que as vozes na sua cabeça, as opiniões que você automaticamente emite, a relação das coisas que gosta e não gosta armazenadas na sua memória tornam-se uma segunda natureza. É preciso idéias e inteligência para remover esses julgamentos incrustados, pois eles nasceram da escolha. A única escolha de um bebê pode ser absorver as influências por osmose, pelo ar, por assim dizer, mas em uma idade muito tenra formamos uma faculdade crítica; o mecanismo que faz escolhas dentro de nós torna-se consciente a partir de então.

Para que eu, enquanto indivíduo, seja livre, preciso enfrentar perguntas a respeito de quem eu realmente sou, o que é em grande parte feito através do exame das camadas de falsa identidade que erroneamente chamo de mim. O lado prático desse processo se caracteriza por uma pergunta muito simples que desenvolve mil tentáculos, como um polvo mental.

Estou pensando por mim mesmo? Ou estou pensando como:

Um indiano típico.
Um médico típico.
Um californiano típico.
Um americano típico.
Um homem típico de meia-idade.
Uma pessoa típica com o meu nível de renda.

Quer isso nos agrade, quer não, somos todos típicos. Vinculamos parte da nossa identidade a grupos e condições externas. Nós nos identificamos com dinheiro e posses, com o sucesso e o fracasso. Essas são as camadas externas do falso eu, as reações típicas que acredito serem minhas, mas que na verdade pertencem a um tipo de pessoa.

É difícil às vezes, graças à nossa preciosa auto-imagem, acreditar que somos produto de moldes iguais. Se você emitir uma opinião e alguém reagir murmurando "típico", você não considera isso um insulto? Mas observe a si mesmo enquanto absorve informações. Bombardeada por milhares de novidades todos os dias, a sua mente as seleciona preguiçosamente agarrando-se àquelas que estão de acordo com o seu modo de ser genérico. Se o seu modo de ser, como o meu, for o de um médico indiano de meia-idade que reside em uma região próspera da Califórnia, você reagirá às notícias sobre manifestações racistas em Nova Déli, um furacão na Flórida ou o aumento dos acordos nos casos de negligência profissional de uma forma genérica. Haverá um pouco de espaço para a sua reação pessoal, mas, francamente, não muito. A não ser que você conscientemente desvie a sua mente para outros canais, ela reagirá como previsto. As notícias da Índia mexerão com você, os furacões longe de casa quase não o afetarão, o aumento dos custos da negligência profissional o deixarão com raiva e assustado.

A próxima camada de identidade é mais pessoal, mas igualmente ilusória.

Estou pensando por mim mesmo? Ou estou pensando como:

Todos os outros membros da minha família.
Os meus pais na minha infância e adolescência.
Os meus amigos mais íntimos.
As pessoas do mesmo nível intelectual que o meu.
Uma pessoa que eu amo.

Nesse nível, o domínio da falsa identidade é mais sedutor. Não é uma coisa boa ligar-se àqueles que você ama e respeita? Claro que é, mas não é bom absorver as idéias e opiniões deles como se fossem suas, quando na verdade você escolheu esses pensamentos e opiniões por motivos ulteriores: queria ser aceito. Queria ser amado, respeitado ou considerado inteligente. Um dos meus amigos que transita em círculos liberais telefonou-me para anunciar que achava que o discurso de aceitação do presidente Bush na convenção republicana de 2004 em Nova York fora de certa forma positivo.

– Não pensei muito na reação que tive – disse-me ele – e não fiquei surpreso ao constatar que ele subira nas pesquisas de opinião. Mas, quando comecei a expressar a minha opinião, os meus amigos realmente não gostaram do que eu disse. Alguns ficaram zangados, como se eu estivesse ajudando e confortando o inimigo. Outros me repeliram, como se eu tivesse dito que Satã faz bolinhos deliciosos. Outros ainda acharam que o que eu estava dizendo não era verdade, que eu tinha cometido um erro peculiar.

"Depois de algum tempo, notei que eu estava um pouco envergonhado da minha reação original. Dei comigo pedindo desculpas. Tranqüilizei as pessoas, mesmo quando isso não me era solicitado, afirmando que a minha fidelidade não tinha mudado. Ataquei Bush gratuitamente para que todo mundo soubesse de que lado eu estava. Está claro que a minha reação não foi adequada."

Vemos aqui de forma condensada como nos sentimos inseguros quando fugimos da nossa identidade normal. Já não sentimos estar em terreno seguro. As pessoas com as quais contamos podem recolher a sua amizade, amor e respeito. A mera possibilidade de que essa coisa aconteça é aterrorizante para todo mundo em um determinado nível. Nós nos agarramos a uma falsa identidade porque ela resolve o problema do isolamento. Em vez de estarmos sozinhos e separados, fazemos parte de alguma coisa. Mas, se essa participação depende de algo tão frágil quanto a opinião, de que vale fazer parte de alguma coisa? Até que ponto isso é real?

Quando você pergunta seriamente "Estou pensando por mim mesmo?", toda a hierarquia da identidade começa a se deslindar. Se você continuar a perguntar sem se amedrontar, acabará se aproximando do núcleo. Esse é o nível final da falsa identidade.

Estou pensando por mim mesmo? Ou estou pensando como:

A pessoa que eu era ontem.
A pessoa que eu gostaria de ser.
Uma imagem ideal de mim mesmo.
Um joão-ninguém tentando ser alguém.

Como o processo de desnudamento tornou-se adverso. Parece suicídio ir tão fundo, chegar ao nível em que tudo que você quer é ser alguém e não um joão-ninguém perdido em um mar de corpos e rostos. O paradoxo da separação é que ela funciona tanto como problema quanto como solução. Inserimos essas camadas de falsa identidade a fim de nos separarmos de todas as outras pessoas, para nos sentirmos únicos e especiais. *Eu não sou* o vagabundo que pede um trocado na esquina. *Sou* o homem de negócios que traja um terno elegante e passa o mais rápido possível por aquela esquina. *Eu não sou* o adolescente latino membro de uma gangue preso por vender crack. *Sou* o cidadão honesto que paga impostos para que possamos ter uma poderosa força policial.

No entanto, ao mesmo tempo sabemos que o problema é a separação, e é por esse motivo que adoramos figuras como Jesus que afirmam que não somos quem parecemos ser. A humanidade comum está além da auto-imagem. Está além da questão de ser alguém ou um joão-ninguém. Quando você segue o caminho da paz, não tenta desesperadamente não ser um joão-ninguém. Essas distinções param de ter poder sobre você, porque você se transforma em algo diferente. Em vez de um rótulo, você se torna humano. Em vez de "eu sou X", você se torna "eu sou". A cura da separação é o início do verdadeiro conhecimento.

Preciso salientar que essa transformação não é mística. Quando enfrento a primeira camada de falsa identidade, simplesmente me pego pensando como um tipo. Presto atenção às minhas reações quando começo a me parecer demais com um indiano típico, um médico típico, um homem de meia-idade típico. Depois que me pego fazendo isso, paro. Apenas isso. Não mudo radicalmente as minhas opiniões. Não me esforço para parecer americano, moderno, jovem, populista ou qualquer outra coisa que pudesse se opor ao tipo, porque isso seria apenas trocar um conjunto de tipos por outro. Em vez disso, reflito: "Esse não é o meu verdadeiro eu." Esse único pensamento encerra um tremendo poder. Ele desafia diretamente a mente preguiçosa e começa a pedir a ela que pense por si mesma.

Posso agora aprofundar-me um pouco mais. Procuro me surpreender sempre que as minhas palavras visam a fazer com que alguém goste mais de mim. Se elas são uma maneira disfarçada de dizer ame-me, aceite-me, respeite-me, paro imediatamente. Essa atitude não encerra nada místico. Em vez de falar, escuto. Em vez de favorecer o meu interesse pessoal, penso no que todo mundo quer, ou no que é ético e bom apesar do que todo mundo quer. Repetindo, tudo começa com o pensamento. Não é o meu eu verdadeiro.

Finalmente, se for completamente sincero, chego ao nível mais profundo. Se me surpreender falando em prol do meu ego, paro. Isso é mais difícil, porque a única alternativa para a presunção é a humildade. O ego odeia a humildade. A humildade encerra fragilidade. Nós nos sentimos desprotegidos, vulneráveis. Todos os joões-ninguém no mundo poderiam nos tomar por um deles. Esse estágio precisa, portanto, negociar muito com o eu para progredir. Todos os dias darei comigo retomando as antigas estratégias e táticas do ego, a parte orgulhosa, insegura, sempre alerta de todo mundo que quer ser importante. Mas independentemente do tempo que essa negociação possa levar (e costuma levar anos), não se iluda – tenho o trunfo na mão. Sei que a minha auto-imagem não é o meu verdadeiro eu, de modo que o que o ego percebe como a suprema humilhação não é nada disso. Não estou me transformando em um joão-ninguém, estou me tornando real.

Depois de conduzir a questão do eu *versus* eles à sua essência espiritual, gostaria de abordar o nível menos refinado desse fenômeno, que está relacionado com o terrorismo. Os terroristas são os bárbaros de hoje. Exatamente como Roma quando enfrentava as hordas invasoras dos godos, os americanos e europeus de hoje sentem que a ameaça do terrorismo procede do outro lado da fronteira da civilização. Um romano moderno teria feito uma denúncia contra os bárbaros que parecem assustadoramente familiares. *Eles não têm nenhum respeito pela vida. Não têm leis. Causam dano aos inocentes sem consciência. Estão dispostos a morrer em vão. As suas crenças são desprezíveis.* O islamismo radical é tratado diariamente dessa maneira pelos nossos políticos mais importantes, mas não apenas por eles. Os intelectuais tanto de esquerda quanto de direita repetem as mesmas opiniões – a única diferença é que a esquerda tem a tendência de proferi-las com tristeza e a direita, com raiva.

Que outra atitude podemos ter que não seja a tristeza ou a raiva? A mensagem parece ser que não existe nenhuma, a não ser que sejamos irremediavelmente sentimentais ou cegos. Os bárbaros estão chegando e estão perigosamente perto dos nossos muros. Essas palavras ecoam um famoso poema, "Waiting for the Barbarians" [Esperando pelos bárbaros], de autoria do grande poeta egípcio Constantine Cavafy. Ele imagina o dia em que os romanos esperavam com apreensão a chegada das hordas bárbaras do Norte. O Império já está devastado. Resta apenas o último e fatal ataque. Sentimo-nos imediatamente arrastados para a nossa própria apreensão:

O que estamos esperando, reunidos no fórum?
Os bárbaros são aguardados hoje.
Por que nada está acontecendo no Senado?
Por que os senadores estão sentados sem legislar?
Porque os bárbaros vão chegar hoje.
E quando chegarem, criarão as suas próprias leis.

Esses são versos perfeitos para terem sido lidos no dia seguinte ao atentado de 11 de Setembro, quando uma sociedade inteira ficou paralisada pela aproximação deles, um povo fora da nossa idéia de civilização. Foi um momento no qual a esperança sofreu um dos golpes mais cruéis, embora em números absolutos Gettysburg ou a batalha do Somme, os campos de extermínio no Camboja ou o genocídio de Ruanda tenham sido bem mais terríveis.

Sinto-me na presença de Cavafy e dos romanos. Ele descreve como o imperador levantou-se cedo para poder sentar-se em grande pompa quando os bárbaros forçassem a passagem através dos pontos defensivos da cidade. A riqueza de Roma também está ali reunida, igualmente indefesa:

Por que estão eles portando elegantes bengalas
belamente trabalhadas em prata e ouro?

Porque os bárbaros vão chegar hoje
e coisas assim fascinam os bárbaros.

Cavafy nos deixa com os nervos à flor da pele quando não pinta imagens de lanças arremessadas, pele lacerada e gritos. Existe apenas a espera silenciosa e o medo.

Algo bizarro então acontece. A multidão não recebe o massacre que está preparada para sofrer. Inquieta e confusa, ela começa a se dispersar.

Porque a noite caiu e os bárbaros não vieram.
E alguns que acabam de voltar da fronteira
dizem que não há mais bárbaros.

Poderia isso ser verdade? É verdade para nós, apesar do medo paralisante que sentimos *deles*? Cavafy estava pensando na sua época, durante a era de Hitler e Mussolini, quando escreveu os versos proféticos finais do poema:

E agora, o que vai acontecer conosco sem os bárbaros?
Essas pessoas eram uma espécie de solução.

Creio que vivemos por meio dessa mesma solução durante um longo tempo. Os bárbaros particulares, sejam godos, ou islamitas, são irrelevantes. Na perpétua existência de uma única mentalidade – nós *versus* eles – a esperança da paz se extinguiu.

O que Cavafy tão brilhantemente percebeu é que, se eliminarmos a solução, o problema desaparece. Os dois lados precisam puxar na sua extremidade da corda para que haja um cabo-de-guerra. Se soltarmos a nossa ponta, a guerra termina. Quem está surgindo no horizonte a não ser os bárbaros? Apenas mais hierarquia emaranhada. Inimigos que também são amigos e aliados em potencial. Emoções exasperadas misturadas com todos os outros tipos de emoção. Em outras palavras, a confusão habitual. Assim como a oposição violenta, camadas de conexão também existem. Certa vez, em um momento de grande preocupação, voltei-me em um aeroporto para uma pessoa que eu mal conhecia e perguntei: "O que você acha que esses fundamentalistas radicais querem? Qual a intenção deles?" O desconhecido replicou: "Imagino que queiram a mesma coisa que nós, ou seja, viver uma vida normal com os filhos." As palavras daquele homem caíram como água fria no meu rosto, porque o medo que eu sentia no momento tinha me feito esquecer o fato fundamental e inegável de que a vida ordinária é perseguida da mesma maneira em todos os lugares.

Os terroristas têm o poder de reprimir a vida normal e colocá-la em perigo. Li um artigo de um jornalista americano lotado no Iraque que resolveu aventurar-se fora da Zona Verde, as áreas seguras de Bagdá controladas pelas forças armadas americanas. Ele foi até a mesquita de um bairro para conversar com alguns homens, depois que terminaram as suas orações. A experiência foi extraordinária, porque ele relata que os iraquianos comuns possuíam opiniões moderadas. Mostravam-se preocupados com a ocupação. Queriam que a eletricidade e a água voltassem a ser como antes. Estavam aliviados por não estarem vivendo em uma ditadura militar, mas sentiam raiva pelo fato de os americanos que ocupavam o país terem permitido que criminosos e rebeldes infestassem as ruas.

De repente, algumas pessoas de temperamento violento se juntaram ao grupo ao redor do jornalista. Sacudiam rifles automáticos e começaram a gritar e praguejar. No mesmo instante, os outros homens do grupo se silenciaram. Toda a atmosfera mudou, ficando tão violenta que o jornalista soube que a sua vida talvez estivesse correndo perigo. Os mesmos homens que momentos antes pareciam ser a voz da moderação agora se uniam à facção extremista, começando também a gritar e praguejar.

Na verdade, esse pequeno drama foi uma lição de identidade. A hierarquia emaranhada não está fora de nós. Nós nos identificamos com toda uma rede de crenças e influências. Quando um lado exerce pressão, nós nos identificamos com ele; quando a pressão vem de outro lado, a nossa identidade muda. O grupo do lado de fora da mesquita não estava cedendo ao mal, e sim ao medo e à raiva, seguindo o caminho de menor resistência ao pensar de uma maneira típica. A hierarquia emaranhada lhes apresentou um pacote que podiam possuir *in totum*: o Islã, as suas crenças fundamentais, os costumes das famílias e uma sociedade que há centenas de anos conta histórias para si mesma, os desejos de Alá, as leis e os ditames do Corão. Em uma fração de segundo, esses homens puderam identificar-se com tudo isso, sem usar o pensamento. As escolhas e as crenças já estavam prontas. Você e eu fazemos a mesma coisa sempre que deixamos de pensar por nós mesmos. Todo mundo está sujeito a perder o delicado fio do *eu sou* que é a única verdade a respeito da identidade, o único fato do eu que pertence sem falsidade a cada um de nós.

Expandindo esse argumento, a mentalidade do nós *versus* eles é sempre uma expressão do problema fundamental, que é o dualismo. Este último é a convicção de que não existem valores finais ou absolutos, mas apenas a interação dos opostos. Em um mundo dualista, os seres humanos são separados da origem da criação. Estamos sob o domínio dele sempre que nos sentimos sozinhos, isolados e com medo do mundo lá fora. As pessoas espirituais estão tão sujeitas a essa forma de ansiedade quanto as não espirituais. No entanto, estão expostas a ela por uma razão diferente, porque se dedicam o tempo todo a combater a dualidade. Os micróbios estão sempre em volta do médico que mais luta contra eles. Na famosa frase de Nietzsche, se contemplarmos um monstro por um tempo suficiente, nós nos tornamos esse monstro, o que é uma maneira sugestiva de dizer que, se nos detivermos por um tempo suficiente na dualidade, ela nos engolirá.

A solução, como a entendo, é encontrar uma maneira prática de escapar das divisões impostas pelo dualismo. Essas divisões são incrivelmente profundas. O bem *versus* o mal. As trevas *versus* a luz. O corpo *versus* a alma. Nós *versus* eles. Mesmo quando tentamos com todas as nossas forças ficar do lado dos anjos, o fato inevitável é que o bem define o mal e vice-versa. No dia em que o bem nasceu, descobriu que tinha um gêmeo no cosmo, e ambos são imortais. O caminho da paz nos conduz além da dualidade. E é o único caminho a ser tomado por alguém que deseje acabar com a guerra e a violência. Como Cavafy enxergou com tanta clareza, sempre haverá um eles enquanto existir um nós.

ALÉM DO NACIONALISMO TÓXICO

VIVEMOS EM UM PAÍS que defende a paz? Milhões de americanos fervorosamente acreditam que sim, e fatos vergonhosos não conseguem fazê-los mudar de idéia. Voltam as costas para o dano que os americanos provocam, quase impensadamente, ao redor do mundo. As empresas americanas que não toleram ser regulamentadas em casa mudam-se para o exterior onde podem empilhar amianto em montes enormes nos quais as crianças brincam, vender livremente produtos farmacêuticos poderosos na Tailândia sem a necessidade de uma receita médica, criar um vazamento de gás letal em Bhopal, Índia, e por via de regra danificar a ecologia do jeito que bem entenderem. Ser americano significa todas essas coisas. Também é americano ser o maior fornecedor de armamentos do mundo e enviar os soldados para o combate para que sejam mortos pelas mesmas armas. É americano estimular o mercado livre não importa o custo, enquanto as culturas nativas são despojadas e corrompidas pelo dólar.

Henry James afirmou que ser americano era um destino complexo, e ainda é. Ouvi certa vez alguém dizer que somos o país que todo mundo odeia e aquele para o qual todos querem se mudar. Assisti no ano passado a um documentário sobre o sistema de mercado livre, que se tornou a nova religião tanto da economia americana quanto dos políticos conservadores. Um economista após outro elogiou os nossos esforços de abrir todos os países estrangeiros ao modo de vida americano. O fim do comunismo, o resgate do Chile do domínio do general Augusto Pinochet e a libertação do mundo de um modo geral dos monopólios opressivos e dos privilégios de classe foram atribuídos ao mercado livre.

Enquanto era pintada essa promissora imagem, a câmera procurou um vendedor de rua na Tailândia que vendia sanduíches em uma carrocinha. Acompanhamos o homem quando ele saiu de Bangcoc e dirigiu-se aos luxuriantes locais de veraneio preferidos pelos turistas. Ele chegou a um local lúgubre e fantasmagórico. Era um hotel e uma quadra de golfe em ruínas construídos em uma escala grandiosa. Percorrendo os quartos semiconstruídos, agora cheios de mofo e dilapidados, o homem deixou claro que um dia fora dono de todo o complexo. Ele era um empresário promissor que reunira milhões de dólares para construir o seu sonho.

O dinheiro fora proveniente de uma valorização da moeda da Tailândia no início da década de 1990, criada pelos investidores americanos. Alguns administradores monetários, sentados aos computadores de Nova York, lançaram a economia tailandesa em uma ascensão vertiginosa. Nenhum deles jamais estivera na Tailândia nem conhecia alguém que vivesse lá. A seguir, também inesperadamente, ficaram nervosos com relação ao mercado cambial na Ásia e, quase que da noite para o dia, a alta sofreu uma reversão, transformou-se em uma queda catastrófica e um homem que na segunda-feira estava construindo o *resort* dos seus sonhos, na terça estava vendendo sanduíches na rua. A hipocrisia dos Estados Unidos como o melhor amigo e o pior inimigo do mundo foi-me revelada de forma incisiva.

No passado, não precisávamos lidar com esses fatos comprometedores. Podíamos simplesmente nos proteger deles, como muitas pessoas fazem hoje em dia. Uma das estradas para o futuro transformará os Estados Unidos em uma fortaleza, isolada das realidades extrínsecas às suas fronteiras. Nesse futuro, desprezaremos a disparidade entre ricos e pobres que já causou tanto dano. Os Estados Unidos possuem cerca de cinco por cento da população mundial, mas consomem cerca de um terço do recursos naturais do planeta. Emitimos metade dos gases estufa como o dióxido de carbono que estão relacionados com o aquecimento global. No entanto, na fortaleza americana nada disso importa tanto quanto permanecer rico e confortável.

A outra estrada para o futuro conduz à globalização. Os Estados Unidos se dedicarão a tudo que está sendo desconsiderado no presente momento. A nação se tornará um líder na reversão do aquecimento global, protegendo as outras economias, eliminando o abismo existente entre as nações pobres e as ricas e acabando com a devastadora epidemia da AIDS. (É atordoante observar que uma mera fração do orçamento bélico dos Estados Unidos seria suficiente para tratar todas as pessoas infectadas com AIDS na África. Os mesmos africanos infectados na África poderiam ser tratados durante um mês com o custo de um bombardeiro Stealth.) No entanto, para que qualquer uma dessas coisas acontecesse, o nosso nacionalismo teria de deixar de ser tóxico e começar a ser reparador.

O caminho da paz é dedicado à segunda alternativa. Se o futuro é a fortaleza americana, a paz não tem uma verdadeira chance. Pelo menos dessa vez, a hierarquia emaranhada tem uma escolha clara. Continuar a avançar na direção do nacionalismo tóxico é uma receita para o desastre. Compreendo que, para o resto do mundo, a globalização talvez não seja mais encarada como uma alternativa virtuosa para os Estados Unidos; ela é condenada como um disfarce para a dominância americana. Mas os Estados Unidos precisam se expandir e se tornar parte do planeta de uma maneira positiva. Isso se tornou tão claro no decorrer da última década que a maioria das pessoas, creio, enxerga o sinal de advertência. Os Estados Unidos precisam se globalizar ou afundar com o navio planetário.

Os meus amigos ativistas, que se queixam sombriamente do amaldiçoado império americano e da sua política de apartheid econômico, estão cada dia mais furiosos. Por que continuamos a fazer escolhas tão trágicas e erradas?, perguntam eles. Por que permanecemos dominados pela irrealidade quando os problemas que temos diante de nós são óbvios e urgentes? Às vezes essas perguntas são retóricas, mas, se as fizermos com seriedade, a resposta reside no próprio poder do nacionalismo.

Os Estados Unidos são uma identidade. Quando dizemos “Sou americano”, não estamos apenas apresentando um simples rótulo. Estamos expondo a alguém a nossa história. Estamos dando a entender alguns valores, e como os Estados Unidos têm uma tradição de democracia e liberdade, é fácil para os políticos enfatizarem que qualquer crítica feita aos Estados Unidos representa um ataque à nossa identidade. Por meio dessa lógica deturpada, torna-se não-americano desejar qualquer coisa boa para o mundo, se ela envolver uma mudança no nosso modo de vida.

Quando a palavra *não-americano* tornou-se de uso comum durante o pavor do comunismo no início da década de 1950, poucas pessoas perguntavam se o termo até mesmo fazia sentido. Tomemos duas coisas opostas: ser a favor da guerra e ser a favor da paz. Qual dessas atitudes é americana e qual é não-americana? As duas são mutuamente exclusivas, mas, quando a disposição de ânimo nacional muda, uma ou outra atitude é considerada tão não-americana que temos de ser rápidos para manter-nos atualizados com a maneira certa de pensar.

A questão mais profunda não envolve ser ou não ser americano, e sim se o próprio nacionalismo faz as guerras continuarem. O etos do patriotismo inflado que circunda a vida do dia-a-dia neste momento colocou tanta pressão nas pessoas para que se adaptem que nos esquecemos de como o nacionalismo costumava ser desprezado. Albert Einsten o ridicularizou: "O nacionalismo é uma doença infantil. É o sarampo da humanidade." O famoso psicólogo Erich Fromm foi áspero e clinicamente frio: "O nacionalismo é a nossa forma de incesto. Ele é a nossa idolatria e o patriotismo, o seu culto." Mas muitos observadores durante a era do nacional-socialismo na Alemanha tinham vivido sucessivas manifestações odiosas em nome da terra natal. Muitos comentaristas rapidamente captaram o tema de que o nacionalismo é uma doença.

Embora eu encontre poucas condenações do nacionalismo nas notícias atuais, é possível detectar uma tendência oculta. Este livro apóia-se na possibilidade de que muitas pessoas tornaram-se desertores internos, por assim dizer, capazes de questionar a idéia de que um bom país é aquele que se volta para a violência armada e a intimidação como um reflexo automático. O caminho da paz não é não-americano, fato que acho que deve ser declarado. Enquanto povo, os americanos sentem que são bons e amorosos, como de fato somos. Mas a falta de conscientização fez com que pessoas boas e amorosas acreditassem em meias-verdades e mentiras, como as seguintes:

Os Estados Unidos são o país mais livre do mundo. Esta afirmação, a base do americanismo, é um clamor emocional e não uma realidade. Os cidadãos de todos os países da Europa ocidental são tão livres quanto nós e já o são desde o fim da Segunda Guerra Mundial.

Este país defende a igualdade. Em princípio sim, mas cerca de um por cento dos americanos nas camadas mais elevadas da classificação de renda controla noventa por cento da riqueza. O setor que cresce mais rápido na economia é o de empregos com baixa remuneração, como o de serviços nos prédios (jargão para porteiros e faxineiras) e o dos restaurantes.

Somos um norte da democracia para o resto do mundo. Outra declaração emocional, e também idealista. O comparecimento dos eleitores às urnas na nossa democracia está entre os mais baixos de todos os países, quer desenvolvidos ou em desenvolvimento. Muitos comentaristas calamitosamente observaram que a enorme influência dos lobistas e de interesses especiais superam em muito a influência dos cidadãos comuns, quando se trata de ter os seus desejos promulgados em lei. O Senado americano é esmagadoramente formado por um corpo de homens brancos e ricos, muitos deles advogados. A democracia depende de uma representação justa no governo, mas, se você for negro, hispânico ou do sexo feminino, esteja certo de que os seus interesses estão parcamente representados no Congresso.

Os Estados Unidos são o cadinho do mundo. Na condição de imigrante, tirei proveito da abertura dos Estados Unidos, e não existe nenhuma dúvida, apesar da atual desconfiança com relação aos imigrantes e das novas regras que estão se fechando sobre eles, que os Estados Unidos são a terra da oportunidade. No entanto, para muitos imigrantes, essa oportunidade é apenas econômica. O valor da cidadania americana é medido principalmente sob o aspecto de dinheiro e conforto. Muitos historiadores também ressaltaram que longe de ser um cadinho, os Estados Unidos têm uma tradição de luta entre facções étnicas (pense nas guerras de rua entre irlandeses e italianos, em Boston e Nova York, que floresceram na época da Guerra Civil e persistiram, como uma animosidade reprimida e silenciosa, até uma memória recente).

Algumas minorias se segregam para não se transformarem em uma única identidade nacional, como demonstram a ação a favor da educação bilíngüe (i.e., espanhol) e o crescimento das escolas particulares para muçulmanos que se concentram intensamente no Corão como a autoridade de governo e cidadania. Outras minorias, especialmente os negros, estão imprensadas entre a segregação voluntária das suas comunidades e o fato de se sentirem forçadas pelo racismo a viver separadas. A hierarquia emaranhada tem de ser sempre lembrada, porque uma minoria oprimida pode ser racista com relação a outra. Pense, por exemplo, na hostilidade que os residentes nos guetos negros têm demonstrado contra os donos de loja judeus e coreanos. Em muitas áreas urbanas, é certo que o negócio deles está entre os primeiros a serem atacados e saqueados durante qualquer distúrbio racial.

Os Estados Unidos são os guardiões da paz do mundo. Essa retórica nacional parece inatacável para a maioria dos americanos. O resto do mundo não tem tanta certeza disso. A solidariedade por esse país atingiu um ponto alto depois do atentado de 11 de Setembro, quando 67 por cento das pessoas que responderam a pesquisas de opinião se disseram favoráveis aos Estados Unidos. Antigos aliados da Segunda Guerra Mundial não mediram esforços para mencionar a sua eterna gratidão aos Estados Unidos por tê-los livrado do fascismo. Hoje, no entanto, as pesquisas de opinião no exterior revelam que apenas 27 por cento dos cidadãos de outros países são favoráveis aos Estados Unidos, devido à invasão do Iraque; e esse percentual é muito mais baixo nos países árabes. Um choque maior para a nossa auto-imagem foi a resposta à outra pergunta: Qual o país do mundo que você acha que apresenta o maior perigo? Embora sete por cento dos entrevistados tenham eleito a Coréia no Norte, um dos membros da tríade escolhida pelo presidente Bush no eixo do mal, 85 por cento escolheram os Estados Unidos.

A exposição desses fatos inquietantes sobre os Estados Unidos certamente vai despertar uma raiva visceral em muitas pessoas. O caminho da paz nos pede que examinemos a maneira como automaticamente nos identificamos com a nação, misturando "Estados Unidos" e "eu" como se estivessem fundidos. Krishnamurti apresentou uma idéia psicologicamente válida quando declarou que o nacionalismo é uma forma sofisticada de tribalismo. Ele é ainda mais poderoso do que isso. Uma das reviravoltas mais surpreendentes ocorridas no Iraque foi a união apresentada pelos sunitas e os xiitas. Pode ser que quando você estiver lendo estas linhas, uma guerra religiosa entre eles tenha irrompido no Iraque, mas neste momento eles estão unidos debaixo do antigo provérbio "o inimigo do meu inimigo é meu amigo". Os dois lados odeiam suficientemente os Estados Unidos a ponto de se esquecerem do quanto odeiam um ao outro.

O que reuniu esses dois inimigos foi o nacionalismo. Um virulento nacionalismo iraquiano fora fomentado durante décadas pelo regime de Saddam Hussein. Ele alimentou os ataques ao Irã na década de 1980 e ao Kuwait na de 1990. Embora os nossos patriotas possam ficar furiosos diante das comparações entre o nacionalismo americano e o iraquiano, os mesmos componentes estão sempre presentes na hierarquia emaranhada:

orgulho
tradição
atitude de superioridade
patriotismo
segurança nacional
escalada militar
atitude defensiva
fronteiras armadas
inimigos reais e imaginários

Não estou comparando, de modo algum, os dois países, pois a combinação particular desses componentes para cada nação será diferente da da outra. No entanto, muitos de nós consideramos humilhante para a auto-imagem dos Estados Unidos o fato de que os aspectos mais perturbadores do nacionalismo, como colocar armas de assalto nas mãos de cidadãos comuns, montar milícias paramilitares quase ilegais e permitir que o veneno religioso influencie o debate nacional, são endêmicos tanto na sociedade americana quanto na iraquiana. As pessoas gostariam de acreditar que existe uma grande diferença entre o nacionalismo virtuoso (o nosso) e o nacionalismo mau (o deles), mas a doença em si é o verdadeiro problema.

Manter a massa em um estado de rancor defensivo contra o Ocidente, e especialmente os Estados Unidos, foi uma constante durante o governo de Saddam Hussein. Ele supervisionou a opressão, pela força, da maioria xiita que excedia em número os sunitas dominantes segundo uma proporção superior a dois por um. Hussein era moderno porque tinha ultrapassado a religião. Além disso, era astuto o suficiente para explorar esses sentimentos. Quando invadiu o Kuwait em 1990, multidões de mulheres iraquianas usando véus negros apareceram nas ruas clamando que aprovavam o bom homem islâmico que iria dar uma lição às mulheres kuwaitianas decadentes e exageradamente ocidentalizadas. O fato de que a guerra tinha raízes muito mais hipócritas, estando relacionada com excessivos excedentes de petróleo e a grande dívida do Iraque com os bancos do Kuwait, estava bem disfarçado.

Denúncias de que o governo Bush também está utilizando o conflito no Iraque com o mesmo cinismo e que tudo gira em torno do petróleo são comuns neste momento. A história fará os seus próprios julgamentos. Você e eu precisamos ter em mente que mesmo sem a hipocrisia o nacionalismo é uma falsa maneira de encarar a realidade, e romper as suas ilusões é crucial para o caminho da paz.

ACABANDO COM UMA ILUSÃO

Os efeitos tóxicos do nacionalismo

A ilusão é que o nacionalismo ajuda a libertar as pessoas.
A realidade é que o nacionalismo é hoje o mesmo que militarismo.

A ilusão é que outras nações são inferiores, equivocadas e têm um modo de ser errado.

A realidade é que todas as nações lutam com conflitos internos.

A ilusão é que Deus favorece um país e apóia o seu destino.
A realidade é que Deus nunca expressou uma opinião a respeito de nenhuma nação e nunca o fará.

A ilusão é que as fronteiras nacionais nos deixam em segurança.
A realidade é que vivemos em um mundo aberto no qual as fronteiras significam cada vez menos.

A ilusão é que o nosso país define quem nós somos.
A realidade é que descobrir quem somos requer a autoinvestigação e o autoconhecimento.

Cada um desses pares mostra uma maneira de a consciência crescer enfrentando a realidade. Toda ilusão foi um dia verdadeira, ou pelo menos tinha o peso da verdade do seu lado. No entanto, a consciência está sempre em movimento. As idéias libertadoras transformam-se em algemas se não as modificarmos. O primeiro par, por exemplo, envolve a liberdade. Depois da revolução americana e da francesa, o nacionalismo era o brado de convocação para a liberdade em uma época na qual as alternativas eram muito piores, como cair em poder do colonialismo, como tinha acontecido com a Índia, a China e toda a África. Outra alternativa era ser uma província oprimida de um império, como era o caso da Itália, da Grécia e da maior parte do Oriente Médio, ou uma minoria étnica, como era a situação de muitas das antigas repúblicas da União Soviética. Rebelando-se contra essas condições, as pessoas queriam a liberdade política, e tornar-se uma nação oferecia a elas a oportunidade de conseguir o que queriam.

No entanto, a situação mudou, e o nacionalismo hoje em dia é uma forma de opressão conhecida como militarismo. Viver em uma sociedade dominada pelos militares é o oposto de ser livre. A retórica da liberdade prevalece em regiões pós-coloniais da África, que começaram a conquistar a liberdade na década de 1950 com a turbulência no Quênia e no Congo Belga. Hoje, a grande maioria dos países africanos é ditadura militar armada.

Mas a ilusão mais perniciosa é a de que nosso país define quem somos. Constantemente nos dizem que os Estados Unidos são hoje uma nação amargamente dividida, com a estúpida implicação de que, se nos lembrássemos de que somos todos americanos, o desentendimento seria corrigido. Os estados "vermelhos" e "azuis" representam opostos culturais, com um dos lados predominantemente rural, conservador e fundamentalista no que tange à convicção religiosa, e o outro lado predominantemente urbano, moderado e liberal no que diz respeito a essa mesma convicção. Essa divisão de fato não é verdadeira, no sentido de que existe uma linha precisa com relação a valores e interesses. Quase todas as pessoas ficam confusas com relação às questões polêmicas, mas assumem uma posição porque em épocas turbulentas a ambigüidade não é tolerada. Mudar de idéia é condenado como uma demonstração de fraqueza, embora a atitude pudesse ser caracterizada como um sinal de que somos inteligentes o suficiente para perceber que qualquer questão possui mais de uma faceta. O processo político não nos permite depositar na urna três quartos de voto mesmo que só concordemos com 75 por cento da posição de um candidato, de modo que a pressão para que nos posicionemos a favor ou contra é muito forte.

"Liberal" e "conservador" são hoje termos turvos. A pessoa que relutantemente vota a favor da guerra do Iraque é imediatamente colocada no mesmo grupo que as que defendem ruidosamente a guerra. Tomar partido em qualquer questão polêmica como o aborto ou a prece nas escolas não deveria ser um teste de caráter. Acabamos projetando nos outros valores que eles na verdade não defendem.

É possível criar uma imagem completa de outra pessoa sem nenhuma informação real. Uma experiência fascinante realizada em Harvard na década de 1960 demonstrou esse fato. Cada voluntário foi colocado em uma sala diante de um painel com dois botões. Essa experiência, foi dito a cada participante, é um estudo sobre a arte do jogo. Do outro lado da parede há um jogador que também controla dois botões. Se ele apertar o botão nº 2 e você apertar o botão nº 1, ele recebe dois dólares e você nada. Se você apertar o botão nº 2 e ele o nº 1, você recebe dois dólares e ele, nada. Se ambos apertarem o botão nº 2, não recebem nada. Mas se os dois apertarem o botão nº 1, cada um recebe um dólar.

Os voluntários rapidamente absorveram o que estava em jogo. Caso se deixassem dominar pela ganância e apertassem o botão nº 2 o tempo todo, seus parceiros poderiam retaliar fazendo a mesma coisa, e o resultado seria que ambos não receberiam nenhum dinheiro. Mas se silenciosamente concordassem em ficar apertando o botão nº 1, sem recorrer ao expediente da trapaça para arrebatar um dólar a mais aqui e ali, seriam capazes de ganhar mais dinheiro sem magoar a outra pessoa.

A maioria dos participantes chegou a essa conclusão depois de tentar apertar o botão nº 2 algumas vezes e descobrir que o seu parceiro fazia a mesma coisa. A ganância deu lugar à cooperação, e quase todos os voluntários começaram a apertar o botão nº 1. No final da sessão foi pedido aos participantes que descrevessem como era o parceiro, baseados inteiramente na maneira como ele jogara.

Sistematicamente, as descrições foram duras. *Esse cara é egoísta e burro. Esse cara só queria jogar para si mesmo. Ele é um canalha.* A tendência foi que as mesmas palavras fossem repetidas: irracional, teimoso, dissimulado, ardiloso, traiçoeiro, ganancioso. Por mais que tentassem enviar um sinal de que estavam dispostos a apertar o botão nº 1, os participantes descobriam que o jogador do outro lado da parede continuava a apertar de vez em quando o nº 2. O que não sabiam era que não havia nenhum parceiro do outro lado, apenas uma máquina que gerava uma seqüência aleatória de números 1 e 2.

Qualquer coisa que o participante achasse que sabia sobre o parceiro era uma total projeção. Na verdade, tratava-se de uma experiência apenas sobre a projeção e de modo algum sobre a arte do jogo ou a cooperação. Estamos tão acostumados a fazer julgamentos sobre os outros que os políticos podem contar isso. Manter as pessoas de outras nações atrás de um biombo torna fácil rotulá-los com qualquer emoção que queiramos projetar. Li que as maiores risadas entre os membros da bancada na Convenção Nacional Republicana de 2004 acontecia quando qualquer orador usava as palavras *França* ou *francês*. Era possível contar com o reflexo automático de escárnio, já que os franceses tinham sido caracterizados pela imprensa como tendo a tendência de fazer cera, de não cooperar, de ser contra a guerra mesmo quando era justificada, antiamericanos, egocêntricos e aparentemente contra a própria liberdade (a julgar pela decisão da lanchonete do Congresso de trocar o nome de *French fries* para "*freedom fries*"*).

Na verdade, os franceses tinham se revelado corretos com relação aos fatos. Foram céticos com relação à existência das armas de destruição em massa no Iraque. Previram que o Oriente Médio ficaria irritado se Saddam Hussein fosse atacado, com a possibilidade real de o terrorismo ser estimulado em vez de reprimido. Não acreditavam que Saddam Hussein representasse uma ameaça imediata a outros países e sentiam, de modo geral, que a guerra deveria ocorrer apenas como um último recurso. Mas os fatos pouco beneficiaram os franceses. Uma vez que foram colocados atrás do biombo e se tornaram *o outro, passaram a ser* um alvo legítimo para quaisquer projeções que os fervorosos grupos pró-guerra quisessem fazer.

A maioria de nós viveu uma época em que a projeção quase destruiu este país. A Guerra do Vietnã gerou um enorme colapso na antiga história sobre os Estados Unidos. Como a guerra é, sem dúvida, a pior maneira de criar a mudança, eu gostaria de recordar o protesto do Vietnã como um exemplo da mesma sublevação que hoje enfrentamos. A década de 1960 não se repetirá, mas os seus emaranhados e confusões já o fizeram.

Vim para os Estados Unidos em 1970 como um jovem interno de medicina em Plainfield, New Jersey. Na minha primeira noite na sala de emergência, atendi as primeiras vítimas de arma de fogo que eu já vira. Tratei de centenas

---

* *French fries* (batatas à francesa) é como os americanos chamam corriqueiramente a batata frita comum que se come nos bares e restaurantes, cortada ao comprido. A lanchonete, como pilhéria, trocou o nome para "*freedom fries*" (batatas da liberdade). (N. da T.)

de outras à medida que o fato da violência americana cotidiana foi se revelando. Mas o Vietnã não estava longe do centro da minha visão. O ano seguinte, 1971, presenciou as maiores manifestações populares a favor da paz na história dos Estados Unidos. A marcha daquele ano em Washington foi especialmente rancorosa devido à invasão do Camboja por Nixon e à morte dos alunos da Universidade Kent State no ano anterior.

Aprendi com extrema rapidez o quanto a paz e a violência estavam entrelaçadas. Essas manifestações foram palcos de raiva e resistência de ambos os lados. Washington estava armada até os dentes, a sua reação típica às passeatas de protesto desde 1967, com atiradores de elite do exército posicionados no telhado dos prédios do governo e uma maciça presença da polícia apoiada pela Guarda Nacional nos flancos, para o caso de as coisas realmente ficarem fora de controle. No dia 2 de maio de 1971, a polícia prendeu sete mil manifestantes em um único dia, quase todos com o frágil pretexto de que estavam portando drogas. Essa foi a maior prisão em massa da história do país.

Setenta e cinco clérigos tinham sido convocados para acalmar a multidão, mas as autoridades estavam claramente no comando. A polícia de Washington aprendera a aperfeiçoar as prisões em massa às pressas. Em vez do processo tradicional, que exigia que o policial que fazia a prisão escrevesse um relatório detalhado sobre a razão da detenção, foram elaborados formulários reduzidos nos quais o policial tinha apenas que preencher os espaços em branco. Em vez de algemas de metal, cordas de plástico flexíveis e baratas eram distribuídas aos milhares. Espera-se que um policial apresente uma justificativa plausível no tribunal, o que é obviamente impossível quando tantas prisões são feitas ao mesmo tempo. Desse modo, câmeras Polaroid foram instaladas ao lado de cada furgão da polícia, o que possibilitava que os policiais fossem fotografados perto do acusado. Essa foto serviria de memória auxiliar no caso de um juiz querer saber o que uma pessoa específica teria feito.

Toda essa eficiência acabou indo por água abaixo. A polícia de Washington prendeu manifestantes demais para se incomodar com formalidades, e, como as prisões da cidade não tinham capacidade para conter todos os detidos, eles foram arrebanhados do lado de fora em áreas de detenção. Os manifestantes nunca tiveram sucesso no seu objetivo declarado de fazer Washington parar de funcionar por um dia como símbolo do fervor antibélico. No entanto, essa vitória do governo não apagou a amarga verdade de que a paz se tornara uma miniguerra civil.

O movimento da paz em prol do Vietnã é um exemplo perfeito de por que a nossa condição atual é tão confusa. Os valores estavam fluidos; as pessoas faziam projeções umas sobre as outras de uma forma desordenada. A hierarquia emaranhada estava dominada por novos conceitos que a antiga história dos Estados Unidos não era capaz de assimilar:

hippie
manifestante
jovens defensores da paz e do amor
diferença entre as gerações
atitudes contra a classe dominante
complexo militar-industrial
defensores da guerra
defensores da paz
efeito dominó
extremismo na defesa da liberdade

O Verão do Amor só tinha quatro anos de existência em 1971, mas os protestos já tinham passado por uma estonteante evolução além dos jovens defensores da paz e do amor. Lemos a respeito de meninas hippies na passeata de outubro de 1967 contra o Pentágono, dançando diante de soldados com baionetas, perguntando: "Você aceita a minha flor? Você tem medo de flores?" A injustiça racial tornou-se parte do protesto, a não-violência estava contaminada pelas táticas terroristas do grupo ativista Weather Underground que bombardeava os laboratórios das universidades ligados ao Departamento de Defesa e as pessoas que se opunham à guerra eram rotuladas de traidoras.

Os motivos nunca permanecem puros na hierarquia emaranhada. Os opostos contaminam uns aos outros. As boas intenções se tornam indistintas e comprometidas. O movimento da paz daquela época estava muito certo da sua posição moral, mas, em uma visão retrospectiva, muitos americanos culpam os manifestantes por terem perdido a guerra, envergonhado o país, por levar a discórdia e o conflito para as ruas, e criar uma confusão generalizada. Foi uma época de expansão da consciência, mas também um período no qual os índices de criminalidade triplicaram e nunca regrediram aos níveis anteriores, e o uso de drogas aumentou milhares de vezes.

Nenhuma sociedade emerge intacta da guerra. Essa afirmação é verdadeira no caso do Vietnã, assim como o foi no caso da Primeira e da Segunda Guerra Mundial. O mesmo é inevitável agora. O conflito permanente na república russa da Chechênia é um exemplo perfeito de como o patriotismo bitolado torna-se uma forma de autodestruição. No momento em que escrevo este parágrafo, terroristas que lutam por uma Chechênia livre ocuparam uma escola na cidade de Beslan, no sul da Rússia. Eles entraram à força com bombas e armas de fogo no dia mais alegre do ano, o primeiro dia de aula, que é feriado na Rússia. Em uma catastrófica tentativa de resgate, as forças armadas russas, ao lado das bombas dos terroristas, causaram a morte de centenas de reféns, entre eles mais de 175 crianças.

As notícias já devem ter chegado até você, e você terá sentido a tristeza de saber que o terrorismo, outra vez, levou as coisas longe demais, envolvendo uma grande quantidade de crianças inocentes. Hoje estou lendo a respeito de um comício contra o terrorismo no centro da praça Vermelha, em Moscou. O prefeito da cidade gritou ao microfone: "Moscovitas! Não somos fracos, somos mais fortes do que eles! Mais fortes! Os fascistas não conseguiram derrotar a Rússia e o terror também não o conseguirá. Estamos juntos. Vamos vencer!"

O mundo externo tem dificuldade em entender por que a Rússia está disposta a suportar uma luta sangrenta para manter o domínio de uma remota república no Cáucaso depois de ter voluntariamente dissolvido a maior parte da antiga União Soviética. O presidente Vladimir Putin agarrou-se ao implacável espectro do fundamentalismo islâmico, fundindo a sua luta contra uma Chechênia livre com a guerra global contra Osama bin Laden e os seus seguidores. Isso se tornou uma profecia auto-realizável: agora o principal líder rebelde da Chechênia, Shamil Basayev, um violento combatente barbudo de cabeça raspada, que anteriormente lutara ao lado dos russos, apresenta-se como um terrorista carismático no estilo de bin Laden e invoca a al-Qaeda como sua aliada tática.

Se você e eu sentimos angústia e repulsa diante do ataque de Beslan, podemos virar a cabeça enquanto a Rússia faz o que precisa fazer para retaliar; Putin já está exigindo mais poder em uma escala sem precedentes. Mas, em vez disso, deveríamos olhar direto para a hierarquia emaranhada, pois esse não é de modo algum um caso em que a questão esteja claramente definida. Para impedir que a Chechênia declarasse a independência, os russos invadiram a região em 1994. A capital, Grozny, foi reduzida a escombros e é hoje uma paisagem desoladora e totalmente anárquica que lembra Berlim depois da Segunda Guerra Mundial. Oitenta mil chechênios, quase todos civis, foram mortos, e um número ainda maior ficou desabrigado.

A hierarquia emaranhada não deixa nenhum elemento intocado. Nesse caso, temos o nacionalismo tóxico de ambos os lados, considerando-se que os dois recorrem a atrocidades. Temos os vínculos complexos com o Islã e o romance da jihad, contrabalançados pelo antigo Estado soviético, cujo legado de repressão contra a religião ainda paira pesadamente sobre todo o país. Quando olharmos direto para esse emaranhado, o impulso de tomar partido torna-se menos premente, embora ainda possamos nos sentir emocionalmente afetados à medida que os eventos se desenrolam. A única solução é desemaranhar a hierarquia. O primeiro passo é ir além das ilusões do nacionalismo.

Mas o que colocaríamos no lugar dele?

O nacionalismo não pode ser modificado por meio da confrontação direta. Colocar qualquer país em uma postura defensiva aumenta dez vezes o nível de violência. Essa constatação está por trás de um famoso comentário de Madre Teresa: "As pessoas me perguntam por que não me associo ao movimento contra a guerra, e eu respondo que me associarei quando vocês puderem me apresentar um movimento a favor da paz." Nesse espírito, o atual movimento pela paz está começando a encontrar uma maneira de favorecer todas as nações voltando-se para a necessidade global de acabar com a violência, independentemente de como possamos nos sentir a respeito deste ou daquele regime, desta ou daquela ideologia, desta ou daquela religião. Esses novos grupos que defendem a paz são freqüentemente pioneiros na aplicação de tecnologias que a sociedade predominante considera inacreditáveis. Mas como me disse certa vez um extraordinário agente de cura que utiliza a técnica da imposição das mãos, qualquer pessoa é capaz de curar; o principal obstáculo é que acreditamos que não somos.

– Fui a uma festa – contou-me uma jovem amiga –, e estávamos entortando colheres pela paz mundial. Sei que essa possibilidade parece hilária quando ouvimos falar nela pela primeira vez. Fiz um curso na Internet. A idéia era que se podemos usar a tecnologia da prece para entortar uma colher com a mente, talvez também possamos curvar o mundo inteiro na direção da paz.

"Eles diziam que qualquer pessoa podia aprender a entortar uma colher em menos de quatro semanas. Fizemos uma doação e iniciamos o curso, que se baseia na prece, na atenção concentrada e na imaginação. Desobstruímos partes da nossa consciência que estão bloqueadas no momento. Não forçamos nada com a mente. Foi-nos informado que, para que a técnica funcione, temos de ver a colher como já estando torta. Formei um grupo com algumas pessoas e nos reunimos na casa de uma delas. Foi impressionante ver como algumas tiveram sucesso bem rápido. Agora que vi com os meus próprios olhos colheres sendo entortadas, creio que estou chegando lá."

A lógica aqui é bem clara: se conseguirmos provar para nós mesmos que temos a habilidade de transpor o véu da realidade ordinária, poderemos fazer coisas que antes pareciam impossíveis ou mágicas. James Twyman, a pessoa mais importante no movimento de entortar colheres, vai a lugares conturbados ao redor do mundo para comandar vigílias de prece pela paz, e a experiência dele é que essas grandes experiências mudam imediatamente a realidade. No dia 9 de fevereiro de 2001, a vigília dele foi feita em Jerusalém. Incluía participantes da Web bem como pessoas fisicamente presentes, e no dia seguinte a violência na Cisjordânia (Margem Ocidental) caiu em cinqüenta por cento ou mais. Esse resultado repete experiências anteriores realizadas por outros grupos espirituais. Um movimento budista popular no Japão colocou um escudo de prece sobre o país para protegê-lo desde meados da década de 1960. Vigílias de prece ininterruptas são uma parte regular da vida isolada em alguns mosteiros e conventos católicos. Há mais de uma década o movimento de Meditação Transcendental (TM) vem reunindo grandes grupos de meditadores em cidades como Nova York e Washington, usando posteriormente dados da polícia para mostrar que os índices de criminalidade caem substancialmente durante esses períodos. O efeito dessas experiências pode ser duradouro e não apenas um vislumbre passageiro nas estatísticas da violência. A TM e outros grupos de consciência acreditam ter mudado a tendência do futuro. Rumores a respeito de criar uma mudança no cérebro global não são novos, pois já circulam há trinta anos.

Parece-me que quer você seja um dos guerreiros espirituais de Twyman partindo para uma vigília em Jerusalém ou alguém que medite na privacidade da sua casa, a influência para a paz é real. Não devemos nos deixar desviar do nosso rumo por desmistificadores e céticos que oferecem truques triviais da bolsa do mágico para explicar fenômenos muito interessantes. Os desmistificadores não deixarão de fazer o que fazem apesar de centenas de pessoas afirmarem entortar colheres e chaves com a mente. Estive presente em uma demonstração em Oxford, na Inglaterra, onde mais de duzentas pessoas, a maioria da comunidade universitária, participaram exibindo uma chave e tentando vergá-la. Cerca de dez ou vinte por cento delas tiveram sucesso na primeira tentativa.

Por outro lado, o fato de os entortadores de colheres viverem nos chamados mistérios e segredos que envolvem o que eles fazem, provavelmente não ajuda a atenuar o ceticismo. A verdade nua e crua é a seguinte: a consciência determina quais os fenômenos que são reais e quais os que não são. Todo ato de magia é na verdade resultado de se dar permissão para que uma lei natural oculta ascenda à superfície, emergindo das trevas onde a obrigamos a se esconder.

A propulsão a jato foi uma mágica oculta durante milhares de anos, assim como mover objetos com o pensamento (telecinesia) o é nos dias de hoje. Observar um avião levantar vôo não é mais mágico para nós, mas ver uma pessoa levitar seria. A diferença pode estar apenas na aceitação. A pessoa comum não é capaz de explicar como um veículo feito de aço que pesa cem toneladas pode voar, mas, já que outra pessoa é capaz de dar essa explicação, a tecnologia do vôo tem permissão para entrar na consciência humana como uma coisa real e não mais como um mistério.

Se alguém puder explicar como funciona a tecnologia da paz mundial, ela também terá permissão para existir como realidade. Creio que a impossibilidade da paz reside apenas na nossa cabeça e, uma vez que começarmos a aceitar o impossível, uma rápida mudança terá lugar. Nesse ínterim, sou grato a histórias como a que se segue, contada por um dos participantes do grupo que entorta colheres. "Um amigo nosso tem um filho de 12 anos. Certa noite, depois do jantar, estávamos conversando sobre o curso de entortar colheres. Enquanto falávamos, o menino resolveu ver se conseguia vergar uma das resistentes colheres de prata da mãe. Ele conseguiu! Ela se curvou de uma maneira estranha, não em um lugar naturalmente fino. Ele ficou realmente assustado ao se ver diante de uma realidade que a cultura dele tenta negar."

Nós nos agarramos a uma realidade que define a magia como fraude, fantasia ou superstição. Quer se trate da telecinesia, da cura, da clarividência ou de qualquer número de aberturas, todos os tipos de fenômenos dão uma espiada por trás da máscara do materialismo. A partir desse ponto, dúvidas espirituais que eram plausíveis começam a desaparecer. Eventos aleatórios começam a formar padrões. Compreendemos que o criador que se perdeu na sua criação somos nós. A verdade desponta quando começamos a descobrir quem realmente somos, desfazendo-nos de todos os rótulos falsos. O problema mais profundo do nacionalismo não é o fato de ele ter se tornado tóxico e sim de ter raptado parte na nossa identidade, e como todas as outras partes das quais abdicamos, essa precisa ser resgatada.

O MITO DA SEGURANÇA

O HOMEM NA TELEVISÃO parecia preocupado. Por ser um comentarista sério, ele estava agindo assim porque era pago para isso. Mas ele também parecia alguém que acabara de absorver uma verdade profundamente preocupante.

"Metade das pessoas no mundo vive com dois dólares por dia", disse ele. "Esses dados estão de acordo com a melhor estimativa do Banco Mundial. Quase todas essas pessoas sabem que somos ricos. Cerca de vinte por cento da população do mundo vive com um dólar por dia. Elas também sabem que somos ricos. Talvez há cinqüenta anos não soubessem, mas hoje sabem."

O seu tom de voz ficou ainda mais sério. "Antigamente eram necessários enormes exércitos para empunhar armas de destruição em massa. Mas essas armas foram miniaturizadas, de modo que uma pessoa ou um pequeno grupo andando pela rua pode empunhar uma arma de destruição em massa."

Ele parou, sem desejar mencionar claramente um destino horrível. Bilhões de pessoas que vivem em uma pobreza opressiva estão conscientes de que algumas centenas de milhões vivem na riqueza. Armas de um perigo indescritível estão potencialmente disponíveis para qualquer uma dessas pessoas.

Qual será o resultado?

A nossa mente pode seguir uma direção e começar a multiplicar o potencial para a destruição. À semelhança de bactérias que encontraram um hospedeiro fértil, o medo pode continuar a se duplicar. O atentado de 11 de Setembro gerou ataques futuros na nossa imaginação, não apenas mais um e sim, potencialmente, uma profusão deles; não poderiam explodir uma ponte e envenenar um local de suprimento de água? Mas a nossa mente não precisa seguir esse caminho. Ela pode avançar em direção ao entendimento que diz que temos de nos adaptar a uma nova maneira de estar no mundo, se esperamos um dia nos sentir seguros de novo. Uma vez mais a hierarquia emaranhada precisa ser confrontada. As palavras-chave nessa hierarquia específica são particularmente intimidadoras porque nos disseram, repetidamente, que são necessárias à nossa existência. Esses termos englobam:

forças armadas
defesa
empresas multinacionais
lucros
acionistas
contratos secretos
orçamentos secretos
informações sigilosas
lobistas
influência
nacionalismo

Se você abordar qualquer um desses tópicos, rapidamente descobrirá que algum grupo possui algo que querem desesperadamente proteger. Se não forem as próprias forças armadas, são os fornecedores de material bélico que dependem delas, as comunidades onde as fábricas de equipamento bélico fornecem a maior parte dos empregos, o público assustado que quer se sentir a salvo dos ataques, os lobistas cujo futuro depende da influência que conseguem irradiar e assim por diante, na maior parte da sociedade. Ninguém está a mais de alguns graus de separação dessa hierarquia emaranhada. Um aluno de Harvard que protesta contra a guerra está diretamente ligado aos gastos com a segurança e as subvenções do governo.

Até mesmo nos países em desenvolvimento, o equilíbrio entre as armas e os serviços humanos está completamente distorcido. Os países escolhem abraçar a hierarquia da guerra quando é claramente do seu interesse não fazer isso. A África do Sul foi fortemente criticada quando se descobriu que o país se preparava para adquirir um submarino nuclear apesar do fato de que o governo estava praticamente sem dinheiro para financiar programas de conscientização da AIDS. E isso em um país que não tem a menor necessidade de possuir um submarino nuclear, que custa centenas de milhões de dólares, mas que possui uma das maiores incidências de AIDS do mundo.

É preciso mencionar que foi nessa mesma África do Sul que nasceu Nelson Mandela, um dos símbolos da paz? A Índia, o lar de Mahatma Gandhi, tem um dos maiores exércitos permanentes do mundo, perdendo apenas para os Estados Unidos, a Rússia e a China. A maior parte dos orçamentos bélicos do planeta (em comparação com o PNB total) é encontrada nos países pobres em desenvolvimento. Espadas em vez de pão é a regra, não a exceção.

O monstro das transações com armas continua a crescer porque cada um de nós, apesar de não estar no ramo, depende da sua hierarquia. Não são os atos venais dos malfeitores que nos sentenciam, e sim os sombrios fatos do comércio e a luta pela sobrevivência em um mundo impulsionado pelo capital. Programas individuais como a Strategic Defense Initiative (SDI) [Iniciativa de Defesa Estratégica], geralmente conhecidos como Star Wars [Guerra nas Estrelas], já começaram a custar mais do que o Produto Interno Bruto de um país típico da África ou da América do Sul, apesar do fato de que o propósito da SDI, que é colocar um escudo no espaço como proteção contra mísseis nucleares soviéticos invasores, está amplamente superado.

A SDI é um projeto particularmente surrealista, considerando-se que derrubar mísseis guiados nunca deu certo, a não ser em testes extremamente rudimentares com foguetes simulados, cuja posição e trajetória eram conhecidas de antemão. (Corre o boato irônico que o presidente Ronald Reagan sentiu-se atraído pelo Star Wars porque a tecnologia imitava um filme de ficção científica de segunda classe que ele estrelara na sua carreira de ator na década de 1930.) Mesmo que a tecnologia fosse aperfeiçoada, o sistema seria totalmente inútil contra a ameaça real atual, que é o terrorismo sem cidadania. No entanto, pondo de lado o surrealismo e voltando-nos para as armas que já estão em uso, o custo estimado de um único bombardeiro Stealth B-2 é de 2,4 bilhões de dólares, quantia suficiente para financiar todas as orquestras sinfônicas e museus do país. As armas há muito superaram a cultura.

Como acontece com qualquer monstro, precisamos descobrir o seu ponto vulnerável para derrotá-lo. A hierarquia das armas depende de três crenças fundamentais. Toda a cultura dos armamentos deixaria de existir se essas crenças não mais nos enredassem. Em um mundo materialista, elas têm muito mais poder sobre as pessoas do que a moralidade religiosa tradicional, que sempre esteve do lado da paz, mas que cada vez mais causa menos impacto.

MITOS A RESPEITO DA SEGURANÇA

Crenças fundamentais por trás do aumento das armas

O dinheiro traz felicidade.
A tecnologia produz o bem-estar.
O poder militar gera segurança.

Por mais isolado que se sinta do ramo da guerra, você está preso a ele através de relacionamentos que começam aqui. Você pode se sentir moralmente indignado com os excessos da indústria de armamentos e o potencial dela para atos ainda mais flagrantes de desumanidade. (Li recentemente a respeito de uma tecnologia sugerida que possibilitaria que bombas de nêutrons que buscam o calor encontrassem as pessoas por meio da temperatura do corpo e as vaporizassem ao entrar em contato com elas. Essa invenção grotesca, se um dia tornar-se realidade, resolverá o problema do desperdício de prédios, pontes e outras estruturas valiosas que são desnecessariamente destruídas na guerra.) No entanto, a sua indignação moral é pouco poderosa para mudar uma hierarquia que você está sustentando com o seu próprio modo de vida. Conscientemente ou não, você está adorando esses novos deuses, e o problema é o controle material deles sobre você e todas as outras pessoas, e não se Deus está satisfeito ou insatisfeito com a política defensiva do seu país.

Dinheiro e Felicidade

JAMAIS ACEITEI a idéia de que o dinheiro era a causa de todos os males. No entanto, o caminho da paz precisa enfrentar o atual predomínio da ganância. Alguns teólogos cristãos liberais tentaram suavizar a aparente condenação universal das riquezas por parte de Cristo afirmando que o que ele realmente quis dizer foi que o amor ao dinheiro é a causa de todos os males. (O *lobby* das armas estabelece a mesma distinção semântica quando declara que não são as armas que matam, e sim as pessoas. Por acaso as armas estão presentes grande parte do tempo.) Não temos uma autoridade totalmente confiável capaz de nos dizer o que Cristo efetivamente pensava, mas não existe nenhuma dúvida de que todas as tradições espirituais tendem a dissociar a esfera sagrada da material.

A questão do dinheiro e da espiritualidade modificou-se depois que São Francisco de Assis formou um grupo de irmãos pobres, reconhecido pelo papa em 1210 como a ordem franciscana. São Francisco pegou literalmente uma passagem da Bíblia na qual Cristo diz aos seus discípulos: "Recebestes o Evangelho sem nada pagar, portanto passai-o adiante gratuitamente. Não leveis no cinto ouro, prata ou cobre, nenhum saco para a jornada, nenhum traje sobressalente, sandálias ou bastão." A tradição dos monges pedintes já existia havia vários séculos na Índia e na China. Nas sociedades modernas, ainda se acredita que o dinheiro seja um indício de desmerecimento diante de Deus, e os monges errantes que vi em Nova Déli na infância desapareceram das ruas, o que é um sinal de que a Índia está abraçando o materialismo desenfreado do Ocidente.

O problema fundamental do dinheiro parece óbvio: ele atrai a mente para as coisas materiais, preenche as nossas horas com os negócios e o comércio, distorce os verdadeiros valores do espírito, substituindo-os pelo prazer e pelos bens materiais. Na minha opinião, esses fatos não mostram que o dinheiro seja maligno ou não-espiritual, e sim que ele é uma distração, por vezes tão poderosa que as pessoas não conseguem ultrapassá-la. O que acontece em função do exposto anteriormente é a ausência da fusão dos valores espirituais com os materiais, mas acredito que o caminho da paz nos mostra que essa união não apenas é desejável como também absolutamente necessária.

É fascinante observar que antes de se tornar São Francisco, o jovem Francesco Bernardo tenha sido atraído pela vida militar, a qual via como um caminho para a grandeza. Ele foi feito prisioneiro na batalha contra o Estado de Perugia e ficou detido por um ano. Nesse período, caiu seriamente doente e teve dúvidas com relação à sua carreira militar, mas, ao voltar para casa, em Assisi, logo retornou ao modo de vida anterior. Em uma segunda campanha contra os Estados napolitanos, Francesco Bernardo novamente caiu gravemente enfermo, mas dessa feita o futuro santo teve visões e ouviu vozes divinas que o conduziram a uma nova direção. Vários outros eventos decisivos tiveram então lugar. Encontrou um leproso quando viajava a cavalo; desmontou e abraçou o aleijado, dando a ele todo o dinheiro que tinha na bolsa. Fez uma peregrinação a Roma, onde teve a solidariedade despertada pelos pedintes reunidos na porta da basílica de São Pedro. Francisco trocou os ricos trajes de mercador pelos de um mendigo e passou o resto do dia vestido com farrapos e jejuando com os pobres.

Essa luta da alma de uma pessoa imprensada entre uma carreira militar bem-sucedida e a pobreza não se baseava nas coisas sobre as quais normalmente pensamos, como o prazer, a segurança, encontrar um lugar na sociedade e construir uma família. A luta era entre o sucesso mundano e o que agradava a Deus, como ensinado pelos pais da Igreja. No final, São Francisco tentou incorporar os valores que agradavam a Deus; na verdade, tentou diretamente imitar a vida de Jesus com os seus discípulos.

Por mais que os valores tenham mudado depois do século XIII, não está claro que estejamos mais bem colocados para fazer a mesma coisa. O dinheiro serve para produzir prazer, segurança, posição social e capacidade de criar uma família. São bons valores e não há razão para supor que desagradem a um Deus que ama a sua criação. Na minha opinião, Deus não vê as coisas de um jeito ou de outro. Não se trata de vivermos ou não vivermos para Ele. O processo de integração da vida material com tudo de bom que ela tem a oferecer, e a vida espiritual, com tudo de bom que ela tem a oferecer, é um desafio que dura a vida inteira.

Se você vive como se o dinheiro trouxesse a *única* felicidade possível, algo claramente saiu errado. Você desprezou todo o mundo do espírito, com a implicação de que a superfície da vida é suficiente.

Embora possamos dar a impressão de ter-nos afastado bastante da questão da guerra e da violência, estamos na verdade no ponto crucial dela, porque, quando as pessoas se contentam com a superfície da vida, deixam escapar o único nível capaz de levar a guerra ao fim, o qual reside debaixo da superfície.

A palavra *maya*, que é em geral traduzida do sânscrito como "ilusão", possui muitos significados mais amplos (as palavras modernas do inglês *matter* [matéria], *mother* [mãe] e *measurement* [medida] estão relacionadas com esse radical). Prefiro definir *maya* como "distração", sem fazer um julgamento moral contra o dinheiro. Preciso acusar as riquezas de serem uma terrível distração. Elas nos mantêm dominados por uma falsa auto-imagem, que é a de que somos criaturas cujo objetivo na Terra é ser prósperas e estar em segurança. Nosso verdadeiro propósito na Terra é muito diferente, como reconhecem todas as tradições espirituais.

Estamos aqui para evoluir e crescer.

Estamos aqui para descobrir quem somos.

Estamos aqui para transformar nosso ambiente e colocá-lo em harmonia com quem realmente somos.

Os grandes mestres espirituais disseram que, em última análise, estamos aqui para transcender a matéria, adorar o nosso criador, apreciar a criação infinita e aprender a ser humildes diante dela. Todas essas coisas podem emergir uma vez que saibamos quem somos. Esse é o mistério fundamental da vida e o dinheiro nem de longe consegue explicá-lo.

Todos enfrentam igualmente a divisão entre a matéria e o espírito. Embora São Francisco tenha adotado a pobreza como uma nobre escolha que o levou para mais perto de Deus, a pobreza em si não é nobre. Ele inseriu intenções particulares atrás do ato de renunciar à riqueza. O incidente, que é famoso na tradição católica, teve lugar quando Francesco Bernardo deixara o pai furioso por ter dado de presente uma bolsa de ouro a um padre pobre para que este pudesse reconstruir uma igreja em ruínas.

O pai do futuro santo levou o filho ao tribunal para destituí-lo da sua herança, e, em vez de lutar contra o ato do pai, Francesco voluntariamente renunciou à fortuna, tirando as roupas diante do juiz e entregando-as ao pai. A intenção foi clara: ele queria afastar a sua alma o mais possível das tentações materiais. Essa mesma escolha e essa mesma intenção ainda estão disponíveis para qualquer pessoa, mas existem outras maneiras de alcançar o mesmo resultado.

Não se alcança a renúncia vestindo uma camisa de cilício ou uma tanga. A nudez diante de Deus é símbolo de um valor mais profundo, que é a proximidade de Deus, uma vida que não é separada da nossa origem. A verdadeira renúncia é na verdade uma mudança de direção da nossa lealdade: deslocamos a atenção da superfície da vida para a realidade subjacente. Se as pessoas entendessem melhor esse aspecto, creio que muita hipocrisia poderia chegar ao fim. Estou me referindo à hipocrisia de pessoas prósperas que jamais sacrificariam seu dinheiro para se associar aos pobres, independentemente do que Cristo ou Buda possa ter a dizer sobre o assunto. Estou falando também da hipocrisia daqueles que dão dinheiro para caridade e acreditam que esse ato em si perdoa as suas falhas espirituais.

Ricos ou pobres, estamos todos enredados no mesmo sistema de ganância. Temos um relacionamento com o dinheiro que reflete nosso relacionamento com o mundo material. O caminho da paz modificaria esse relacionamento de várias maneiras. Consigo ver diferentes pessoas fazendo o seguinte:

Doando dinheiro para organizações de paz.

Dando dinheiro aos pobres.

Recusando-se a investir em empresas que fabricam armas ou estão diretamente envolvidas em contratos militares.

Investindo nas empresas menos ligadas a tendências destrutivas, como causar danos ao meio ambiente.

Gastando o seu dinheiro com retiros periódicos e outros trabalhos espirituais.

É dessa maneira que o dinheiro poderia ser bem empregado. Mas essas boas ações não solucionam a questão principal de como você se relaciona com o dinheiro. O caminho da paz seria usar o dinheiro para promover o verdadeiro motivo pelo qual você está aqui. Depois de atender ao seu conforto e às necessidades básicas, aplique seu dinheiro de maneira a servir à hierarquia de valores que você apóia. Os valores pacíficos, como já vimos, são o amor, a evolução, o desenvolvimento pessoal, a descoberta, a sabedoria, a harmonia, a concatenação e a própria paz. Se estiver usando o dinheiro para promover esses valores, terá escapado do domínio de um falso deus: a riqueza.

Tecnologia e Bem-Estar

FOI NA DÉCADA DE 1950 que o público se conscientizou pela primeira vez de que a tecnologia poderia ser profundamente imoral e destrutiva. O momento crítico teve lugar em uma manhã chuvosa de julho de 1945, no meio do deserto do Novo México, onde uma equipe de cientistas e militares detonou com êxito uma bomba atômica. No momento em que ocorreu a explosão ofuscante, o diretor do projeto, Dr. J. Robert Oppenheimer, murmurou uma citação do *Bhagavad-Gita*, que mais tarde se tornaria lendária: *Eu sou Shiva, o destruidor de mundos.*

Se examinarmos mais de perto a atmosfera no interior do abrigo, onde a equipe do projeto estava reunida, algo mais mundano estava acontecendo. Segundo o relato de uma testemunha ocular:

> À medida que o intervalo de tempo se tornava menor e se mudava de minutos para segundos, a tensão aumen-

> tava exponencialmente. Todos que se encontravam naquele recinto estavam conscientes da terrível potencialidade da coisa que julgavam estar prestes a acontecer. Os cientistas achavam que os seus cálculos tinham de estar corretos e que a bomba tinha de explodir, mas a mente de todos encerrava muitas dúvidas. O sentimento de muitos poderia ser expresso por: "Senhor, eu acredito; ajude a minha descrença." Estávamos penetrando o desconhecido e não sabíamos o que poderia ocorrer.

Todo evento está enredado em uma hierarquia emaranhada, e, nesse caso, as palavras críticas eram a emoção, o assombro, o suspense, o orgulho, a dúvida religiosa, o intelecto e a vontade. A mera emoção de realizar um grande avanço evolucionário estava aliada à certeza de que uma nova época estava prestes a despontar, mas ninguém sabia como ela iria ser.

Aquele evento, se isso é possível para um evento isolado, definiu o etos do nosso momento atual. O desconhecido não se expandiu em uma única direção. Todos os valores presentes naquela sala em 1945 deram frutos, cada um do seu jeito. A enorme emoção de enviar o telescópio Hubble ao espaço está associada ao potencial destrutivo do escudo de mísseis Star Wars. O raio laser pode ser ao mesmo tempo fatal e benéfico para a vida, dependendo de ele ser usado para raios mortíferos potenciais ou na microcirurgia.

As pessoas espirituais geralmente desconfiam da tecnologia e, por conseguinte, a rejeitam. Essa afirmação é verdadeira no caso de um noviço zen-budista de Connecticut que se recusa a assistir à televisão e acredita que os fornos de microondas causam câncer; também é verdade no caso de um devoto muçulmano na Síria que apóia o *fatwah* (um parecer legal ou decisão judicial expedida por um erudito islâmico) contra a eletricidade, por acreditar que somente o mundo do Corão anterior à tecnologia é sagrado. Ao mesmo tempo, todos somos beneficiados pela tecnologia, de modo que o valor espiritual ou a ausência dele permanece problemático.

Mesmo que escolhamos uma arma que pareça diabólica para muitos observadores, ela se revelará entremesclada com a vida comum. Estou pensando nas armas usadas e vendidas nos Estados Unidos que se baseiam em urânio empobrecido. Esse material, que é basicamente o que sobra do produto que passa pelo processo de enriquecimento nas usinas nucleares, é duas vezes mais denso do que o chumbo (o que se aplica à maioria dos elementos radioativos que pertencem à categoria dos metais pesados). A sua densidade o torna perfeito para penetrar nas duras carapaças de metal; por conseguinte, o urânio empobrecido tornou-se o material recomendado para ogivas e balas destruidoras de tanques. Mais de trezentas toneladas de urânio empobrecido foram jogadas no sul do Iraque durante e depois da primeira Guerra do Golfo, em 1991, e estima-se que a guerra atual tenha lançado no mínimo a mesma quantidade. Esse fato leva os opositores da guerra no Iraque a chamar atenção para os registros hospitalares de Basra, uma cidade no coração da área do urânio empobrecido, que revelam um aumento em terríveis defeitos congênitos. Conversei com um médico que voltava dessa região que me falou sobre bebês nascidos sem olhos e fetos natimortos sem cabeça.

Muitos simpósios foram realizados sobre esse assunto e dois extremos estão claros. O exército dos Estados Unidos, citando as próprias pesquisas e aquelas realizadas por equipes independentes da ONU, ressalta que nenhuma radiação residual é detectada no solo, no ar ou na água do solo nos lugares onde as armas de urânio empobrecido foram usadas (além do Iraque, a Bósnia foi outro campo de guerra fortemente bombardeada por urânio empobrecido). Os níveis de radioatividade, na verdade, são com freqüência mais baixos do que aqueles que ocorreriam naturalmente sem a presença do urânio empobrecido. Devido à sua densidade, o mesmo urânio empobrecido é usado nos hospitais como proteção contra os aparelhos de raios X e de ressonância magnética.

Por outro lado, vários especialistas enfatizam o fato de que ninguém até hoje testou o efeito da poeira no ar que é deixada para trás depois das explosões do urânio empobrecido. As balas e as ogivas que contêm urânio empobrecido ficam incrivelmente quentes no momento em que são lançadas, e essa temperatura elevada não apenas faz com que a radioatividade residual decline muito rápido, como também leva o urânio a se transformar em uma poeira extremamente fina.

A inalação dessa poeira é inevitável. Ela é aspirada por todos os que estão na área em volta do local de explosão do urânio empobrecido, sejam aliados os inimigos. O próprio oficial em comando, responsável pela descontaminação dos tanques expostos ao urânio empobrecido na primeira Guerra do Golfo, culpa hoje os seus graves problemas de saúde a ele, chamando de crime de guerra o fato de ele ser utilizado pelos Estados Unidos. Em resumo, um dos lados afirma que o urânio empobrecido é completamente inofensivo e o outro declara que condenará milhões de pessoas a sofrer futuramente de câncer e a ter defeitos congênitos.

(Os opositores do urânio empobrecido já desconfiavam de que a sua contaminação teria causado a misteriosa síndrome da Guerra do Golfo que parece ter afetado seriamente um terço dos soldados americanos que serviram naquela operação.) Armas semelhantes são encontradas nos arsenais da Grã-Bretanha, França, Rússia e de outras potências militares.

Não posso dirimir esse debate intensamente emocional, mas ele ressalta as questões críticas relacionadas com o estado atual dos armamentos.

A criatividade humana para inventar novas armas é infinita.

O efeito das armas modernas sobre o futuro é pouco conhecido.

Os projetistas de armas não vão desistir das suas pesquisas.

A discussão é complexa demais para que os cidadãos comuns possam entendê-la.

No entanto, mesmo que conseguissem compreendê-la, os cidadãos não têm poder de voto para modificar políticas que estão profundamente enraizadas em um grupo extremamente coeso de poderosos burocratas e corporações. Esses grupos permanecem essencialmente iguais, independentemente da pessoa que assuma a presidência.

O caminho da paz nos pede que façamos uma coisa difícil, que é nos libertarmos do desespero. A indignação moral está vinculada ao desespero e à impotência. Talvez o momento desesperador para você tenha tido lugar quando viu as imagens de Auschwitz que foram liberadas e testemunhou a condição dos reclusos esqueléticos e dos cadáveres empilhados. Talvez para outra pessoa o momento tenha acontecido quando viu a foto da sombra na calçada de Hiroshima que eram os restos mortais de um ser humano vaporizado. O desespero é uma máscara para a convicção de que o indivíduo não tem mais importância. Quanto mais complexa e mortífera torna-se a nossa tecnologia, mais fácil é dizer: O que eu posso fazer? O que qualquer pessoa pode fazer? As coisas ultrapassaram o controle humano. Na condição de pacificador, no entanto, você terá mais poder do que tecnologia e, portanto, o desespero é falso.

Poder Militar e Segurança

EM UMA ÉPOCA de orçamentos de defesa nunca vistos e da ascensão dos Estados Unidos como a única superpotência do mundo, o poder militar está sendo elogiado como nunca. A subcultura que gira em torno da nossa crescente expansão militar é fortemente coesa e compartilha os mesmos valores. Durante a convenção republicana de 2004, a CNN captou dois congressistas sorridentes a caminho de uma festa particular para comerciantes de armas e fornecedores do governo em um barco de luxo ancorado no rio Hudson. Esses dois legisladores detêm posições importantes na comissão de armamentos, o que na verdade lhes confere uma espécie de carta branca sobre decisões que passam bilhões às mãos de um ou outro fornecedor. Como revelou o clamor com relação aos contratos da Halliburton, o mesmo clube estreitamente coeso permanece no comando ano após ano. As pessoas de fora talvez os vejam como um círculo de morte e destruição, mas eles se vêem como administradores privilegiados do interesse nacional.

A posição oficial de todos os governos do planeta é que o poder militar é absolutamente necessário por ser a única maneira pela qual podemos nos sentir seguros em um mundo perigoso. Esse lema foi proclamado no palanque em 2004 tanto na convenção democrata quanto na republicana. Vamos deixar de lado, nesse caso, a suspeita de oportunismo, desde que até mesmo o observador mais casual seria capaz de perceber que a grande maioria dos delegados da bancada democrata era contra a Guerra do Iraque e que o candidato deles, o senador John Kerry, começou a se tornar famoso quando criticou publicamente o seu passado militar e mostrou-se contrário à Guerra do Vietnã.

A vulnerabilidade dessa ilusão particular é bem mais crucial. Ao observar Nova York enquanto os republicanos se reuniam, víamos um pelotão de policiais em cada quarteirão e, dessa forma, segundo nos informaram, durante uma semana, Nova York foi a cidade mais segura do mundo. Quão segura ela estava com relação a:

Uma pessoa que andasse pela rua com um pulverizador, vaporizando no ar uma névoa de antraz ou varíola?

Um pequeno avião que sobrevoasse a fonte de abastecimento de água da cidade e a contaminasse com o bacilo causador do botulismo?

Um grupo de homens-bomba que invadisse uma usina nuclear como a de Indian Point ou a do rio Hudson ao norte da cidade?

Um hacker brilhante que interrompesse a rede elétrica que atende o estado inteiro?

Uma superpotência, apesar de todos os seus armamentos, é tão vulnerável a essas ameaças quanto qualquer nação. A verdade é que a cidade mais segura do mundo é aquela onde podemos andar na rua sem precisar da presença de policiais. O caminho da paz é a nossa única esperança de ter segurança. De outro modo, o poder militar ostensivo apenas provoca os possíveis terroristas e aumenta o número deles. Não estou dizendo que os exércitos podem ser abolidos da noite para o dia, mas a questão não é essa e sim que o militarismo cresceu como uma visão de mundo, e as atuais ameaças a cada nação jamais poderão ser eliminadas pelo uso do poder maciço.

Como os outros deuses falsos, a ilusão do poder militar está entranhada na hierarquia emaranhada. O caminho da paz é a melhor maneira de viver, porque transcende a confusão e o medo da hierarquia representada pelas forças armadas, cujas palavras-chave são as seguintes:

medo
vigilância
insegurança
beligerância
vigoroso
duro
inflexível
agressivo
masculino

Essa última palavra é um lembrete de que, em nome da proteção às mulheres, a hierarquia emaranhada do militarismo é incisivamente masculina e exclui todos os valores femininos desejáveis.

No auge da Guerra Fria, ambos os lados compreenderam que era inútil aumentar o seu poder de mísseis. Quando a Rússia e os Estados Unidos se armaram com um número suficiente de bombas atômicas com capacidade para matar dez vezes a população mundial, o surrealismo da sua postura militar tornou-se óbvio. Nenhum dos dois países poderia lançar armas atômicas e esperar sobreviver ao contra-ataque, o que significava que o poder deles de gerar a paz era imaginário.

A segurança militar é ainda mais imaginária hoje em dia, e, no entanto, a antiga crença nela persiste. O nosso ataque unilateral ao Iraque, que teve início em 2003, foi o primeiro exercício sério do poder americano desde a queda do comunismo soviético 15 anos antes. A tentação da dominância ilimitada revelou-se grande demais para os nossos estrategistas militares. A chance de governar o mundo estava próxima.

Ninguém mencionou um efetivo império colonial, um modelo de dominância que havia muito estava condenado. Esse seria um projeto mais sutil baseado na ameaça militar, no entendimento mundial de que ninguém poderia remotamente esperar vencer os Estados Unidos no campo de batalha. A nova forma de dominância também dependia da disseminação do capitalismo de mercado livre por todos os cantos do planeta. O componente final era a democracia, a qual os Estados Unidos consideravam o melhor, e talvez o único, sistema político adequado a todos os países, mesmo que não fosse hoje, mas que certamente o seria em breve.

Nesse projeto, o mundo inteiro seria americanizado, e sob muitos aspectos o nosso império teria um domínio muito mais completo do que Roma ou a Grã Bretanha no auge das suas conquistas. Com a chegada da Coca-Cola e da MTV, os futuristas viram o fim da superstição, das tradições retrógradas e dos governos opressivos por toda a parte.

No entanto, algo estranho e horrível aconteceu. Descobriu-se que grandes setores mundiais detestaram a idéia de ser americanizados. As estimativas do poder da al-

Qaeda variam enormemente, mas ela deve possuir no máximo 200 mil membros ativos. Ouvimos falar em *sleeper cells** situadas ao redor do mundo, esperando o momento certo para espalhar o máximo de terror, mas permanece o fato de que essas células não são a verdadeira ameaça. A verdadeira ameaça é a enorme popularidade de Osama bin Laden em todo o planeta; dizem que uma camiseta com a imagem dele é o suvenir mais popular vendido no mundo islâmico. Osama bin Laden tornou-se símbolo de uma mentalidade que se estende bem além da al-Qaeda.

Depois do brutal ataque aos alunos de uma escola em Beslan, na Rússia, em setembro de 2004, o mundo muçulmano foi dominado pela auto-repulsa. Os editoriais dos principais jornais árabes reconheceram que em um pequeno número de anos uma religião de paz fora raptada pelos seus elementos fanáticos e agora tinha a reputação de ser uma religião de violência. É irônico que o Corão comprovadamente exceda o Novo Testamento ao condenar a violência e a guerra. Um muçulmano devoto é adjurado a não fazer mal a nenhuma coisa viva, e até mesmo uma árvore só deve ser cortada se a sua madeira for necessária.

A crítica ao ocorrido em Beslan foi praticamente a primeira vez que os árabes tranqüilos, de classe média, se manifestaram abertamente contra os terroristas, tão forte é o vínculo do tribalismo. No entanto, o mundo muçulmano como um todo ainda considera bin Laden um herói, em grande parte porque todos os aspectos do império

* Uma *sleeper cell* (célula adormecida) é um pequeno grupo de pessoas que pertencem a uma grande organização, geralmente um grupo terrorista. A célula permanece "adormecida" dentro de uma população até receber ordens para atacar. (N. da T.)

americano são extremamente repugnantes para um grande número de árabes. Eles não querem ser ameaçados pelo poder armado dos Estados Unidos. Não querem que a sua cultura tradicional seja derrubada e os seus sistemas de crença, substituídos. Não querem que corporações americanas levem as empresas deles à falência e, em muitos casos, não querem adotar os hábitos democráticos que surgem depois do mercado livre. O ideal muçulmano visualiza uma vida totalmente absorta em Deus, o que inclui o governo. Esse preceito é coerente em si mesmo, embora para os ocidentais modernos a idéia do retorno a um governo religioso seja repugnante e pareça até ser completamente primitiva e incivilizada.

Os muçulmanos foram vigorosamente condenados por se oporem ao modernismo. Eles estão atacando a americanização, mas o que oferecem como reação parece ser pior: o medievalismo. O período áureo da cultura árabe floresceu durante a Idade Média e a nostalgia das glórias passadas, alimentada pelas humilhações nas épocas recentes, quando a terra muçulmana foi dividida de acordo com a veneta das potências ocidentais, tornou o modernismo insuportável para muitos. No entanto, a hierarquia emaranhada permanece desconcertante porque, em outra parte da mente deles, os muçulmanos desejam todas as vantagens do modernismo, no que diz respeito à prosperidade, à democracia e à liberdade de viajar pelo mundo.

Assisti à entrevista com um produtor de televisão árabe no auge do sentimento antiamericanista durante a Guerra do Iraque. Perguntaram-lhe para que faculdade ele pretendia enviar os filhos e, sem hesitar um segundo, ele respondeu: "Para o MIT ou algum outro lugar desse tipo." Surpreso, o entrevistador perguntou por quê. "Porque quero trocar o pesadelo árabe pelo sonho americano", retrucou o produtor. Na realidade, ele trabalha para a Aljazeera, a rede árabe via satélite que é a fonte de notícias mais assistida no mundo muçulmano. A Aljazeera começou como uma foz de liberdade, porque suas transmissões, ao contrário daquelas da televisão oficial em todas as ditaduras árabes, não são um joguete da propaganda do governo. Nessa condição, a Aljazeera se considera uma força de globalização, embora seus diretores admitam abertamente que inclinam suas histórias na direção dos interesses árabes, assim como as redes americanas fazem suas histórias penderem para os interesses americanos. Demonizar a Aljazeera, como o nosso governo sistematicamente fez durante toda a segunda Guerra do Iraque, demonstra como as pessoas ficaram confusas na hierarquia emaranhada. No entanto, várias coisas efetivamente tornaram-se claras:

O progresso da globalização nao vai parar.

As outras culturas só aceitarão a mudança no ritmo particular delas.

O ritmo de mudança das culturas tradicionais será o mais lento de todos.

Toda nação tem direito à autodeterminação, mesmo que os Estados Unidos discordem da direção que ela tomar.

O americanismo não é um substituto dos valores humanos.

As dádivas da americanização não são necessariamente boas apenas porque favorecem os Estados Unidos.

As potências colonialistas do século XIX estavam certas de que os seus valores cristãos ocidentais tomariam conta do mundo. No entanto, alguém pode perguntar: de que maneira o poder militar pode forçar uma pessoa a se ocidentalizar contra a sua vontade? Como uma guerra pode obrigar uma pessoa a aceitar que o que outra pensa é bom para ela? O ponto mais profundo não é que as bombas atômicas americanas são inúteis contra os terroristas, porque esse fato é óbvio. O ponto mais profundo é que o terrorismo é igualmente inútil contra a mudança. Deixando de lado a triste tragédia da captura de reféns na escola de Beslan, esses terroristas estavam iludidos. Uma criança lhes perguntou por que tinham dominado a escola e a resposta que ela recebeu foi a seguinte: "As nossas ações encorajarão os muçulmanos oprimidos no mundo inteiro a se revoltarem." O oposto é verdadeiro: governos de toda parte estão se revoltando contra os muçulmanos.

Ninguém pode realmente antever se o militarismo americano vai vencer a guerra contra o terrorismo, mas sabemos a partir do caminho da paz que os dois lados estão envolvidos em uma total futilidade. A guerra contra o terror é apenas outra permutação da violência contra a violência. Ambos os lados invocam Deus. Ambos os lados invocam a moralidade e acusam o outro de crimes contra a humanidade. No entanto, o resultado final é a cegueira com relação à realidade. Ao posicionar a sua consciência contra essas ilusões, você está conduzindo a mudança ao nível no qual ela possui um poder real, o nível no qual a sua alma conhece a verdade e fará tudo que puder para acabar com a cegueira e a irrealidade.

CRIATIVIDADE DIABÓLICA

A GUERRA SE TORNOU insuportavelmente brutal. É profundamente perturbador que a natureza humana não tenha se revoltado contra a nossa descida em direção à brutalidade e tenha, em vez disso, decidido se adaptar. O que torna o sofrimento moderno tão sinistro é que a maioria das pessoas aceitou passivamente viver em uma atmosfera de medo.

Enquanto tomamos suco de laranja de manhã, contemplamos inexpressivos uma estação de trem em Madri destruída pelos terroristas. Ouvimos durante o jantar notícias sobre a campanha de choque e pavor que foi travada contra Bagdá com extrema precisão, cujos cidadãos reagiram com uma expressão de terror e desalento (imagens amplamente exibidas ao redor do mundo, porém atenuadas nas redes de televisão americanas). Os iraquianos ficaram aterrorizados com um libertador que atravessa as suas paredes com detritos nucleares incandescentes, faz chover toneladas de estilhaços de bombas que destroem a carne e os órgãos, e explode casas cujos escombros caem em crateras de nove metros, eliminando qualquer chance de sobrevivência. Descartar esses alvos erroneamente atingidos como danos colaterais não começa a lidar com o terror que eles engendram. Por que ficamos sentados observando?

A doença espiritual que tomou conta de nós é bem conhecida. Chama-se alienação, ou separação daquilo que torna a pessoa humana. O caminho da paz traz um fim à alienação, restaurando as reações que foram perdidas para o entorpecimento. A maioria das pessoas, quando examina de perto a sua vida, sabe que algo saiu seriamente errado. Por que nos fixamos em ídolos populares de cabeça oca e ansiamos por conhecer cada detalhe trivial da vida deles? Por que as ruas não estão cheias de manifestações significativas contra as últimas armas de horror? Por que ouvimos negligentemente enquanto os mais diversos tipos de fanáticos dominam as ondas do rádio? Há vinte anos, havia cerca de uma dúzia de estações de rádio que tinham apresentadores de programas escandalosos e programas de entrevistas veementemente de direita; hoje, existem mais de mil emissoras desse tipo. Não podemos deixar de pensar na verdade expressa por W. B. Yeats durante a ascensão do fascismo: "Os melhores carecem de todas as convicções, ao passo que os piores estão repletos de intensidade apaixonada."

A intensidade apaixonada está hoje desenfreada. Fiquei surpreso ao ler que algumas famílias das vítimas dos atentados de 11 de Setembro tinham movido uma ação conjunta contra a Casa Branca. A ação incluía o presidente Bush e os seus principais conselheiros. O governo não estava sendo acusado de não ter impedido os ataques terroristas, e sim de tê-los ordenado. No início, tive dificuldade em acreditar no que estava lendo. A acusação era de que o presidente precisava incitar um evento terrorista para obter vantagens políticas. O tema de como manipular o público por meio do medo estivera vivo na mente de alguns dos principais conselheiros durante 35 anos. Quando chegou o momento certo, afirmava a ação, o presidente deu as ordens e os seqüestradores entraram em ação.

Chegamos realmente a isso? No ano seguinte ao desmoronamento das torres gêmeas, a paranóia levantou a cabeça no rumor odioso de que Israel teria coordenado os ataques. A alegação de que os judeus que trabalhavam no World Trade Center tinham sido avisados de antemão para que não fossem trabalhar naquele dia espalhou-se pela internet. O poder da paranóia é tão grande que a refutação óbvia, ou seja, o número de judeus, inclusive de israelenses, que morreram naquele dia, praticamente não exerceu nenhum impacto naqueles que queriam acreditar na história. A Europa possui uma tradição mais destrutiva de anti-semitismo, de modo que um livro que advogava essa cruel teoria tornou-se um *best seller* na França. Talvez fosse então previsível o surgimento da suprema fantasia paranóica, que torna o nosso governo o mecanismo de ação contra os seus próprios cidadãos. Quando você ler estas palavras, esse caso terá se juntado aos boatos na internet de que o governo espalha o antraz, faz testes terroristas no sistema de metrô de Nova York e indeniza secretamente Osama bin Laden.

Essa condição degradada de alienação e desconfiança não aconteceu de uma vez só. Quando o poeta William Blake viu os verdejantes campos ingleses sendo escurecidos pela fumaça expelida pelas fábricas, um fenômeno muito novo há dois séculos, ele se queixou das sombrias usinas satânicas, estabelecendo uma conexão imediata entre o industrialismo e o inferno. Ele *sentiu* o desespero que se seguiria. Ele se recusou a ser anestesiado ou a aceitar quieto o inevitável. Blake foi um místico que sempre tinha visões de um paraíso que poderia surgir da natureza humana decadente, mas sabia o suficiente para enxergar o enorme obstáculo situado à sua frente, nada menos do que uma mudança na visão de mundo.

E o Semblante Divino
Irradiou-se sobre as nossas colinas nebulosas?
E Jerusalém foi construída aqui
Entre estas sombrias usinas satânicas?

A Jerusalém visionária de Blake não foi construída nem poderia ser, porque a sociedade industrial estava fazendo uma escolha definitiva. Qualquer paraíso futuro teria de ser científico. A utopia se basearia em invenções. Para que essa visão antiespiritual se tornasse realidade, a hierarquia emaranhada precisaria refleti-la. Certos valores surgiram para dominar enquanto a ciência avançava:

eficiência
conforto
progresso
racionalidade
indústria
pleno emprego
capitalismo
mercado livre

Você e eu vivemos hoje segundo esses valores e, no entanto, a utopia nunca aconteceu. O que tornou as primeiras fábricas satânicas aos olhos de Blake ainda é verdade: quando preservamos os antigos hábitos de violência e opressão, e damos a eles uma tecnologia cada vez mais poderosa para pôr em prática os seus objetivos, o resultado é diabólico. A adaptação ao trabalho industrial envolvia despir nossa humanidade camada por camada. Esse processo é doloroso e as pessoas resistiram. E ainda resistem, como fizeram na demonstração anárquica de 1999, quando a Organização Mundial do Comércio reuniu-se em Seattle. Quando grupos pequenos, porém enfurecidos, atiraram latas de lixo nas vitrinas das lojas e causaram uma azáfama de destruição que visava à mídia, o que a maioria das pessoas viu foi uma explosão irracional de raiva contra o crescimento benigno do livre-comércio. O objetivo declarado da OMC é que os países ricos ajudem os países pobres a desenvolverem sua economia. Mas, aos olhos dos que protestavam, algo muito mais sinistro estava em ação. Um ativista disse que as demonstrações eram parte "da crescente reação adversa mundial contra a maximização dos lucros à custa do planeta".

Não estou tentando demonizar o progresso material A ciência trouxe parte do conforto que prometeu, mas o progresso tem sido corruptor de uma maneira muito perigosa. "As coisas estão na sela", observou sombriamente Ralph Waldo Emerson, "e cavalgam a humanidade." Compreendo inteiramente que a maioria das pessoas não reconhece a resultante desumanização insidiosa. *Não sou eu que estou fazendo essas coisas más* é uma tendência comum nos nossos pensamentos. Mas ficar aquém do nosso potencial espiritual é o indício mais fundamental da alienação. Você e eu vivemos em um estado que não é plenamente humano. Ser plenamente humano significa estar assentado no infinito potencial criativo da vida. Quando não estamos assentados nesse potencial, nós nos esquecemos de quem somos. Forças externas nos jogam de um lado para outro. Refugiamo-nos em várias distrações que compensam debilmente o imenso poder e autoridade que perdemos.

Ouvi certa vez um discípulo preocupado que se levantou durante uma palestra de um famoso mestre espiritual. "Quero viver uma vida espiritual, mas preciso ser sincero", disse ele. "Não quero ser pobre. Não quero me privar do meu conforto nem ser miserável." A audiência deu risadinhas contidas, pensando na pedra fria do chão dos mosteiros e na dieta de chá verde e arroz às quatro horas da manhã, mas o mestre deu de ombros. "Por que desistir de alguma coisa? Enquanto você não alcançar a unidade, o seu conforto é tudo que você tem."

Não creio que o comentário tenha sido sarcástico. O potencial para o sofrimento que assustava as pessoas no passado foi mil vezes ampliado. Saber que você talvez morra ao saltar de um arranha-céu para escapar do combustível de avião a jato em chamas é uma situação tão aterrorizante que é difícil imaginar uma pessoa que não reagisse com entorpecimento, com o desejo de encontrar uma distração ou com acessos de indignação que amainam e se transformam em uma passiva aceitação.

Você consegue se identificar com os estágios pelos quais a pessoa passa para renunciar à humanidade? O mesmo processo nos engole a todos. Primeiro, uma nova guerra, uma nova arma ou uma nova atrocidade criam uma sensação de choque. Nós nos sentimos enojados e descrentes. A mente diz o seguinte: *Como isso poderia acontecer?* Nós nos acostumamos ao choque e tentamos reprimir o medo e a vergonha que são a base da participação do nosso país nele. As autoridades nos informam que não tiveram escolha. Argumentos morais são levantados para mostrar por que a violência era justificada. A mente diz: *Se eu quiser ficar em segurança, terei de seguir a corrente.* Construímos uma camada de entorpecimento ao redor do novo nível de ansiedade no qual nos encontramos. O tema da guerra e da morte não é mais trazido à baila; parece inútil e socialmente inaceitável. A mente diz: *Já consegui superar isso. Todo mundo precisa fazer a mesma coisa.*

Quando o entorpecimento está completo, aceitamos o horror mais recente como necessário. A tecnologia não pode ser interrompida. É uma pena que os malfeitores obriguem pessoas boas como nós a tomar essas medidas extremas. A mente diz: *Tudo parece normal de novo.*

Ao longo dos anos, observei milhões de pessoas seguirem esses passos para se acostumarem à visão das explosões de bombas de hidrogênio, cujo efeito indutor de medo era tão opressivo que as nossas armas atuais, mais sutis, porém igualmente terríveis, são recebidas praticamente sem nenhuma reação. Bombas atômicas em miniatura comprimidas em uma maleta? Bactérias da varíola montadas em ogivas de mísseis? Um gás venenoso liberado no sistema de ar do metrô? Todos já foram usados ou cogitados e, no entanto, criam apenas uma ondulação de horror sem importância.

Em determinados momentos, porém, as pessoas descobrem, para seu espanto, que a realidade não pode ser completamente afastada a ponto de ocultar nossa natureza espiritual. Recebi ontem a mensagem de uma mulher que curiosamente atravessou o anteparo da vida comum enquanto dava à luz.

Ela era jovem e saudável, e até o momento do parto a sua gravidez estava ocorrendo normalmente. No entanto, enquanto estava no hospital, tendo as primeiras contrações, notou alguns sintomas preocupantes: dor no peito, dor de cabeça intensa e visão dupla. O obstetra não deu importância a eles e deu a ela um Alka-Seltzer. Todavia, dez minutos depois de o trabalho de parto começar, a mulher teve uma convulsão, que rapidamente se deteriorou em coma. Sem que ninguém soubesse, ela sofrera uma hemorragia cerebral. Seu corpo entrou em um estado conhecido como falência múltipla dos órgãos, do qual poucos pacientes se recuperam.

Temendo o pior, o médico fez uma cesariana e trouxe ao mundo um bebê saudável. Ainda em coma, a mãe foi conduzida às pressas para a UTI e a família foi informada de que, na prática, não havia esperança. Caso o fígado, os rins e outros órgãos importantes readquirissem sua função, jamais funcionariam normalmente de novo. As únicas escolhas que se apresentavam para ela eram morrer ou transformar-se em uma inválida crônica sob a custódia de alguém. A família foi aconselhada a torcer para que a primeira opção tivesse lugar.

No entanto, no estado de coma, a mulher não estava inconsciente. Vou deixar que ela descreva com as próprias palavras a experiência pela qual passou: "Quando pediram ao Buda que explicasse a morte, ele emborcou a sua tigela, o que significa as trevas dentro das trevas. Habitei esse lugar. Tornei-me consciência pura, livre de todos os laços humanos com a família e os amigos, livre das emoções, inclusive do amor e da compaixão, livre de todas as coisas, exceto da consciência pura. A minha paz era completa."

Na qualidade de experiência espiritual, essa é fundamental. Nossas histórias habituais a respeito de o que acontece depois da morte, inclusive os céus e os infernos, as jornadas em direção à luz e depois para fora dela, na verdade não tocam tão fielmente a realidade do espírito como o fez essa mulher. As trevas nas quais ela se viu são o estado fundamental da existência. A realidade visível é construída a partir desse estado da maneira como um prédio se ergue nas suas fundações. Camada por camada, vão surgindo várias realidades. Se você for religioso, essas realidades abrangem cenários como o mundo angélico ou as centenas de *lokas* do budismo tibetano. Se for um cientista, elas abarcam o mundo quântico e as inúmeras dimensões ocultas de matéria escura e energia sobre os quais se abrem os buracos negros.

A jornada espiritual nos conduz uma vez mais ao estado fundamental, onde se encontra a consciência pura, junto com uma paz inabalável. No caso dessa mulher, a prova de que efetivamente foi a algum lugar é inegável. Não apenas se recuperou do coma, como também, cinco anos depois, a sua saúde não revela nenhum sintoma do período de falência múltipla dos órgãos. Ela acordou com uma percepção completamente diferente de quem ela é e do propósito da sua vida.

"Sei que Deus me devolveu à Terra com saúde por uma razão", disse ela. "Tenho de realizar o meu destino, que inclui criar o meu filho e escrever e dar palestras sobre a espiritualidade." O seu empenho pessoal é muito forte porque essa mulher é muçulmana e hoje mora em San Francisco.

Quando percorremos as ruas, absortos na vida cotidiana, você e eu não temos consciência do estado fundamental da realidade. Mas ele está consciente de nós. Assim como um prédio desmoronaria sem uma fundação, o mundo dos cinco sentidos depende do apoio invisível da inteligência infinita. Depende da consciência. Depende das leis naturais que permeiam todos os átomos. Você e eu personificamos essas coisas e, embora possamos não experimentar o grau de consciência pura que acabo de descrever, se recuperarmos ao menos parte dela poderemos escapar do sofrimento. Os passos não são complicados. Na verdade, só existe um: aprofundar-nos todos os dias no potencial de mudança que sustenta a nossa vida.

Vou apresentar uma descrição da sua vida não como você a vê, e sim como ondulações de consciência que emanam de um centro.

Centro: consciência pura, existência pura, pura paz.

Primeira Onda: a consciência se movimenta. O tempo e o espaço ainda não existem. A única qualidade que emerge é uma débil vibração.

Segunda Onda: a débil vibração percebe que é consciente. No mesmo instante, percebe que pode criar qualquer coisa. A vida surgiu e começa a se mover rapidamente.

Terceira Onda: a criação desponta, com propriedades invisíveis que se transformarão em coisas materiais e experiências subjetivas. Entre essas propriedades estão a inteligência, a bem-aventurança, a organização, o desdobramento através do tempo, a expansão no espaço. Até agora tudo estava unido. Agora essa unidade se dissociou.

Quarta Onda: a criação se precipita em milhões de fragmentos, cada um se transformando a cada segundo em mais um milhão. Não obstante, a consciência não se preocupa com a possibilidade de perder o controle, porque o equilíbrio continua a favorecer a unidade. O criador está firmemente dentro da criação.

Quinta Onda: o mundo exterior segue suas próprias leis. A consciência aparentemente não está no controle, atuando apenas como espectadora. Ela pode relaxar e desfrutar o jogo de *Lila,* a dança da criação. É neste estágio que surge a mente, que é a habilidade de refletir sobre o que está acontecendo.

Sexta Onda: a criação começa a se sentir separada. O observador único se transforma em incontáveis observadores, cada um com a sua jornada de vida pessoal, cada um com o seu ponto de vista particular. É neste estágio que nasce o ego.

Sétima Onda: a criação é agora infinitamente fascinante. Os eventos externos dominam e o criador se perde na sua criação. Parece que o indivíduo nada pode fazer para parar o mecanismo.

Nessa onda externa, o sofrimento é um fato da vida. É preciso que seja assim, porque a separação é um fato da vida e os dois andam de mãos dadas. Por sorte, a realidade é dinâmica. Nunca houve uma criação isolada. Onda após onda de criatividade emana do estado fundamental a cada segundo. Então tudo que parece fixo e imóvel se modifica e a mudança não tem lugar de uma forma fragmentada, ela é uma unidade que afeta todas as coisas.

A próxima onda de evolução trará um mundo que não reconheceríamos de onde estamos agora. Antes de qualquer coisa, as indicações que temos de que a consciência está em toda parte se tornará uma certeza. Enquanto escrevo estas palavras, no outono de 2004, o terceiro de três violentos furacões atacou com um impacto devastador. O primeiro, o furacão Charley, foi mais do que uma típica contrariedade sazonal. Ele trilhou um caminho de destruição através do centro da Flórida que exigiu uma grande operação de emergência. Nas suas pegadas veio o furacão Frances, que era tão grande quanto o Texas e pairou durante trinta horas sobre o estado da Flórida; foi por acaso que os seus ventos de categoria 5 diminuíram antes que ele aterrissasse. Dias depois, o furacão Ivan, também extraordinariamente grande, surgiu do Caribe, aterrissando na Costa do Golfo com ventos de 210 quilômetros por hora e uma série de tornados mortíferos em seu rastro. As pessoas começaram a fazer perguntas incomuns:

Essa seqüência de tempestades é um acidente ou algo mais está acontecendo?

A natureza voltou-se contra nós?

Isso teve lugar na Flórida por causa dos abomináveis atos políticos ocorridos naquele estado durante as eleições de 2000?

Deus está dizendo: Não façam isso de novo?

A pergunta fundamental reduz-se ao seguinte: estamos causando mudanças na terra? A resposta espiritual é: claro que estamos, porque a Mãe Natureza está perturbada pela nossa falta de amor e respeito por ela. A resposta científica é: claro que estamos, porém apenas de uma forma indireta, através de décadas de poluição negligente. Tudo depende do nível de consciência que domina nossa percepção consciente. Todas as respostas estão emaranhadas, mas acredito que no processo de esclarecimento a ciência um dia associará as mudanças na Terra e a consciência humana. Os desastres naturais não são uma mensagem de Deus e sim uma mensagem de nós mesmos.

As grandes tradições espirituais delinearam claramente como uma pessoa recupera a condição de criador. Quando o poder retorna, tudo muda de maneiras que não podem ser conjecturadas no estado de alienação e separação.

UM ROTEIRO PARA A CRIAÇÃO

Como as coisas melhoram à medida que a consciência evolui

Você começa a sentir de novo as coisas: o entorpecimento desaparece.

Você recupera a sensação de ser agradável. O seu lugar é aqui e você é apreciado.

Os seus desejos deixam de ser autodestrutivos e passam a ser autofortalecedores.

A realidade avança em uma direção evolucionária para todas as outras pessoas.
As leis da criação surgem de novo sob o controle da consciência humana.
Viver a partir do nível da alma torna-se corriqueiro.

Todas essas mudanças ocorrem de forma paulatina, fortalecendo-se gradualmente à medida que a pessoa vai se aprofundando. A evolução espiritual não existe apenas para que nos sintamos melhor, e sim para restaurar o nosso poder e autenticidade. O slogan "Você cria a sua realidade" tornou-se um clichê, mas nunca deixa de ser verdadeiro. O criador que se sente impotente ainda é responsável pela realidade, mas a confusão interior é tão grande que todo o processo fica oculto. Quando as pessoas perguntam: Por que os meus sonhos não se tornam realidade? A resposta é que estão se tornando realidade, mas quando temos sonhos conflitantes, que misturam a fantasia com a verdadeira visão, que estão entrelaçadas com o medo e a raiva, não é de se estranhar que os resultados sejam confusos. Você e eu fomos colocados aqui como criadores, mas de que isso adianta se nos encolhemos aterrorizados diante das nossas diabólicas criações?

Ser espiritual não significa virar as costas para a tecnologia. Na década de 1970, quando os guerrilheiros do Khmer Vermelho ocuparam o Camboja e empossaram Pol Pot como ditador, um milhão de pessoas morreu em uma vasta rebelião contra o progresso. Todas aquelas que eram sabidamente portadoras de diploma universitário foram executadas. Automóveis e máquinas associados ao Ocidente decadente foram destruídos. Populações urbanas foram enviadas para o campo e, em poucos anos, carros-de-boi usavam rodovias pavimentadas para triturar arroz e remover o debulho – na ausência das máquinas agrícolas que tinham sido destruídas. A volta ao passado tornou-se a sua própria versão do inferno.

A escolha não é entre o passado e o futuro. A ciência não vai perder em curto prazo a sua posição dominante. Para conviver em paz com esse fato, você e eu precisamos restaurar uma auto-imagem cuja essência seja espiritual e humana. Um santo não deixa de ser santo por dirigir um carro, mas um ser humano torna-se menos humano ao apoiar Estados que fabricam armas potentes.

A ciência vai continuar a encontrar novas maneiras de construir máquinas mortíferas enquanto não transformarmos nossa imagem de quem somos. Eis alguns dos princípios aceitos que fazem parte do nosso mundo atual e que bloqueiam a evolução espiritual.

O ANIMAL HUMANO

Como a ciência adultera a natureza humana

Somos basicamente animais, mamíferos evoluídos.

Nosso comportamento é governado pela nossa natureza animal, que permaneceu intacta ao longo de milhões de anos.

A natureza animal está gravada nos nossos genes e, por conseguinte, no nosso cérebro.

Fazemos o que as reações químicas no cérebro determinam.

Certa parte do cérebro é racional, e esse cérebro superior produz o melhor no comportamento humano.

O mundo tornou-se um lugar melhor devido à supremacia da razão sobre os impulsos irracionais.

Esses são princípios fundamentais aos quais você e eu aprendemos a nos adaptar. Trata-se dos mesmos princípios aos quais precisamos parar de nos adaptar, se quisermos acabar com a guerra e a violência, porque sob a capa de ser racional e objetiva essa linha de raciocínio criou o terrível mecanismo da guerra.

Somos basicamente animais, mamíferos evoluídos

No momento em que nos vemos como um animal, torna-se mais fácil matar uma pessoa. A antiga visão de mundo que conferia uma alma aos seres humanos encerrava um imperativo moral que já não é verdadeiro. *Não matarás* não é uma lei a que animais obedecem. Depois de Darwin, as pessoas religiosas ou conceberam a verdade da evolução ou tentaram empreender uma ação na retaguarda em defesa da crença pré-científica de que Deus criou o mundo como ele é, sem evolução. Mas essa luta é na verdade social; a essência da questão reside em outro lugar, no princípio darwiniano que diz que todos os animais evoluíram por meio de uma luta de vida ou morte, o que significa que a nossa espécie fez o mesmo. Tivemos êxito ao nos tornarmos matadores de qualidade.

Não acho que ninguém deva recuar diante da evidência física da evolução. Os nossos ancestrais podem ter tido sucesso por meio da violência – existem também muitos indícios de que eram bem-sucedidos através da comunidade –, mas evoluímos imensamente desde então. Os nossos antepassados humanos viveram pelo menos durante 500 mil anos sem o fogo, mas, depois do advento da Idade da Pedra, passamos a ser criaturas que usam o fogo e o aceitam como coisa natural. Toda discussão em torno de sermos animais não tem nenhuma relação com o principal progresso dos primeiros seres humanos, não apenas a subjugação do fogo, como também o advento da roda, da tecelagem, do cultivo agrícola e das casas. Todos foram passos não-violentos da evolução e cada um teve lugar independentemente da nossa natureza animal. Os animais não-domesticados têm que viver ao ar livre, caçar para conseguir comida e morrer de doenças e acidentes fortuitos, mas esse não é o nosso caso. Evoluir para alcançar a paz não modificará o passado, apenas o tornará irrelevante.

Nosso comportamento é governado pela nossa natureza animal, que permaneceu intacta ao longo de milhões de anos

Se o primeiro argumento não é verdadeiro, esse tampouco pode sê-lo. A equação entre a natureza humana e a animal é rudimentar e geralmente moralista. As gangues que perambulam pelas ruas para cometer crimes são rotuladas de "animais"; o mesmo acontece com os maridos que deixam as esposas por mulheres mais jovens e atraentes. As guerras são descritas como uma extensão de predadores carniceiros que atacam animais pacíficos no pasto ou como uma nova espécie que extermina outra através de uma cruel competição. Essas comparações só fazem com que nos sintamos envergonhados. Elas são degradantes tanto para nós quanto para os animais. Sou capaz de observar a natureza animal em mim sem me envergonhar dela. Eu como, respiro, urino e evacuo, faço sexo e habito um corpo físico porque essa é a minha herança animal. Essas coisas não encerram nenhum conflito com o espírito. O antigo preconceito religioso contra o corpo e a favor da alma nos deixa cegos diante de um simples fato: não há nenhuma vergonha em ser um mamífero, se levarmos em conta a beleza e o milagre do mundo animal.

Se a violência é considerada uma característica animal, é preciso que seja lembrado que os animais não matam por esporte, não exterminam populações de outros animais devido a uma ganância descuidada nem usam a violência para se sentirem importantes ou derrotar a virtude. Tudo isso são fenômenos humanos e somente depois de assumirmos a responsabilidade por eles é que temos o direito de culpar nosso passado animal. De qualquer modo, culpar o passado é inútil, uma vez que os atos de violência são instigados por decisões tomadas no presente.

A natureza animal está gravada nos nossos genes e, por conseguinte, no nosso cérebro

Todo pensamento possui uma marca genética. Não há razão para nos concentrarmos apenas na nossa suposta natureza inferior. O altruísmo está gravado nos nossos genes; muitas criaturas abaixo de nós na hierarquia evolucionária sacrificarão a vida para salvar os seus rebentos ou defender uma colônia que corre o risco de ser extinta. A abelha morre depois de usar o ferrão, mas mesmo assim a colméia sobrevive.

Os genes não fazem distinção entre um comportamento elevado e um inferior. O amor e o carinho são comportamentos geneticamente gravados, e o mesmo é verdade com relação à linguagem, que recua a dezenas de milhões de anos. (Há décadas, ouvimos falar a respeito da linguagem dos golfinhos, mas pesquisadores treinaram um cão pastor australiano na Alemanha a compreender duzentas palavras humanas, o mesmo número de palavras que um chimpanzé consegue entender.) As funções mais sofisticadas dos seres humanos, como a minha habilidade de digitar estas palavras, estão entranhadas na estrutura do cérebro. Provavelmente acabaremos por constatar que o mesmo é verdade com relação à espiritualidade. Tudo que é espiritual é vivenciado como um pensamento, sentimento ou ação, e todos dependem do DNA. Desse modo, se quiser colocar a culpa da violência nos genes, terá de culpá-los também pelo que é sagrado.

Fazemos o que as reações químicas no cérebro determinam

Quando você pensa que está sendo você mesmo, é realmente apenas o produto final de substâncias químicas? Essa é uma forma de determinismo que muitas pessoas pressupõem que deva ser verdadeira. Quando a medicina é capaz de aliviar a depressão, alterando os níveis de serotonina no cérebro; quando a ansiedade, a compulsão obsessiva, a deficiência da atenção e a esquizofrenia podem ser aliviadas da mesma maneira, aumentam os indícios de que todo comportamento está enraizado na composição química do cérebro.

A neurologia de fato situa vários comportamentos em partes específicas do cérebro, com a implicação de que eles são centro de controle, interruptores que ligam e desligam para nos fazer sentir o que sentimos e fazer o que fazemos. A falácia neste caso é que os segmentos do cérebro se animam quando queremos que elas façam isso ou quando outra pessoa quer. Se um paciente que sofre de distúrbio obsessivo-compulsivo é examinado através de um aparelho de ressonância magnética, áreas específicas do cérebro exibem uma anormalidade. Se o paciente recebe uma droga como Prozac, essas áreas voltam a funcionar normalmente. No entanto, se a pessoa fizer uma terapia tradicional no consultório de um psicanalista, sem usar drogas, o comportamento obsessivo com freqüência apresenta uma melhora e as áreas correspondentes do cérebro voltam a funcionar normalmente. Isso significa que a composição química do cérebro não é a causa fundamental da mudança, apenas o indicador.

Já sabemos que as mulheres com câncer de mama podem aumentar a sua chance de sobrevivência participando de grupos de terapia e falando sobre o seu problema. A empatia e a sensação de se estar ligado a alguma coisa modifica o cérebro, o qual por sua vez envia sinais que modificam o corpo. A cura funciona porque podemos fazer escolhas que neutralizam a função cerebral. É claro que precisamos ter um cérebro saudável para participar da vida. Você não pode ouvir música se o seu rádio estiver quebrado, mas isso está muito longe de significar que os rádios compõem música. O cérebro saudável existe para cumprir as suas instruções; você é o compositor, ele é o seu instrumento.

Certa parte do cérebro é racional, e esse cérebro superior produz o melhor no comportamento humano

Ninguém põe em dúvida que o córtex cerebral é o centro do pensamento e do raciocínio superior. No entanto, é extremamente enganador afirmar que o cérebro superior é a única fonte do progresso, como se ele tivesse que derrotar o cérebro inferior em uma guerra constante e interminável. O cérebro inferior é instintivo e é nele que estão centralizadas as nossas emoções. Certos sentidos, como o olfato, estão diretamente conectados ao cérebro inferior. Mas nada disso indica que o cérebro superior e a sua capacidade de raciocínio tenham nos outorgado a civilização.

Antes de mais nada, a razão nos forneceu armas terríveis e tornou a guerra diabólica. Ela fez isso precisamente desligando-se das emoções e dos instintos. Nosso grande inimigo não é a irracionalidade e sim o desequilíbrio. O cérebro humano está naturalmente organizado como um todo. Por meio da visualização mental, podemos ver hoje com os nossos olhos que cada pensamento é como uma sinfonia, na qual várias partes do cérebro animam-se simultaneamente, cada uma em harmonia com as outras. Nunca uma guerra territorial neurológica teve lugar dentro de nós. Não é possível pensar em uma palavra isolada, como paz, ou em uma imagem isolada, como ver o mundo em paz, sem usar o cérebro inteiro.

O cérebro inferior é o principal agente da conexão. Quando você olha nos olhos de uma pessoa e identifica uma expressão amorosa, o que na verdade está acontecendo é irracional, no puro sentido de que o seu cérebro está contornando o córtex e indo direto para os seus centros intuitivos e emocionais. Esses centros lhe informam se você pode ou não confiar em alguém. Ao contornar a análise racional, sabemos instantaneamente se outra pessoa está em sintonia conosco. Esses sinais intuitivos estão sempre chegando, mas o cérebro superior pode decidir não lhes dar atenção. Eles são excluídos da sinfonia e não são ouvidos. Essa exclusão está na raiz da alienação. A pessoa alienada possui um sentimento dominante: a desconexão.

No estado desconexo, o cérebro superior não pode substituir as funções perdidas. A moralidade não consegue combater as emoções do medo, do isolamento e da solidão, nem a vaga sensação de nunca estarmos em segurança. Esses sentimentos passeiam pela mente caso o cérebro inferior não seja tranqüilizado pelo superior. Não estamos alimentando essa tranqüilização; em vez disso, nós a excluímos. Ao fechar os canais do sentimento e da intuição, permitimos que a liberdade do cérebro superior persiga o lado diabólico da ciência. Certo amigo meu estava contemplando na televisão um desses abutres vociferantes que instigam a guerra e disse: "Muitos deles são como pedras." O cérebro inferior não merece ser rotulado como a causa fundamental da selvageria. Ele contém a suavidade do amor e do sentimento, a sensação de estarmos em harmonia com todas as outras criaturas, que é capaz de até mesmo derreter pedras.

O mundo tornou-se um lugar melhor devido à supremacia da razão sobre os impulsos irracionais

Assisti recentemente a um vídeo de uma criança perturbada cujo comportamento era tão exagerado que a mãe dela disse: "É difícil para mim pronunciar estas palavras, mas tenho medo do meu próprio filho. Os olhos dele às vezes parecem os de um demônio." A criança, um menino de nove anos, desenvolvera sintomas completos de um psicopata. Provocava incêndios em segredo, torturava pequenos animais, era fascinado por facas e tinha ataques de raiva, nos quais arremessava fezes ou as espalhava na parede. Ele podia ser meigo e delicado, mas, de repente, essa disposição de ânimo se transformava em raiva.

Os pais dele tentaram ser compreensivos. Levaram o filho a médicos, experimentando em seqüência vários tipos de terapia. Nenhum tratamento com drogas parecia ajudar. Mas um esperto psiquiatra notou que a dinâmica da família estava distorcida. Os pais estavam se esforçando muito para amar o filho, mas essa era a voz do cérebro superior. Você precisa, você deve, é a coisa certa a ser feita. No entanto, emocionalmente, os pais se mantinham a uma enorme distância do menino, incapazes de realmente amá-lo ou elogiá-lo, de olhar para ele com uma afeição genuína, de tolerá-lo e perdoá-lo. Começando em uma base de negligência, foram se distanciando, e a reação do garoto foi tornar-se cada vez mais destrutivo. O comportamento dessa criança parece uma metáfora para o proscrito cérebro inferior. A ciência condenou o cérebro inferior ao mesmo tempo que exaltou a razão em detrimento da condição humana. Tornamos a irracionalidade um demônio e agora ela age como tal.

Fora dos limites do cérebro superior, existe uma esfera mágica, como muitas pessoas descobrem quando se afastam da fracassada utopia da ciência. Lá, a irracionalidade não domina em lugar da razão. A mente expandida ainda é racional, mas inclui muito mais coisas. Todas as ferramentas que um criador precisa estão à mão e os rótulos de razão e irracionalidade são irrelevantes. O que importa é aumentar nossa capacidade de criar. O caminho da paz, como estou certo de que você a esta altura já percebeu, depende de adquirirmos a confiança de dizer: este é o meu mundo e ele funciona como a minha visão da perfeição deseja que ele funcione.

Essa afirmação pode parecer mais arrogante do que qualquer alegação da ciência, mas creio que a verdade fundamental é humilde. Quando abandonamos a pretensão de sermos conquistadores da natureza, o universo nos oferece espontaneamente as dádivas que estávamos tentando obter à força. O mistério mais profundo é que cada pessoa é mais poderosa do que as leis aparentemente cruéis que nos controlam. Uma mulher em quem confio contou-me a seguinte história. A vida inteira ela se sentira atraída por paranormais e agentes de cura. Sua procedência, um subúrbio de Fort Worth, não favorecia esse fascínio, mas de algum modo a semente foi plantada. Aos 22 anos ela era professora do ensino fundamental e morara em uma pequena casa com um marido que vendia carros. Aos 42, ela estava divorciada e ganhava a vida como terapeuta de mente-corpo, entregando-se completamente ao que o espírito queria que ela fizesse.

Durante algum tempo, foi levada a explorar a prática de Huna, o processo de cura seguido pelos kahunas havaianos. Esse sistema é conhecido pelas massagens e outras formas de trabalho corporal, mas ela penetrou profundamente nos aspectos esotéricos. Uma das coisas que os kahunas repetiam o tempo todo é que nosso corpo é uma projeção mental e que podemos curá-lo imediatamente usando a mente. "Isso me pareceu verdade", disse ela, "e certo dia em que eu estava cortando legumes, olhei para baixo e percebi que tinha um corte profundo na mão. Uma linha vermelha de sangue já começava a escorrer. No mesmo instante, o seguinte pensamento me passou pela cabeça: posso curar isso. Não me lembro de ter feito nada além disso, mas, quando voltei a olhar para baixo, o corte tinha desaparecido. Não havia nenhum indício de que eu tivesse me cortado. Parei e puxei a pele para ver se conseguia encontrar o ponto da incisão, mas nem mesmo a mais débil linha estava visível.

"Desde então, já sofri os mais diversos tipos de cortes e contusões, mas nunca consigo curá-los ou mesmo nem penso nisso. Às vezes paro e digo a mim mesma: Isso é absurdo. Você entende o que é possível. Por que simplesmente não faz o corte desaparecer? Bem que eu gostaria de ter uma resposta."

A resposta é que inicialmente apenas vislumbramos a realidade mais profunda em lampejos aleatórios. Foi o impulso imediato de curar que fez com que ela eliminasse o primeiro ferimento. Não houve nem hesitação nem dúvida. A ferida e o agente de cura se encontram em um encaixe perfeito, o que quer dizer que a cura é um lugar dentro da consciência, e, se tivermos acesso a esse lugar, as regras normais que governam o corpo já não se aplicam. Nas ocasiões subseqüentes, a mulher não conseguiu unir a mente e o momento.

A paz envolve todas as coisas que essa história ensina. A paz será alcançada quando aliarmos nossa mente a uma manifestação de violência e dissermos, com total confiança: posso curar isso. Como a cura de um corte na mão, a paz vem de um lugar ao qual precisamos ter acesso. Não se trata de um evento futuro pelo qual temos de esperar. A paz é uma realidade que existe em uma onda da consciência mais próxima do centro do que estamos agora. Não estou querendo fazer com que o processo pareça esotérico ou místico, mas temos de estar atentos às leis da consciência antes que a realidade se modifique de um modo permanente. Estou certo de que no momento haverá cada vez mais vislumbres de paz. Em cada um deles, aprenderemos a conhecer melhor as leis da consciência e, finalmente, elas serão dominadas. Elas abarcam:

a lei de que a realidade física é um produto da consciência;
a lei de que o poder é maior à medida que nos aproximamos do estado fundamental da existência;
a lei de que os eventos em bloco são imagens na consciência coletiva;
a lei de que a realidade física só apresenta milagres quando a consciência permite que eles surjam.

O caminho da paz é um novo laboratório no qual essas leis são exploradas. Você pode estudá-las com a profundidade que desejar. Não precisa esperar pela ciência; técnicos e especialistas não são necessários. Esse é o laboratório do espírito e a hipótese que você está tentando demonstrar é a sua própria alma.

A POLÍTICA DA ALMA

— Você realmente acha que vai exercer alguma influência? Estou surpreso com você, Deepak, achei que tinha mais discernimento.

O meu velho amigo Andrew chegou atrasado ao nosso encontro. Ele costumava ser Andy quando o conheci na década de 1970. O último ano em que votou para presidente foi 1972. Lembro-me de que ele levou muito tempo para retirar do vidro do carro o adesivo que dizia NÃO ME CULPE, SOU DE MASSACHUSETTS.

Ele ri quando menciono o fato.

– Você está revelando a sua idade – diz ele. Esse era o adesivo que anunciava que a pessoa tinha votado para George McGovern na eleição de 1972, o ano em que Richard Nixon ganhou em todos os estados exceto em Massachusetts.

Por volta daquela época, outras coisas mudaram para Andrew. Devido ao Vietnã, ao recrutamento, ao Watergate e à tendência da época, ele abandonou a política e começou a seguir uma direção espiritual. O adesivo seguinte dizia CATÓLICO EM RECUPERAÇÃO, o qual teve como sucessor o atual: PRATIQUE ATOS FORTUITOS DE BONDADE.

– Acabo de ver uma estatística repulsiva na CNN – diz ele. – Você sabia que 86 por cento das pessoas que vão à igreja pelo menos uma vez por semana pretendem votar no Bush? – pergunta ele, dando zangado uma mordida no seu sanduíche vegetariano. – Quero dizer, essa é qualquer igreja e não apenas as fundamentalistas.

– Então você pelo menos ainda sente alguma emoção a respeito da eleição – digo.

– Sou um feixe de emoções. O apego é um dos meus grandes problemas.

Passamos a discutir então a questão de se as pessoas espirituais devem ou não votar. Algum voto faz realmente diferença? Já não estamos fazendo bastante pelo mundo sem ceder a esse inútil ritual? Votar nos torna bons cidadãos e maus santos? Andrew estabelece uma rígida distinção entre a espiritualidade e a religião. Ele não se vê mais como um crente católico, de modo que a máxima "Dar a César o que é de César" já não faz parte do seu vocabulário. Ele se levanta ao nascer do sol para fazer a sua longa meditação diária, come os seus legumes e verduras orgânicos, faz as suas massagens e estuda – com bastante seriedade, embora eu esteja zombando um pouco dele – as escrituras de todas as religiões.

Tudo isso o leva a ficar desapontado com o fato de eu ainda caminhar penosamente até a urna depois de todos esses anos.

Eis a essência do que eu disse a ele: ser espiritual é compreender muitas coisas, e uma delas é que todos estamos ligados uns aos outros. Quando você age, afeta todos os momentos da sua vida como também os de todas as outras pessoas. Como estamos todos conectados, você não pode dar as costas para esse fato. Estar conectado cria um novo tipo de poder para o indivíduo.

Pode parecer que um simples ato social, como depositar um voto na urna, é um gesto insignificante. Em uma atmosfera de intolerância, ele pode parecer também infrutífero.

Mas não é. Um único voto contém um mistério, o qual está envolvido no conceito da alma e do que significa ter uma.

Percebi desde o primeiro dia em que comecei a escrever este livro que todos os assuntos eram polêmicos e que praticamente poderiam começar com um artigo de jornal sobre a guerra, o terrorismo, o nacionalismo e assim por diante. O que eu não esperava era ler uma discussão sobre a alma em um artigo do *New York Times* intitulado "The Duel Between Body and Soul" [O duelo entre o corpo e a alma]. Comecei a ler com profundo interesse, porque o autor, Paul Bloom, professor de psicologia de Yale, estava apresentando argumentos contra a idéia de que o corpo e a alma são duas coisas diferentes.

No contexto da acalorada discussão social em torno do aborto, muitas pessoas, utilizando o dualismo racional, querem que os cientistas lhes digam exatamente quando um conjunto de células fertilizadas no útero da mãe tornam-se humanas, como se pudesse haver um momento preciso no qual a alma penetra o corpo ou, como se diria modernamente, quando a mente torna-se conscientemente humana.

O professor Bloom salienta que a ciência jamais fornecerá essa resposta, porque tanto o desenvolvimento da criança quanto a história da evolução demonstram que a consciência aparece através de um processo extremamente gradual. Ela surge em mudanças quase invisíveis, de modo que um biólogo não pode identificar a primeira criatura na

Terra que foi consciente e tampouco determinar o momento em que um feto adquire consciência.

Nesse ponto do artigo, o meu coração sucumbiu, porque Bloom prosseguiu dizendo que a alma é uma ilusão. Quando o cérebro se anima em uma certa região, *isso* é a mente, e nada mais, o que significa dizer que somos o produto final da composição química do cérebro.

Na condição de defensor da alma, preciso apresentar uma maneira de ela ser mais do que apenas a composição química do cérebro. É preciso estabelecer aqui um limite sutil, porque a noção religiosa da alma tornou-se tão degradada que deixou de ser útil. Lamentavelmente, constato que os espíritos mais fechados estão entre as pessoas religiosas, não por serem rígidas ou fanáticas (estas últimas nem mesmo se dispõem a iniciar uma conversa), mas porque as pessoas religiosas possuem uma noção predefinida de conceitos como Deus e alma. A mente delas procura indícios que confirmem o que elas já sabem ser verdadeiro. Essa atitude é tão rígida quanto a científica. A primeira baseia-se na fé em coisas invisíveis e a segunda em um total ceticismo com relação às coisas invisíveis.

Por que isso é pertinente a um livro sobre como acabar com a guerra e a violência? Porque o tema central é a consciência. A guerra irrompe a partir da consciência das pessoas, de um nível mais profundo do que a vida corriqueira. Um atentado como o de 11 de Setembro provoca uma reação reflexa que se espalha por toda a sociedade, praticamente sem deixar espaço para divergências. Até mesmo as pessoas que hoje se opõem fortemente à segunda Guerra no Iraque avançaram gradualmente para essa posição. Estavam entrincheiradas na raiva e na acusação que varreu nossa sociedade.

A alma jaz mais profunda do que a raiva e a acusação. Para que a alma exerça algum impacto no surgimento da paz, precisa tornar-se tão acessível quanto a raiva e a acusação. Isso não é fácil agora. Depois do atentado de 11 de Setembro, as pessoas não sentiram ondas de compaixão quando a raiva desapareceu; tampouco houve muitas que tenham omitido o estágio da raiva e da acusação. O caminho da paz afirma que nenhuma ação é mais poderosa do que a da alma. No entanto, essa declaração é teórica enquanto não sabemos o que é a alma e como alcançá-la. Somente então um ato aparentemente simples, como depositar um voto na urna, demonstra possuir um verdadeiro poder.

Eis alguns dos atributos típicos da alma segundo a perspectiva das religiões.

O QUE É A ALMA?

O ponto de vista religioso

A alma é uma centelha do divino.

Ela existe antes do nascimento e sobrevive após a morte.

Ela vive com Deus.

Deus colocou a alma dentro de cada pessoa.

As almas são puras e intocadas pelos assuntos terrenos.

Sentimos a alma como um manancial de emoções elevadas e edificantes.

A alma é santa de uma maneira que a carne nunca poderá ser.

Um cientista poderia descartar automaticamente essa perspectiva, porque nenhuma das afirmações pode ser confirmada por meio de medidas objetivas. Além disso, se a alma é totalmente subjetiva, ou se existe na esfera mística do que é divino, está fora do interesse científico. É claro que o fato de a ciência não ver uma coisa não a torna irreal. Ninguém até hoje viu um neutrino, mas isso não impede que se acredite na existência dele. À semelhança do que ocorre com todas as formas de preconceito, o científico tende a ser rígido no que aceita e rejeita.

O QUE A ALMA NÃO É

A rejeição científica da consciência superior

A mente pode ser explicada sem que se insiram referências a Deus.

Ninguém sabe o que precede o nascimento ou o que vem depois da morte. Tudo que podemos estudar é a mente aqui e agora.

A mente está situada no cérebro e não em Deus.

Não existem indícios de que haja alguma coisa no cérebro além de um conjunto de atividades químicas e elétricas.

Se modificarmos o cérebro, a mente muda ao mesmo tempo. Nenhuma parte nossa é intocável e espiritual.

As emoções superiores nada mais são do que a predominância de certos neurotransmissores como a serotonina e a dopamina.

O corpo, por ser o centro de toda a atividade química, cria a mente. A alma não pode ser outra coisa além de um fenômeno físico.

A divergência fundamental neste caso é profunda. Falando de uma forma mais simples, a pessoa religiosa acredita que Deus está por trás de toda criação material, ao passo que o cientista afirma que a criação material pode governar a si mesma, muito obrigado, sem precisar de ajuda externa. Como acontece com a maioria das dicotomias, as pessoas que bisbilhotam essa discussão sentem-se pressionadas a escolher um lado ou outro, daí a discórdia com relação a questões polêmicas, como o aborto e a pesquisa das células-tronco. Os limites foram traçados, não baseados em fatos, e sim em uma visão de mundo. Se você já sabe que a alma é divina, nunca correria o risco de profaná-la na fria aridez de um laboratório (não importa que a mesma centelha divina esteja sendo extinta diariamente no campo de batalha). Se você soubesse que não existe nenhuma realidade fora da realidade material, nunca começaria a levar a sério a noção de que existem atos profanos (não importa que a ciência não tenha nem chegado perto de explicar de onde a consciência efetivamente provém).

O caminho da paz diz que você nunca terá acesso ao poder da alma se fizer o jogo dessa dicotomia. A alma é uma parte dinâmica de cada pessoa. Ela existe como consciência e, por conseguinte, tem de ser encontrada na consciência. Tudo que o cérebro experimenta é uma manifestação da alma. A alma permeia as nossas células, mas não está dentro de nada, assim como não está fora de nada. Se você quiser experimentar a sua alma, o que é totalmente possível, precisa ir além dos níveis mais superficiais da emoção e da personalidade. Essa é uma jornada de conhecimento e poder. Quando você a inicia, as ações do dia-a-dia não mais escondem a alma; expressam a energia criativa e dinâmica dela. Em outras palavras, o contato com a alma altera a realidade.

O caminho da paz é uma jornada da alma para adquirir a habilidade de modificar a realidade. Como é possível convencer desse fato uma pessoa que não tenha dado o primeiro passo? Imagino, às vezes, um grande violinista que ficou retido em um país que nunca ouviu música. O violino dele se perdeu com o resto da bagagem e as crianças do país lhe fazem a seguinte pergunta:

– O que é a música? Nunca ouvimos falar nisso.

– Bem – diz ele –, é a mais bela experiência do mundo.

– É um som? – perguntam as crianças. – É como o vento ou o rosnado de um urso?

– É – responde ele, hesitante –, mas o som da música se parece mais com o canto dos pássaros.

As crianças, então, começam a gorjear como pássaros. Uma delas propõe derrubar alguns pássaros com um tiro para que a música possa ser extraída do corpo deles. Talvez seja possível cozinhá-la e preparar com ela uma sopa que todos possam tomar.

O violinista fica assustado.

– A música não está nos pássaros. A música é uma arte; ela é originária da própria beleza.

As crianças ficam desnorteadas.

– Mostre-nos a sua música – pedem elas. Mas o violinista não tem nenhum instrumento e, infelizmente, desembarcou em um lugar onde Deus proíbe o canto (como Ele fez certa vez na Europa medieval). O violinista se desespera por achar que ninguém jamais saberá o que a música realmente é.

A alma possui uma música própria que só pode ser sugerida através das palavras. Não estou me referindo às epifanias religiosas, embora elas sejam muito reais. Na vida da maioria das pessoas, a evolução da consciência não tem lugar por meio da epifania. Uma pessoa pode ter um grande progresso ou um momento decisivo que dá a impressão de que foi tocada diretamente pelo espírito. No entanto, na maioria das vezes, a consciência progride e se aprofunda gradualmente. A alma não é uma coisa. Ela se aproxima muito mais da arte, pois quanto mais nos dedicamos a ela, mais ela se expande e se aprofunda.

A ciência não vê o que não consegue explicar, e aqui estão incluídos a beleza, a devoção, a fé, a inspiração, a nobreza, a compaixão, a empatia, o destino, a intuição e o próprio amor. Estamos realmente afirmando que eles são fantasias ou ilusões? Na verdade, fazem a vida valer a pena.

Eu me atrevo a asseverar que o conceito que acabo de delinear, ou seja, de que a alma é a origem da consciência, aparece em todas as tradições espirituais. O fato desse conceito estar distorcido na religião popular e ser rejeitado pela ciência é uma questão de política e não de comprovação. Os pensadores religiosos são obrigados a fingir que a sua área de ignorância é trivial, e o mesmo é verdade com relação ao lado científico. No entanto, as áreas de ignorância são bem grandes dos dois lados. As pessoas religiosas recusam-se a examinar profundamente a consciência com medo de que alguém vá convencê-las de que toda a sua fé nas coisas invisíveis não passa de superstição ou coisa pior. O lado científico recusa-se a admitir a sua ignorância a respeito da existência de uma realidade não-material com medo de ser conduzido a um raciocínio irracional e confuso.

O caminho da paz tem em vista o coração da realidade. Ninguém tem direito a uma opinião fixa a respeito do resultado, porque cada jornada é única. O músico encontra a essência da beleza e o cientista, a essência da razão. A mãe dedicada encontra a essência da maternidade, a criança ferida encontra a essência da compaixão. Tudo se molda a quem somos, mas apesar disso a jornada também é universal. Tendo sido cruzado milhares de vezes no decorrer dos séculos, o caminho para a alma revelou certos princípios fundamentais.

VERDADEIRO PARA VOCÊ, VERDADEIRO PARA TODOS

Os princípios fundamentais da consciência

A percepção encerra profundidade.
Quanto mais fundo você vai, mais a realidade muda.
A realidade depende do seu estado de consciência.
À medida que a sua percepção se aprofunda, mais poder ela adquire.
Esse poder pode modificar o mundo interior e o exterior.
Não existem fatos que não possam ser influenciados pela percepção.
Em última análise, a sua percepção cria tudo que você experimenta.

Ao ler essa lista, posso imaginar alguém dizendo: Bem, se tudo isso é verdade para todo mundo, então tem que ser verdade para as pessoas religiosas *e* os cientistas. Por sorte, é exatamente isso que acontece. Pessoas de todos os estilos de vida já pisaram na esfera invisível. O rótulo científico para esse lugar é *quantum*, embora fosse mais justo chamá-lo de *quantum* com uma diferença. A diferença é que os seres humanos – e não apenas os *quarks* e as supercordas – têm um lugar na esfera invisível.

O estranho comportamento do mundo subatômico já é conhecido há cem anos, desde o grande avanço de Einstein e da sua geração, que provou que a realidade física não é remotamente o que parece. Hoje o público está perfeitamente consciente de que o tempo não é na verdade uma linha reta, que a matéria não é de fato sólida, que os observadores modificam o que observam e que a incerteza governa qualquer evento aparentemente fixo.

Os físicos teimam em reservar essa esfera para as partículas subatômicas, mas não vejo nenhuma razão pela qual os cuidados da ciência devam ser considerados lei. Os físicos podem conhecer os *quarks*, mas os seres humanos experimentaram um mundo muito mais vasto por um longo tempo, e é desse mundo que obtemos indícios da alma. Depois de experimentar esses indícios, pedimos que eles sejam explicados. Gostaria de ilustrar o que estou dizendo com a história de Julian, um homem de cinqüenta e poucos anos que certo dia relatou a sua vida, quando estávamos na casa de um amigo comum.

Julian veio da área rural do Texas e teve uma criação batista tradicional. Não se considera um filho extraordinário, mas imagino, levando em conta o que se seguiu, que ele talvez não tenha sido tão comum assim. Quando Julian estava na metade da casa dos trinta anos, o seu pai foi gravemente ferido em um acidente de carro causado por um motorista embriagado.

– Voltei a vê-lo na UTI – conta Julian. – Ele estava ligado a aparelhos e inconsciente. Os médicos balançavam a cabeça, sem fazer previsões, mas preparando-nos para a possibilidade de que o coma do meu pai pudesse tornar-se permanente. Eu o visitava todos os dias e, em uma dessas visitas, quando estávamos sozinhos no quarto, tive uma estranha idéia. Na verdade, foi mais do que uma idéia.

"Eu sabia que se eu tocasse no meu pai, ele recobraria a consciência e se recuperaria completamente. Não sei de onde veio essa compreensão. Eu não era um agente de cura e nunca me interessara por ela. Talvez por causa disso, eu tinha a noção de que estaria trocando a minha vida pela dele. Literalmente pensei naquele momento que morreria para que ele pudesse viver.

"Apesar disso, não hesitei. Coloquei as mãos no peito do meu pai e, naquele instante, ele se sentou. Olhou para mim e as primeiras palavras que saíram da sua boca foram: 'Eu amo você, meu filho.'

"Aquele foi o evento decisivo que mudou a minha vida. Depois disso, nunca mais curei ninguém e também não contei para ninguém, inclusive o meu pai, o que tinha acontecido, mas, a partir daquele momento, segui um caminho diferente."

Julian começou a prestar atenção aos sonhos e às coincidências. Procurou pistas sobre o que deveria fazer com a sua vida. Certa noite, teve um sonho no qual se via segurando crianças pela mão, com picos cobertos de neve a distância. No dia seguinte, do nada, surgiu a oportunidade para ele ir para o Tibete, e durante a viagem Julian fundou um orfanato particular. Em outra ocasião, uma visão o levou a se dedicar ao trabalho comunitário na Índia. O princípio norteador da sua vida passou a ser prestar atenção a mensagens oriundas de um lugar mais profundo do que a camada superficial da personalidade e do ego.

Nada mais sei a respeito desse homem, mas me parece que ele está vivendo o caminho da paz. Não que a paz sempre conduza ao trabalho humanitário ou à devoção altruísta, mas se prestar atenção aos impulsos da alma será arrastado cada vez mais profundamente para o coração da realidade. Você se aproximará da oficina onde a realidade é fabricada e, à medida que for chegando mais perto, testemunhará que o único criador da realidade é você.

Comecei pelo meu amigo Andrew, que decidiu afastar-se da política e da maioria dos assuntos mundanos a fim de ser mais espiritual. Espero que ele leia estas páginas, porque o que ele está buscando não é encontrado apenas no isolamento. A consciência entra em contato com todos os aspectos da vida. Todas as nossas divisões entre o interno e o externo existem para que possamos compreender dois mundos que parecem tão separados. Eles acabam se fundindo, e quando isso acontece a pessoa deixa de ser uma causa da mudança privativa e transforma-se em uma causa da mudança universal.

O que as pessoas levam com elas quando fecham a cortina da cabine eleitoral? As suas convicções políticas, quer simpatizem com a direita, que simpatizem com a esquerda. Carregam seu sentimento de dever cívico. Carregam suas emoções. Mas, mais no fundo, não estão carregando toda a vida delas? Se viver no momento encerra algum significado, quer dizer que cada momento da existência é um ponto que contém todas as coisas. De uma maneira misteriosa, agir é expressar o Universo, e como o ponto imóvel do mundo que gira, cada ato está tanto no tempo quanto fora dele.

As pessoas espirituais aspiram a estar nos dois estados, no temporal e no intemporal. Na Índia, isso é às vezes expresso como "a lâmpada na porta" – a alma está em equilíbrio, como se no limiar entre os eventos diários que ocorrem no tempo e o segundo plano do absoluto imutável e infinito. Isso é importante porque, se você conseguir viver a partir do nível da alma, estará fazendo algo muito especial. As ações que pratica não são realmente importantes. O que importa é a quantidade de consciência que você acrescenta à totalidade da existência humana, pois é assim que a eternidade se expressa, como uma lâmpada que brilha através da janela da eternidade.

As grandes almas como Buda ou Jesus, não foram apenas uma lâmpada na porta; foram faróis. Você e eu podemos nos sentir menores do que Buda ou Jesus, mas essa é uma opinião formada pelo nosso ego. Sob o aspecto espiritual, toda luz expressa através de um ser humano é igual, pelo menos no que diz respeito à qualidade. Por quê? Porque a luz é uma metáfora para o poder da consciência. A consciência de todo mundo recorre à mesma realidade subjacente. Mas não importa realmente se a história vai se lembrar de você como uma grande alma. Neste momento, você está expressando todo o Universo por meio da sua consciência. O plano cósmico, quer o chamemos de divino, quer não, não precisa de você ou de mim para alcançar sua realização suprema. No entanto, os papéis que representamos são únicos. Ninguém pode reproduzi-los; criamos a nossa história cósmica a cada segundo.

Então o que mundo está se tornando e em que estamos nos transformando? Gostaria de pensar que estamos nos tornando uma nova humanidade, mas posso estar errado. O meu voto não acelerará essa nova humanidade e tampouco a retardará. O que o meu voto fará será colocar essa consciência em ação. Não estou dizendo que isso é uma virtude. Não estou me elevando acima das pessoas espirituais bem-intencionadas que seguem disciplinas particulares e decidem não dar atenção à maior parte da esfera de César.

Estou conectado a tudo que existe no mundo. É esse entendimento que me leva às urnas. Não entro na cabine como um cidadão dedicado, uma pessoa envolvida na política ou um feixe de emoções, embora eu seja todas essas coisas. Sou essencialmente um filamento na teia da consciência, e quando o meu pequeno filamento treme o Universo nota. Votar é um ato de consciência e, nessa condição, acho que os votos das pessoas espirituais são na verdade mais poderosos do que os votos das pessoas inconscientes. A sua mão quando aperta o botão dentro da urna afeta tão seguramente o mundo quanto a mão do Buda formando um mudra de paz ou o ensinamento de Jesus que anunciou o amor como uma força no cosmo.

(AINDA) FURIOSOS

– NÃO SEI HÁ QUANTO TEMPO você está em Atlanta, mas certamente não sabe muita coisa sobre o Sul.

O homem na palestra estava certo. Ele era um desconhecido com uma fala muito arrastada que se manifestou na platéia certa noite em Atlanta. Eu fizera um comentário que ele refutou, quando declarei que convicções consolidadas podiam mudar. O meu exemplo foi o Sul, onde as pessoas já não defendem a prática da escravidão e a guerra civil dela resultante.

– Nós não esquecemos; apenas sabemos como nos comportar melhor – disse o homem. Olhei para ele, avaliando por trás do seu sorriso se ele queria dizer isso mesmo. Teria eu pisado em um campo minado, cuja carga tinha sido colocada 150 anos antes? Eu sabia o bastante para reconhecer que o Sul é considerado a parte mais belicosa dos Estados Unidos, aquela que é a favor de todas as guerras e envia a maior proporção de jovens para o combate, a parte que fica furiosa diante da simples menção de um movimento de paz.

– Então paz é uma palavra de luta no Sul? – perguntei.

– Quase – respondeu o homem, com o sorriso mudando de cordial para irônico. – Você teria que viver aqui para entender.

A questão de ressentimentos consolidados é crucial para a maioria das guerras. A causa do conflito de hoje está enterrada nas hostilidades de ontem, que deveriam ter se extinguido há muito tempo, mas não o fizeram. A memória mantém vivas as antigas causas e, como no caso da Guerra Civil, o lado ressentido é sempre o derrotado. Fui informado de que em Atlanta ninguém se esqueceu de que em 1864 o general William Tecumseh, sob as ordens de Abraham Lincoln para que subjugasse o Sul, incendiou completamente a cidade na sua execrável marcha para o mar. No entanto, não existem sobreviventes daquele evento nem filhos de sobreviventes. Quem exatamente está tendo essas lembranças? Netos de fantasmas?

A memória mantém a raiva inflamada nas famílias, nos países e no mundo; por conseguinte, temos de examinar de que maneira esse mecanismo funciona para que o caminho da paz prevaleça. Pense no seu passado e descubra um incidente que ainda o deixe zangado, algo que faça você dizer a si mesmo: eu deveria ter superado isso. Deveria me colocar acima disso e me esquecer do assunto. Mas ainda estou furioso. A maioria das pessoas não tem dificuldade em encontrar um incidente desse tipo. Talvez você tenha sobrevivido a um divórcio amargo ou a uma batalha pela custódia dos filhos. Quando pensa no assunto, quais as memórias que surgem? De que maneira estão interligadas e entrelaçadas?

Alguns dos seguintes elementos estão em ação.

A QUÍMICA DA RAIVA

Por que o passado continua a nos assombrar

Não consigo esquecer o que me fizeram.
Não foi justo.
O amor e a confiança tornaram-se palavras vazias.
Agi de acordo com os meus piores impulsos, mas a outra parte fez o mesmo.
Os eventos adquiriram vida própria.
Eu estava cego.
Tomei decisões tolas porque estava zangado e magoado demais.
Ninguém se importou o suficiente com a minha mágoa.
Eles queriam me humilhar.
Eu estava com medo de poder perder o controle.

A primeira coisa que essa lista nos diz é que a raiva não é simples. A humilhação faz parte dela (pergunte a qualquer pessoa de um país que tenha perdido uma guerra), ao lado de fantasias de vingança, obstinação, autocomiseração e perda de controle. Essa afirmação é verdadeira tanto para indivíduos quanto para nações. A memória não mantém viva uma única emoção, e sim um conjunto de experiências emaranhadas. Desse modo, se você de alguma maneira superar um dos aspectos, só terá neutralizado um único componente; muitos outros permanecem ativos, mantendo toda a química da raiva em ebulição. As pessoas ficam impressionadas com o fato de verem de relance um ex-cônjuge, a simples menção do nome dele ou ver no menu de um restaurante um prato que ele gostava de comer é suficiente para trazer de volta tudo o que aconteceu. Como pode o passado inteiro retornar tão rápido depois de tanto tempo?

A mente funciona de uma maneira que basta um único fragmento para ressuscitar o passado. O todo está contido em cada parte. Se você ainda está furioso hoje com coisas que aconteceram anos atrás, deixou a porta aberta para um sistema completo de memórias interligadas. As palavras-chave são psicologicamente obscuras, mas se aplicam a todos nós quando somos perseguidos pela memória:

sentimentos não resolvidos
eventos cruciais
relacionamentos pessoais
ganhar e perder
ganhos e perdas
mudança indesejada
decisões forçadas
remorso
desejos insatisfeitos

Qualquer um desses componentes é capaz de reativar todo o sistema, arrastando-o de volta a uma determinada imagem da realidade. Tomemos um elemento especialmente carregado: os relacionamentos pessoais. No caso de muitas pessoas, basta uma palavra como *mãe* ou *pai* para fazer surgir uma *Gestalt* complexa e altamente emocional. De repente você tem cinco anos e está apanhando por causa de uma coisa que o seu irmão fez. De repente é o dia do seu casamento e a sua mãe está agindo de uma maneira fria e distante, em vez de ficar feliz por você. Ou talvez não surja na sua mente uma imagem única; todas se fundem em um sentimento que o deixa fraco, confuso e perturbado.

Um incidente trivial esclareceu tudo isso para uma

amiga minha. Alguns anos antes que irrompesse o conflito na Bósnia, ela tinha viajado como turista para a bela costa da Dalmácia, na antiga Iugoslávia. "Olhando pela janela do ônibus, tudo parecia antigo: ruas calçadas de pedras e igrejas imemoriais, pequenas cidades que pareciam ter crescido naturalmente a partir da acidentada costa rochosa. Alguns dias depois, caí em uma espécie de bruma idílica, imaginando como um lugar daqueles deveria ser tranqüilo. Certa noite então, quando estávamos indo para um restaurando, a guia turística, que era sérvia, apanhou o microfone da frente do ônibus e disse: 'Por favor não andem sozinhos pelas ruas. Acabo de ver alguns albaneses.'

"Meu marido e eu olhamos um para o outro. Albaneses? Não tínhamos nenhum medo deles; na verdade, não tínhamos nenhuma opinião formada a respeito desse povo. Mas, para aquela jovem, a palavra pressupunha uma desconfiança e um medo arraigados. Ela não tinha a menor idéia de que era quase engraçado para nós o fato de o bicho-papão ser albanês, mas para ela o fato era bastante real." Em pouco tempo o mundo veria a perseguição das pessoas de etnia albanesa em Kosovo quando as redes de notícias passaram imagens de refugiados em fuga, cidades em tendas erigidas na fronteira e narrativas de milícias paramilitares sérvias queimando e saqueando brutalmente aldeias e propriedades agrícolas. A memória alimentava a destruição, porque uma história era velha demais para ser esquecida.

O mesmo mecanismo que mantém vivo um antigo ressentimento étnico atua em nós enquanto indivíduos. Aceitamos uma imagem da realidade que bloqueia novas informações e experiências. Deixamos que a raiva deturpe detalhes inocentes da vida. Aprisionamos antigas raivas dentro de nós até que se infeccionam. Por trás da simples palavra *albanês,* processos ocultos espreitavam e a explosão da violência o demonstrou.

O caminho da paz nos pede que não esperemos por essas explosões. Embora nosso ego lute para manter intactas as memórias, a vida quer mudar a imagem de uma maneira dinâmica e fluida. Não é adequado a esse fluxo que qualquer imagem permaneça imobilizada. A química da raiva pode ser muito persuasiva, mas ao mesmo tempo algo mais forte nos puxa em direção à cura e ao crescimento, em direção a integrar antigas mágoas e novas experiências.

A guerra precisa ser compreendida como uma *Gestalt* muito poderosa, cuja existência está profundamente enterrada dentro de nós. No entanto, o caminho da paz oferece à mente uma nova imagem que a satisfará. As suas palavras-chave são as seguintes:

conexão
amor maduro
amor-próprio
força interior
desejos realizados
realização
doação
inspiração
visão

Nos Estados Unidos de hoje, até mesmo um presidente que defende a guerra precisa exibir essas qualidades pelo menos na aparência, o que é tremendamente auspicioso. Superficialmente, a *Gestalt* da guerra ainda parecerá todo-poderosa, e, ao invocar a unidade nacional, a defesa da pátria, a hostilidade contra o inimigo e todos os outros valores consagrados da prática da guerra, um político é capaz de intimidar qualquer pessoa que se oponha a ele acusando-a de não ser patriota.

Mas, na verdade, essa tragédia perdeu muita energia. Um presidente que defende a guerra não consegue mais motivar uma nação com valores consagrados pelo tempo, usados para justificar a violência contra outro país e com relação aos quais havia poucas divergências, como a conquista, o desejo de expansão, a glória imperial e a manifestação do destino, porque hoje eles estão superados. A Guerra Hispano-Americana de 1898 foi alimentada por esse tipo de retórica, bem como as guerras contra os índios no Oeste, que seguiram a tradição de conquista dominante na época, com modificações secundárias, desde que Colombo desembarcara quatro séculos antes.

A segunda Guerra no Iraque provocou suspeitas de que o desejo de conquista ainda é a principal motivação dos Estados Unidos, mas considero estimulante o grau em que a linguagem da paz infiltrou-se nessa guerra particular.

Conexão: o objetivo declarado dos Estados Unidos era levar os iraquianos para a comunidade de nações livres, conectando-os ao mundo moderno e acabando com o isolamento deles.

Amor maduro: o governo dos Estados Unidos declarou ser emocionalmente solidário com os cidadãos iraquianos que desejam a liberdade e a democracia; declaramos compaixão pelas vítimas de um regime repressor.

Amor-próprio: os americanos sentiam-se orgulhosos e confiantes a respeito da sua identidade e acreditavam que todos os outros povos compartilhavam esse amor-próprio.

Força interior: os líderes americanos declararam estar dispostos a fazer a coisa certa, permanecendo firmes no seu propósito mesmo que as circunstâncias externas se voltassem contra nós.

Realização: os planejadores da guerra consideravam a derrubada do regime de Saddam Hussein, independentemente do custo final, uma realização histórica.

Doação: os Estados Unidos viam a si mesmos sacrificando vidas e riquezas em prol de um objetivo altruísta.

Inspiração: levar a democracia para o Oriente Médio tinha a intenção de inspirar a mudança política em toda a região.

Visão: a visão suprema por trás da guerra era a democracia e a liberdade para todos os povos do mundo.

Ficamos assustados ao perceber que valores que pertencem tão claramente ao caminho da paz estejam servindo ao propósito da guerra, mas essa é a ambigüidade da nossa época. Um líder americano precisa invocar uma visão de unidade nacional baseada na bondade, embora essa bondade resulte em uma terrível perda de vidas e essa unidade instigue uma grande parte da população a sentir raiva. Não imagine que estou dizendo que tolero a guerra. O caminho da paz nunca é através da guerra, mas, em uma época de transição, podemos sentir como todos estão tendo dificuldade em sustentar simultaneamente duas imagens opostas. Somos competentes em matar os cidadãos que estamos libertando. Somos competentes em reparar o sistema elétrico e o abastecimento de água que destruímos.

A lógica orwelliana não durará para sempre. Um dia a hierarquia emaranhada terá que mudar e então aceitaremos a imagem da paz como natural, justa e politicamente correta. Acredito que a maioria dos americanos não consiga formar mentalmente uma imagem da guerra e viver tranqüilamente com ela. Esse é um dos sintomas de uma mudança importante na visão de mundo.

O mundo só encerra o significado que os seres humanos lhe atribuem. Essa é uma das leis do espírito que correspondem às leis da biologia. O cérebro enfrenta diariamente o mesmo desafio: como decifrar os quatro milhões de dados sensoriais que o bombardeiam a cada minuto. Ele não compila pouco a pouco a realidade, da maneira como montamos as peças de um quebra-cabeça sobre uma mesa, procurando elementos espalhados em um amontoado de fragmentos. A mente funciona exatamente da maneira oposta. Assim que ela forma uma imagem da realidade, tudo se ajusta em um significado que se encaixa nessa imagem.

Se você balançar a bandeira da Confederação no centro de Atlanta (ou a bandeira nazista em Berlim, a imagem de Zapata na Cidade do México), as pessoas reagirão a uma história antiga, mas que ainda está viva para elas. No entanto, o símbolo se modificará à medida que for contemplado por novos olhos e diferentes pessoas reagirem a ele, a partir da contínua história da vida delas.

O futuro possui vida própria, porque os seres humanos são o mistério que jaz na essência dele. O fator X vive dentro de nós e, se o desejarmos, poderemos dirigir esse mistério ao nosso bel-prazer. Toda a operação tem lugar dentro do cérebro e, quando compreendermos melhor as operações básicas, como a memória, a vontade, a inteligência e a intenção, a paz mundial estará mais próxima. Pense em um evento que o tenha deixado zangado (ou humilhado ou assustado), mas do qual hoje você mal se lembra. O que o fez deixar de se importar com ele?

A QUÍMICA DA MUDANÇA

Libertando-se das más lembranças

Descobri novas maneiras de ser feliz.
Aprendi a perdoar.
Deixei de ficar remoendo a minha antiga mágoa.
Não dependo mais de outra pessoa para resolver os meus problemas.
Tenho uma nova visão.
Levei a visão a sério.
Encontrei uma percepção mais profunda do eu.
Tenho uma percepção expandida do eu.

A diferença entre uma lembrança obcecante e aquela que perde a força com o tempo é a seguinte: quando a memória torna-se parte da nossa identidade, é extremamente difícil esquecê-la. No entanto, se a lembrança não molda nossa noção de quem somos, conseguimos esquecê-la com relativa facilidade. A guerra e a violência tornaram-se parte da nossa identidade. É muito importante admitir esse fato, porque ele torna todos os passos mais prementes. A alternativa é permanecer aprisionados pelas memórias que a guerra obrigou cada um de nós a aceitar. A guerra não está lá fora acontecendo a pessoas em uma terra distante. Ela é uma extensão dos nossos sentimentos e recordações pessoais aqui e agora. Eis como esquecer a guerra abraçando o aqui e agora.

Descobrindo novas maneiras de ser feliz

As pessoas infelizes estão sempre confusas quando lhes dizem que devem tentar ser felizes. A mente delas está ocupada com ressentimentos; não parece haver espaço para novas experiências que poderiam ser edificantes, e, mesmo que surjam, seriam vistas através da névoa cinzenta da sua angústia. Desse modo, a busca não pode ser de experiências felizes, pois já estão abundantemente disponíveis. É preciso procurar uma abertura que possibilite que a felicidade *torne-se* a sua experiência e ela surge de uma maneira muito diferente daquela que a maioria de nós imagina. Quase todo mundo tenta ficar feliz obrigando os sentimentos infelizes a se ocultarem, virando as costas para eles ou fingindo que não existem.

Se você tem um armário cheio de porcarias, a melhor maneira de conseguir espaço para colocar coisas novas é esvaziá-lo. Nesse caso, o armário é o sistema nervoso e nós o limpamos no nível da consciência.

O processo de cura não é místico; envolve medidas práticas bem conhecidas.

Olhe diretamente para o que o magoa.
Comunique o seu desejo de se livrar da mágoa.
Peça orientação interior para saber o que fazer.
Preste atenção ao que você sente, mas não se subordine a esses sentimentos.
Esteja convicto de que é capaz de remover antigas mágoas.
Seja paciente, pois você terá de retornar várias vezes à antiga mágoa.

A maioria das pessoas sente-se aprisionada pelos seus ressentimentos porque o comportamento delas se opõe a essas medidas. Não examinam sinceramente a mágoa que sentem, preferindo culpar outra pessoa. Não comunicam o desejo de se livrar da raiva, preferindo alimentá-la. Em vez de prestar atenção ao que sentem no momento, repisam as mesmas reações desgastadas do passado. Em vez de serem pacientes, fazem algumas tentativas ao acaso para ficar curadas e concluem que nada pode ser feito.

As nações fazem a mesma coisa, motivo pelo qual as negociações de paz fracassam com tanta freqüência: ninguém na verdade dá os passos da cura que poderiam ter êxito. O processo que acabo de descrever funciona tanto para nações quanto para pessoas com raiva. Cem anos de terapia demonstraram que o mecanismo da cura é real; basta apenas experimentá-lo.

Aprendendo a perdoar

A ênfase neste caso repousa na palavra *aprender.* A razão pela qual as pessoas não conseguem perdoar é o fato de a raiva ter formado um sulco profundo na mente, e, como a água que procura um declive, a mente delas encontra esse sulco com tanta facilidade que novos canais de sentimento não conseguem se formar. O perdão é um sentimento. Estamos acostumados a pensar nele como uma obrigação moral ou um sinal de maturidade. Por mais verdadeiras que possam ser essas coisas, se você não conseguir sentir a experiência do perdão, não o terá alcançado de verdade.

A solução é aprender a formar um novo sulco para os seus sentimentos. Uma vez mais, os passos não são místicos. Você pode perdoar qualquer pessoa que o tenha magoado tomando as seguintes medidas:

Escolha a intenção de perdoar, mesmo que seus sentimentos ainda estejam feridos.
Tenha a intenção de permitir a entrada de novos sentimentos.
Estimule até mesmo as mais leves indicações de um novo sentimento.
Sinta a antiga mágoa e raiva, mas diga sempre: esse não sou eu. Não quero mais isso.
Continue a desafiar a antiga mágoa apresentando razões pelas quais ela deve ser substituída.
Seja paciente e permita-se sentir tanto os novos sentimentos quanto os antigos até que estes últimos comecem a desaparecer.

Esse processo é muito semelhante ao que descrevi para que você possa ficar feliz quando estiver angustiado. Em ambos os casos estará trabalhando dentro de si mesmo, em segredo, porém não sozinho. A infelicidade é solitária, mas a cura não. É por esse motivo que a sua raiva e mágoa dependem inteiramente da sua história pessoal. Pessoas específicas criaram a lembrança que o obceca.

A cura é maior do que a personalidade. Quando alguém se corta, não dizemos: *talvez a ferida vá cicatrizar, quem sabe? Depende da pessoa que ele é.* A nossa pele fica curada independentemente de quem somos. A cura psicológica funciona da mesma maneira. Não precisamos ser agradáveis, bondosos, inteligentes ou dignos. No entanto, quantas pessoas secretamente não acreditam que devem continuar a sofrer porque merecem ou porque não são agradáveis, boas ou inteligentes o bastante para mudar?

A grande diferença entre curar a pele e curar a mente é que você precisa participar desse último processo. Mas essa diferença não é um obstáculo quando a cura já está em andamento. O nível da alma encerra todo um mecanismo de cura tão eficaz quanto o sistema imunológico do corpo. Se você tem a intenção de ficar curado, dê à nova energia permissão para entrar em você e eliminar os obstáculos, e foi exatamente o que aconteceu com a minha amiga Jean.

Jean foi criada em uma família, cujo pai militar exigia disciplina de todos os filhos, inclusive da única filha. Como era cercada por quatro meninos, Jean sentia que se tornara um dos soldados, como o pai dela gostava de chamar os filhos. Ela era naturalmente atraída pela mãe, que era quem a salvava, mas no início da adolescência Jean descobriu que tinha dificuldades com os namorados.

– Eu me sentia incrivelmente insegura e cometia o erro de me atirar emocionalmente para qualquer rapaz que desse alguma indicação de que gostava de mim. Eu me revoltei contra os meus pais e ficava fora de casa até tarde, o que não era nenhuma surpresa considerando as regras rígidas do meu pai. Mas eu também era negligente quanto ao sexo, de modo que as coisas culminaram com um aborto aos 17 anos. A minha mãe ficou profundamente envergonhada e concordamos em esconder o aborto do meu pai.

"Só consegui enfrentar o que estava acontecendo dentro de mim dez anos depois, quando já estava divorciada. A raiva que eu sentia do meu pai era óbvia. Raramente nos falávamos; eu me mantinha a distância, e como ele sempre se mostrara inacessível a situação parecia convir perfeitamente a ele. A minha mãe em nada ajudava, e os meus sentimentos de raiva, que me pareciam totalmente certos e justificados, me diziam o tempo todo: *por que eu deveria me dar ao trabalho de mudar? Ele merece tudo isso.*

"Por alguma razão esse argumento parou de funcionar depois de 27 anos. Não sei dizer exatamente qual foi o momento crítico. Simplesmente consegui realizar uma pequena mudança, e, quando fiz isso, percebi que a única pessoa que estava sendo prejudicada com o meu sofrimento era eu. A partir desse ponto, não foi fácil. Tive de enfrentar as feridas, recorrendo a vários amigos e terapeutas ao longo do caminho. Foram necessários mais dez anos, mas hoje sei que não ficaria em paz enquanto não enfrentasse esses demônios.

"Nunca chegou o dia em que me sentei na cama e disse: *Consegui superar tudo.* Mas pouco a pouco o meu mundo melhorou. À medida que eu me libertava de cada pequeno demônio, as pessoas se relacionavam comigo de uma maneira mais relaxada. Tornei-me mais aberta, menos parecida com um cacto que não podia ser tocado. A minha mente começou a ver o mundo como um lugar menos ameaçador; tornei-me mais compreensiva. Nenhuma dessas coisas influenciou diretamente o meu pai. Um dia então a minha mãe me telefonou para dizer que o meu pai tinha acabado de ir ao médico para fazer uma biópsia, pois estavam desconfiando de um câncer de próstata. No momento em que desliguei o telefone, chorei. Estava chorando por ele e posso dizer que foi a primeira vez que consegui fazer isso, em vez de chorar por mim mesma. Eu não tinha nenhuma idéia de que esse era o sentimento do perdão. Ele marcou a minha libertação com relação ao passado e o início de uma nova vida."

Deixando de remoer a antiga mágoa

Os ferimentos clamam por atenção. Quando são físicos, gritam com uma dor física. Quando são psicológicos, bradam com angústia mental. Durante o processo de cura, a dor vai perdurar enquanto necessário. Mesmo assim, existe uma diferença entre notar que a dor existe e remoê-la. Todos conhecemos pessoas que usam qualquer desculpa para chamar a atenção para si mesmas, o que inclui uma fixação nos infortúnios que estão vivendo. O perigo é que identificar-se com a mágoa, usá-la como um cartão de visitas, achar que ela o torna mais agradável são fatores que retardam a cura.

Um dos aspectos mais insidiosos é que é muito mais fácil sentir raiva do que nutrir outros sentimentos. Não estou me referindo apenas a emoções positivas, como a compaixão, mas até mesmo a emoções negativas, como o medo, a ansiedade, a incerteza e a dúvida quanto a si próprio. Além disso, a raiva é socialmente aceitável. Os atletas, por exemplo, recorrem a ela para ficar motivados e, às vezes, uma vitória no futebol se parece mais com uma batalha vencida do que com o resultado de um jogo.

O caminho da paz pede que você estabeleça uma distinção sutil. Tome consciência da sua mágoa e preste atenção a ela, mas não se fixe nela. Pode ser difícil respeitar essa distinção. Sempre haverá momentos nos quais você não conseguirá definir se está se libertando de uma mágoa ao expressá-la ou se está apenas extravasando as suas emoções. A diferença se resume na intenção. Se você extravasar a raiva com o objetivo de difundir seus sentimentos tóxicos, o resultado nada terá a ver com a cura. A raiva é a sua arma. Por outro lado, se liberar a raiva como tiraria uma pedra do sapato, a sua intenção claramente tem o respaldo da cura. Quando a raiva começa a fluir, as duas alternativas podem transmitir a mesma sensação, porque raiva é raiva. Mas se tiver a intenção de se curar, duas coisas acontecerão: ficará mais tranqüilo depois de extravasar a raiva e sentirá que uma antiga crença imobilizada nos inimigos e na injustiça começa a se mover.

Deixando de depender dos outros

A mágoa nos isola. Quando sofremos, nós o fazemos secretamente, por mais intimidade que tenhamos com alguém. Algumas pessoas reagem a esse isolamento ficando ainda mais sozinhas. Alimentam os ressentimentos em silêncio. Adquirem uma sensação de força por suportarem tudo sozinhas. Já outros reagem da maneira oposta, desejando atrair o maior número possível de pessoas para o sofrimento deles.

Ambas as táticas vão contra a primeira lei da cura, ou seja, que ela deve ocorrer dentro de nós. Isto não é a mesma coisa que suportar tudo sozinho. Essa é a interpretação do ego e, se você fizer um exame mais profundo, descobrirá que o que realmente está tendo lugar é a resistência. O ego está dizendo: *Não mereço que isso ocorra comigo. Vou permanecer firme até que alguém perceba o que está acontecendo e sinta pena de mim.*

Todos temos reações do ego, e elas precisam ser superadas. Se você as enfrentar pelo que são, energias temporárias que bloqueiam o seu verdadeiro eu, compreenderá que se invocar o seu verdadeiro eu – a alma, a consciência superior, a consciência mais profunda – começará a afastar esses obstáculos do caminho. Quando entrar em contato com o seu verdadeiro eu, mesmo que sutilmente, começará novamente a se sentir conectado.

É claro que outras pessoas podem consolá-lo e ajudá-lo ao longo do caminho. À medida que voltar a se conectar consigo mesmo, você se ligará espontaneamente às outras pessoas, pois elas são um espelho do seu eu. No entanto, depender dos outros para resolver os seus problemas nunca dá certo, porque embora possa se sentir ligado a eles, na verdade, é o seu ego que está entrando em contato com outros egos. Entretanto, a cura não tem lugar no nível do ego e por mais que você esteja cercado de solidariedade e concordância, independentemente do número de pessoas que possa dizer que você está certo, não removeu os bloqueios que impedem que uma nova vida se aproxime para curá-lo.

Os donos de escravos do antigo Sul tinham muitos amigos que compreendiam todas as dificuldades de administrar os escravos, fazer com que obedecessem às ordens, enfrentar as ameaças de possíveis fugas e rebeliões. No entanto, o fato de todo mundo no sistema social concordar com você não torna suas ações corretas; nesse caso, o fato de um dono de escravos acreditar que podia ser dono de um ser humano era uma forma de profunda ignorância a respeito da realidade e do eu. Nas nossas circunstâncias, é fácil encontrar um grupo que concorde de corpo e alma que a guerra está certa, que o inimigo é maléfico, que os soldados carregam o fardo de manter a paz e precisam ser sustentados a todo custo. O caminho da paz não ataca essa mentalidade, mas também não se encolhe diante da verdade de que ela precisa ser corrigida dentro de cada pessoa.

Adquirindo uma nova visão

Vivemos imersos em tanta informação que novas maneiras de ver as coisas estão amplamente disponíveis. Em muitas cidades americanas de tamanho razoável, podemos ir a uma biblioteca ou livraria se quisermos nos aprofundar no budismo tibetano, sufismo, cristianismo esotérico ou nos ensinamentos de inúmeros sábios e santos. Tudo está disponível o tempo todo.

Como então adquirir uma maneira de ver as coisas que não seja apenas um entusiasmo passageiro? A visão torna-se sua quando você pode ver-se nela. Não quero dizer com isso que você se vê como um produto acabado. A visão não diz respeito ao futuro, e sim a você tomar o que é verdadeiramente seu, aqui e agora. Se a transformação não ocorrer todos os dias, ela é pouco mais do que um ideal que está sempre um pouco além do horizonte.

Se a sua visão o mantiver em movimento, trata-se então de uma verdadeira visão. No meu caso, o caminho da paz é verdadeiro porque me encontro com a mudança todos os dias. Lamentavelmente, muitas pessoas escolhem uma visão que por certo nunca lhes apresentará um desafio nem criará mudanças. As religiões são particularmente suscetíveis a isso, porque você pode estar entre os fiéis e mesmo assim saber quem você deveria odiar, quem adora a Deus da maneira errada, quem é um pecador e, portanto, desprovido de qualquer necessidade de compaixão.

A visão que o obriga a escolher lados fixos não é uma visão. Não posso dizer isso de uma forma mais direta. Você pode deparar com um sistema espiritual que realmente o atrai, mas depois de algum tempo nota que ainda se sente ressentido e limitado; repara que o sistema parece dizer respeito a pertencer a um grupo rígido e fechado; pedem-lhe que oriente a sua vida de uma maneira certa, em vez de errada. Tudo isso são sintomas que dizem que você deve se afastar. A visão verdadeira nunca exige que você faça a coisa certa. Ela nunca condena as pessoas de fora pela ignorância e os pecados delas. O nosso ego sabe muito bem como fazer essas coisas; não precisamos de uma visão espiritual que apóie os hábitos que precisam ser modificados.

Encontrando uma percepção mais profunda do eu

A linguagem atira o tempo todo pequenas armadilhas no nosso caminho. Uma delas se fecha sempre que usamos palavras como *eu superior, eu mais profundo* ou *verdadeiro eu*. Elas soam como frases inocentes e até úteis, mas existe de fato apenas um eu, que é aquele que você está vivenciando neste momento. Você não pode descer do palco e ir para um lugar mais profundo, mais elevado ou mais verdadeiro para encontrar um eu diferente. Tudo que jamais acontecerá ao eu aparece na tela da sua mente da mesma maneira como surge o fato de você querer um hambúrguer, recordar o seu nome ou fantasiar a respeito de uma praia nas Bermudas. O espetáculo que atinge a tela está repleto de pensamentos, sentimentos, esperanças, sonhos, fantasias e dos mais diversos tipos de impulsos.

No entanto, existe algo atrás da tela e é aí que entra a transformação.

A tela é bidimensional, quer você projete nela um cartum barato, quer você projete nela a maior pintura da história da arte. E, no entanto, a grande pintura sugere uma terceira dimensão. Faz você se sentir tocado pela beleza, pelo gênio, pela inspiração, pela nobreza e até por Deus.

Esses sentimentos que vazam através das limitações da tela mental também vazam pelo mundo dos eventos do dia-a-dia. É como se todas as coisas que estão atrás da tela queiram chamar a sua atenção e a única maneira de fazer isso é vazando pela realidade física. Para crescer espiritualmente, você não precisa começar com uma boa auto-imagem, mas é necessário que ela seja porosa. O espírito precisa ser capaz de encharcá-la. Ela tem de ser suficientemente flexível para que você saiba quando é tocado pela beleza e pela verdade. Se a sua auto-imagem for inflexível, praticamente não importa o fato de ela ser boa ou má. O convencimento e a presunção são tão impermeáveis para o espírito quanto a vergonha e o medo. Todos já fomos tocados por sentimentos vulgares e deixamos de nos emocionar com grandes obras de arte. Não se trata da verdade do que você contempla, e sim da verdade de como você contempla. O segredo reside no ato de perceber. Ficar emocionado com uma criança em dificuldades pode acabar com a violência se a pessoa certa vir essa criança; uma pessoa pode passar a vida inteira assistindo a assassinatos na televisão, mas, se estiver fechada, o que ela faz não acabará com um único ato de violência.

A solução é a disposição de ser tocado repetidas vezes. Conheço pessoas que saem de um filme perturbador resmungando o seguinte: "Não gostei dos personagens. O filme me deixou arrasado. Não preciso pagar dinheiro para me sentir mal." Essas atitudes fechadas são aceitáveis para a alma. Em toda audiência, alguém também estará aberto e será tocado. Enquanto essa capacidade estiver viva, a conexão da pessoa com o espírito está se fortalecendo. As únicas pessoas que me deixam preocupado são as que dizem: "Já conheço isso. Não preciso ver tudo de novo. Não existe nenhuma novidade?" Elas parecem estar imunes à profundidade da vida e só conseguem acessar imagens planas que oscilam sem sentimento na tela da mente.

Uma percepção expandida do eu

Qualquer nova identidade que você encontre na jornada da sua vida irá se transformar em outra à medida que seguir adiante. Todas essas identidades podem ser saudáveis, mas é inegável que crescer de uma identidade para outra envolve destruição. Os hábitos do antigo eu precisam dar lugar aos hábitos do novo.

A natureza administra esse ato de destruição com o mínimo de dor possível. Se pudermos imaginar o que acontece quando uma criança de dois anos se transforma em uma de três, estaremos contemplando o modo de transformação mais natural e indolor que existe. O que a natureza faz? Pense em quando você era criança. O processo é tão sutil que praticamente ninguém percebe.

A natureza deixa você ser quem você é.

Ela não o sobrecarregou com projeções prematuras no futuro.

Ela não o reteve no passado.

Ela lhe deu novos desejos.

Esses novos desejos o conduziram na direção certa.

Se conseguir evoluir espiritualmente dessa maneira, terá encontrado o caminho mais verdadeiro, independentemente do professor ou do sistema de crenças que escolher. Na infância, você não tinha consciência do mistério da mudança. Fazia as coisas naturais para uma criança de dois anos e, quando chegou a hora de se tornar uma criança de três anos, novos desejos surgiram. Como pais, assistimos maravilhados a essa metamorfose, mas mesmo assim não a aplicamos a nós mesmos. Em vez disso, concebemos um plano para a mudança forçada, motivado pelo ódio que sentimos das nossas partes vergonhosas, por nos sentirmos inseguros e inadequados, por desejarmos tudo, exceto o que está diante de nós.

Se você encontrar um mestre ou guia espiritual que reforce esses sentimentos negativos, temo que esteja avançando na direção errada. Entendo que existem disciplinas espirituais duras e que exigem grande esforço. Elas pedem que você passe noites no frio, dormindo em um chão de madeira ou lutando contra o ego até a morte, rejeitando o eu inferior e todos os seus impulsos pecaminosos. Mas o caminho da paz não requer tanto esforço. A *disciplina* dele significa apenas constância, paciência e uma confiança renovada no que é real em oposição a enganar-se deliberadamente.

A realidade é que você pode ser um norte de consciência. Qualquer erro que tenha cometido, a respeito de quem você é, é temporário. A sua verdadeira identidade permaneceu intocada. Você nunca pecou contra ela ou a afetou de nenhuma maneira; apenas perdeu o contato com ela. O problema habitual de cada pessoa é a separação e nada mais. Assim sendo, qualquer caminho que queira mudá-lo precisa ter em mente que não há nenhum eu a ser modificado. Existem apenas máscaras que vestimos por um momento e depois jogamos fora. Se conseguir apreciar a si mesmo enquanto se livra da sua máscara predileta atual, estará vivendo perfeitamente no caminho da paz.

POR QUE DEUS DESEJA A GUERRA?

HOJE ESTOU IMPACIENTE e frustrado. Acabo de participar de um debate com quatro líderes religiosos no *Larry King Live,* mas eu não podia ver o rosto deles porque estavam todos nos Estados Unidos enquanto eu estava imobilizado em um estúdio apertado em Quito, Equador. Um bom lugar para não acreditar no que eu estava ouvindo.

– Nunca reinará a paz na Terra enquanto o Príncipe da Paz não voltar – declarou no meu fone receptor uma voz que zumbia e trepidava. O batista sulista. – Somos todos pecadores. Deus sabe disso. Deus nos diz isso na revelação. Não podemos ter paz enquanto todos forem pecadores. – O batista sulista tinha muito mais a dizer a respeito do pecado. Agonizei enquanto esperava que ele terminasse.

O zumbido seguinte parecia o de vespas zangadas.

– É absurdo colocar a culpa da guerra na religião – declarou monotonamente outra voz. – As guerras religiosas mataram apenas uma fração do que assassinos ímpios como Hitler e Stálin mataram. Temos de ter a religião, caso contrário estaríamos matando uns aos outros o tempo todo. – Esse era o apresentador do programa judeu de debates no rádio. Agonizei um pouco mais. *O que estamos fazendo aqui? Comparando nossas idéias sobre um morticínio aceitável?* Forcei o argumento de que a religião foi responsável por guerras ao longo de toda a história. Hitler não mencionava Deus com bastante freqüência?

As vespas ficaram realmente irritadas.

– Não e não. Sem religião, o mundo estaria em uma situação muito pior. É através de Deus que nos lembramos que devemos amar uns aos outros. Pais e mães. Maridos e mulheres. – Ah, o afável padre católico. Toda aquela conversa do batista sobre o pecado deve ter mexido com ele. Ele quer garantir que todos ouçam falar no amor de Cristo. Era triste perceber como parecia cansado, como se promover o amor não fosse dar certo, e ele soubesse disso.

As vozes continuaram a vociferar e a minha única opção era agonizar porque depois de cinco minutos percebi que nenhum deles iria oferecer uma maneira de acabar com a guerra. Era deprimente. Todos estavam no programa basicamente por uma única razão: gritar, murmurar, argumentar, convencer, discursar e anunciar que a sua religião era a melhor de todas. O muçulmano, cuja voz era a mais silenciosa (ele sabia que desde o início estava derrotado), teve de exercitar a paciência enquanto os outros praticamente ridicularizavam abertamente a sua fé de guerreiro. Não que ninguém fosse sacudi-lo. Nos piores momentos, ele estava certo da superioridade do Islã como os outros estavam daquilo que acreditavam.

A última palavra foi deixada para o judeu apresentador do programa de debates, que estava sentindo uma explosão de camaradagem.

– Estão vendo? Somente nos Estados Unidos poderíamos nos sentar como amigos e conversar dessa maneira, visto que cada um de nós tem uma religião diferente. – Mesmo? Ele parecia achar que a polícia teria interrompido as coisas na Suécia, na Holanda ou em algum outro viveiro de intolerância.

Agora o programa acabou, e a moça bonita e sorridente da estação de televisão de Quito está retirando o meu fone receptor. Vou dar uma palestra em outro país amanhã, de modo que está na hora de ir para a cama. Caminho devagar pela cálida noite equatorial. Por que ficar irritado com o nosso miniconselho de fé? Não é como se Deus fosse se manifestar contra os nossos violentos conflitos na terra.

No entanto, parte da angústia da guerra provém da total incapacidade da religião de acabar com ela. Toda religião ensina que matar é completamente errado. Não é possível amar a Deus sem amar e apreciar outros seres humanos. A religião existe para nos fazer enfrentar nossa violência e ganância, e depois para superar essas qualidades. Alguém disse certa vez estas belas palavras: a religião planta uma semente nas nossas feridas abertas e, dessa semente, nascerá uma árvore da paz.

O que torna ainda mais trágico o fato de a religião não fazer isso. No momento atual, a religião está justificadamente morta para milhões de pessoas. Elas freqüentam a igreja devido aos rituais confortantes ou porque é a coisa certa a ser feita, mas há muito tempo compreenderam, como qualquer pessoa sensata faria, que as igrejas fazem pouco, ou nada, para acabar com o problema da guerra. Deus não parece se preocupar nem um pouco com o nosso profundo sofrimento. Ele foi reduzido a um avô distante e idoso que entrelaça as mãos, afastado do palco dos acontecimentos, enquanto seus filhos matam uns aos outros. No polêmico filme de Michael Moore, *Fahrenheit 11 de Setembro*, a cena mais lancinante gira em torno de uma mãe em Flint, Michigan, que aparece inicialmente como partidária da Guerra do Iraque.

O apoio dela não se baseia na animosidade contra os árabes, e sim em um sentimento de moralidade. Ela ressalta que as pessoas da classe trabalhadora em cidades como Flint, que são cidades cuja população pertence basicamente à classe trabalhadora, sempre fazem o que é certo quando o assunto é patriotismo. É possível ler nos olhos dela as convicções de uma honrada freqüentadora da igreja, republicana conservadora e defensora dos valores da família. Através de um doloroso golpe do destino, ela também se torna uma entre milhares de mães que perderam um filho em combate. O filho que ela sentiu orgulho de mandar para a guerra foi arrancado dela, e, quando voltamos a vê-la, a dor destruíra cada convicção que a levara a defender a guerra.

Sem ser mais a patriota convicta, ela é hoje amarga com relação ao que percebe como mentiras e enganos que conduziram à invasão do Iraque. Ela se martiriza por causa do destino que levou uma vida inocente. Sofre devido ao ato anormal de uma mãe enterrar o filho quando deveria ser o contrário. Finalmente, nós a vemos em Washington, D.C., em uma conferência profissional. Na esperança de que uma visita à Casa Branca possa restaurar suas forças, ou pelo menos trazer-lhe algum consolo, ela encontra exatamente o oposto. A visão da Casa Branca faz com que tropece e a seguir desmorone cheia de dor, murmurando as tristes palavras: "Não imaginei que fosse ser tão difícil."

Pense no que a religião fez a cada pessoa como ela. Convenceu-a de que a autoridade está sempre certa, que o dever da pessoa comum é se ajustar sem perguntas ou dúvidas. Ensinou-lhe que as pessoas que protestam contra a autoridade são más e erradas (ela descreve explicitamente a repugnância que sentia com relação ao movimento contra a guerra). Ensinou-lhe que Deus está do lado de uma guerra virtuosa, o único tipo de guerra com que os Estados Unidos se envolvem.

E o que a religião não ensinou a ela? Não lhe ensinou como enfrentar o lado mais sombrio da natureza humana para que ele pudesse ser transformado. Não a ensinou a pensar por si mesma nos assuntos espirituais. Não a ensinou a perdoar e tolerar os possíveis inimigos. Acima de tudo, não lhe ensinou a verdadeira natureza de Deus, pois a religião trai enormemente a verdade quando retrata Deus como uma autoridade rígida com instintos militares e uma inclinação para o derramamento de sangue.

Alguém poderá protestar dizendo que não conhece essa mulher e nunca esteve na igreja dela. No entanto, não é difícil ler nas entrelinhas. Ao presenciar o estado de dor, desamparo e confusão dela, considero inquestionável o fato de que a religião a desamparou. A religião colocou Deus do lado da guerra pelas seguintes razões:

POR QUE DEUS APÓIA A GUERRA

A verdade precisa ser defendida.

Atos profanos desonram a Deus e precisam ser punidos.

A heresia é um crime que os verdadeiros crentes precisam reparar.

A vingança é parte da natureza de Deus.

Os seres humanos precisam lutar para encontrar Deus, até mesmo a ponto de lutarem na guerra.

Deus não interfere nas questões humanas e não enviou nenhum sinal de que é contra a guerra.

Séculos atrás, em uma época de fé, todas essas razões teriam feito perfeitamente sentido. Hoje, contudo, soam perturbadoras e falsas. Que pessoa sensata mataria porque hereges e incrédulos não devem ter êxito? É realmente aceitável o fato de que Deus rotularia apenas um dos lados de totalmente perverso, deixando claro para os fiéis que estão do lado desprovido de pecados? Ler a mente de Deus é um ato de arrogância, uma ilusão do ego. O fato óbvio de que Deus não interfere nos assuntos humanos torna impossível afirmar que seja a favor da guerra. Não se intromete porque as questões humanas são nossa responsabilidade. Ele transcende totalmente a guerra. A divindade nos permite ir por nossa conta para a guerra, o que, para aqueles que a desejam, indica uma aprovação tácita.

O argumento de que a guerra faz parte de uma luta espiritual mais ampla é mais comum. Já o escutei ser expresso de uma forma fatalista, como prova de que o pecado é universal e conduz à violência. Como nascemos pecadores, estamos destinados a lutar até a redenção final. No entanto, encontramos o mesmo argumento em uma versão mais sutil da Nova Era. Alguns mestres espirituais descrevem a jornada em direção à iluminação como uma espécie de caminho interior. Todo grande progresso é alcançado através da luta contra obstáculos preparados pelo carma ou pelo ego. Não duvide do que estou dizendo. Ouvi certa vez um mestre dizer: "O seu ego nunca desistirá enquanto você não combatê-lo até a morte."

Creio, no entanto, que o motivo pelo qual a maioria das pessoas que adora a Deus está disposta a ir para a guerra é desejar evitar o mal. Esse é o argumento menos maléfico, e encontrou um modelo perfeito na Segunda Guerra Mundial, que é constantemente chamada de guerra virtuosa, porque ter permitido que os nazistas tivessem êxito nos seus planos para uma solução final teria sido um mal muito pior. O pacifismo era tratado com uma punição criminosa durante a guerra, e alguns moralistas argumentam que ser pacifista equivalia a assassinato, porque, quando não interrompemos o massacre em larga escala, nós o estamos aceitando. No entanto, as boas guerras não são uma desculpa aceitável para não acabar com a guerra. A morte de milhões de judeus surgiu depois de duas décadas de um anti-semitismo manifesto da parte de Hitler que nunca foi abordado por outros países. O conceito da guerra virtuosa é levantado por todo agressor e, se os perdedores de cada combate histórico tivessem vencido, inevitavelmente teriam afirmado estar cumprindo a vontade de Deus.

Para cada argumento que transforma Deus em um defensor da guerra, existem contra-argumentos que soam igualmente convincentes e carregam um grande peso espiritual.

POR QUE DEUS É CONTRA A GUERRA

A natureza de Deus é pacífica.
Matar é pecado.
A vida humana é sagrada.
Deus abomina a violência contra a sua criação.
A guerra trai nossa natureza superior, a parte que está mais próxima de Deus.
A guerra viola o pacto que torna iguais todos os filhos de Deus.

Esses argumentos não impediram a guerra, mas sem dúvida aumentaram a sensação de que somos criaturas pecadoras e culpadas. Desse modo, a religião trai a sua missão para transformar a vontade de Deus na sua. Em vez de transformar a guerra em paz, a religião atazana a nossa consciência. A guerra virtuosa está do lado de Deus, mas isso não apaga o pecado do assassinato que a guerra inevitavelmente acarreta. Prometem-nos que Deus enviará os pecadores para o inferno, mas isso não é a mesma coisa que matar os assassinos? Por que Deus cometeria o mesmo pecado que está punindo?

Existe aqui uma contradição embutida e nenhuma saída atraente. Você pode inventar uma lógica circular na qual os pecadores continuam a cometer assassinato e depois voltam-se para Deus pedindo perdão, um ciclo interminável, ou então pode conferir a Deus uma personalidade dividida, como fui criado para fazer, atribuindo a Ele uma face de criação e amor, e outra de destruição e morte. O cisma entre Jeová e Cristo exibe essa tendência do tipo e/ou, e o mesmo podemos dizer da ruptura entre Krishna e Shiva.

O caminho da paz não afirma que Deus precisa ser um pacifista. O abismo entre o pacifista e o instigador da guerra pertence à nossa psicologia e não à natureza de Deus. A esquizofrenia divina pode ser superada vendo-se certas verdades espirituais e atendo-nos a elas.

Deus não é uma pessoa.

Não podemos ler a mente Dele.

A essência de Deus é a consciência.

A consciência pode ser usada para a violência ou para a paz; a escolha é nossa.

Quando expandida, a consciência humana escolhe a não-violência, pois ela é compatível com o amor.

Se esses princípios são válidos, então Deus não precisa saltar no meio dos assuntos humanos. Ele representa a pura essência da vida e do amor. Para que eu resolva minha angústia pessoal com relação à guerra, preciso transformar minha consciência até que a violência não seja mais uma opção. A essa altura, este é um argumento familiar. Milhões de pessoas o compreendem. Por que deveria a religião hesitar?

Não deveria. Não tem de fazê-lo. Se qualquer religião fizesse a mesma escolha para ingressar no caminho da paz que as pessoas estão fazendo todos os dias, a fé voltaria a ser uma força viva. Que tipo de mudanças isso acarreta? Você já as conhece, pois elas se aplicam a você, mas sejamos explícitos.

A religião precisa colocar a responsabilidade da violência diretamente no lugar dela, ou seja, na mente de cada pessoa.

Precisa parar de julgar aqueles que estão fora da fé como pecadores condenados por Deus.

Precisa parar de defender qualquer forma de guerra.

Precisa parar de afirmar ser o único caminho para Deus.

Precisa abandonar a arrogância e a alegação de autoridade.

Precisa renunciar à ganância e ao desejo de poder.

Precisa descobrir como devolver o amor ao seu verdadeiro lugar de supremacia.

Essas mudanças poderão não ocorrer durante a vida, mas não podemos fingir que são meramente opcionais. Tampouco são as lamentações de um inimigo da igreja. Durante a minha infância e adolescência, freqüentei escolas religiosas durante anos. Fui tocado pelas profundas convicções religiosas dos meus pais. Todos os dias ao amanhecer, minha mãe ia diariamente ao templo, ao nascer do sol, para rezar para Rama; meu pai foi sepultado de acordo com ritos hindus que datam de milhares de anos. Provavelmente fixei mais profundamente a minha identidade na religião do que a pessoa típica que se considera defensora dos valores tradicionais. No entanto, também sou uma pessoa moderna e o que presenciei depois dos dias da minha criação religiosa é óbvio demais para ser desprezado: as concepções que dominam nosso entendimento atual da natureza humana tornaram a religião irrelevante.

Essas novas concepções são basicamente científicas e explicam a violência de uma maneira completamente não-religiosa. Converti-me à ciência na escola de medicina e sei que as convicções que dominam o pensamento científico são muito poderosas. Uma convicção, introduzida por Sigmund Freud, é que a nossa violência é oriunda no inconsciente. Nessa visão, existe uma esfera sombria dentro de todos nós que Carl Jung chamou de sombra. Essa esfera encerra impulsos atávicos de raiva e medo. Não entramos em contato com a sombra na vida cotidiana; fingimos que ela não existe e, infelizmente, essa atitude nos torna escravos dela. Quando as guerras são deflagradas, a sombra ascende à superfície e causa destruição.

A visão psicológica da violência torna a religião irrelevante porque só podemos evitar ser escravizados pela sombra se a explorarmos, se a trouxermos à luz da consciência. A exploração da sombra repele as pessoas religiosas. Elas preferem viver com o drama do pecado e da redenção, no qual os procedimentos são bem definidos: se erramos, Deus nos condena; se acertamos, Deus nos recompensa. Basicamente, esse é o relacionamento do filho com os pais.

Na estrutura familiar, a recompensa e o castigo funcionam, pois as crianças precisam aprender as lições do certo e do errado, mas, quando essa dinâmica é estendida para a idade adulta, as fraquezas são gritantes. O adulto que deixa a moralidade para um Deus parental abdicou da responsabilidade de ser um agente ativo para o bem. O adulto que pensa que os impulsos ocultos de raiva e medo são um pecado inato está abdicando da responsabilidade de extirpar a escuridão. A guerra e a violência derivam da consciência de cada pessoa. É o que no fundo dizem todas as religiões, e quando a religião é usada como uma maneira de evitar a autoconfrontação ela morreu.

O segundo ponto de vista habitual a respeito de por que a violência existe é genético. A genética baseia-se nas leis darwinianas de sobrevivência. Se uma característica torna uma espécie mais fraca, limitando a sua capacidade de sobrevivência, essa característica desaparece, levando consigo os seus genes. A violência, portanto, não encerra um significado moral. No passado, tínhamos que matar ou ser mortos. Os homens precisavam arrancar violentamente suas parceiras das mãos dos outros homens; todos provavelmente estupravam com violência as mulheres que desejavam. Várias tribos tinham que ganhar a guerra contra outras tribos que cobiçavam suas terras, sua comida e suas mulheres.

A genética torna a religião irrelevante porque na visão dela somos animais, um desdobramento da família dos primatas ao lado dos gorilas e dos chimpanzés. Já abordamos essa perspectiva. Como os genes do *Homo sapiens* diferem apenas em um por cento dos genes dos gorilas, o argumento parece irrefutável, e a essa altura as pessoas estão de tal modo convencidas da veracidade dele que compararnos a anjos parece puro sentimentalismo. Hamlet é o mais deprimido e suicida dos grandes heróis da literatura, e, no entanto, ele diz o seguinte sobre os seres humanos: "Na forma, é como um anjo, na apreensão, é como um deus!" A genética racionalmente salientaria que na forma estamos apenas alguns passos à frente do homem de Neanderthal, e provavelmente também na apreensão.

A religião talvez não estivesse perecendo devido às suas falhas internas sem a ciência, mas tendo a ciência contra ela, não existe muita esperança. O avanço revolucionário de Freud recua a um século. O de Darwin, a um século e meio. O período intermediário tornou a religião cada vez menos confiável. Nossa tarefa hoje é restaurar a esperança fazendo uma entre duas coisas que são na verdade opostas.

1. Continuar a defender até o fim a religião tradicional, por mais que ela contrarie a razão.
2. Exortar a religião a evoluir para que ela adquira o tipo de relevância que a ciência não consegue derrotar.

Embora possa parecer que as pessoas religiosas escolheram a primeira alternativa em números esmagadores, creio que as aparências são enganosas. As pessoas com objetivos religiosos vêm descobrindo novas maneiras de pensar em Deus; examinaram a física quântica para explicar a realidade de uma forma que torna os milagres e a existência da alma ainda mais verossímeis do que eram na religião tradicional. O espírito retornou, não como a obediência cega a um cânon, e sim como uma exploração pessoal da consciência. Ainda fazemos as mesmas perguntas milenares a respeito de quem somos e de onde viemos. As mesmas respostas milenares, ou seja, que somos seres espirituais que viemos de Deus, chegam até nós, só que agora o caminho foi percorrido de olhos abertos e com a mente expandida em vez de com uma rígida fidelidade ao dogma.

E a guerra? Deus pode nos mostrar como evoluir a partir da nossa angústia atual reconstituindo os passos que nos conduziram a ela. Deus mostra o caminho através da consciência, porque Ele é consciência. Se a sua mente está em conflito, sente-se culpada ou é esquizóide, você só pode ver Deus através dessas lentes. Se a sua mente é organizada, coerente e clara, só pode ver Deus através dessas lentes. Você não pode escapar de um fato fundamental: em qualquer estágio da evolução pessoal, está vendo a realidade como você mesmo. A história bíblica de como Deus criou o homem à Sua imagem não está completa se não compreendermos que o homem retribuiu o favor criando Deus à sua imagem.

Existem tantas versões de Deus quanto existem pessoas no mundo. No entanto, podem ser simplificadas em sete estágios que correspondem aos sete estágios da consciência. Eles são como óculos que nos conferem um determinado ponto de vista do mundo. À medida que a evolução prossegue, Deus se modifica. O nível de consciência que faz de Deus um defensor da guerra e uma fonte de medo muda e é substituído por um Deus pacífico e amoroso. Não obstante, esse Deus só é sustentável se a nossa consciência tiver mudado para apoiá-Lo. Essa é uma das leis que governam a espiritualidade. O divino evolui à medida que evoluímos. O caminho da paz depende de vivificar essa verdade, passo a passo.

DEUS É REVELADO EM ESTÁGIOS

Primeiro Estágio: Caos, Conflito e Guerra

NO ESTÁGIO menos evoluído de Deus, Ele dirige um mundo repleto de desastres imprevisíveis. Os seres humanos enfrentam a natureza no estado bruto, inclusive a sua própria natureza. Um mundo de bestas que atacam e se alimentam umas das outras converte-se em uma sociedade na qual o homem é o lobo e ao mesmo tempo a vítima. O comportamento é atávico, um retrocesso à escolha física primitiva apresentada pela situação de lutar ou fugir.

Quando alguém está no primeiro estágio, a hierarquia emaranhada é dominada pelos seguintes elementos:

medo
eventos casuais
reações cegas
lutar ou fugir
inimigos por toda parte
opressão
depressão
iniqüidade

Este estágio de consciência cria uma tremenda incerteza, como confirmado pelos dias que se seguiram ao atentado de 11 de Setembro. O público americano sentiu ondas de choque e medo. O terror criou o potencial para o caos e a solução era se organizar e lutar. Essa mudança estava personificada no prefeito Rudolf Giuliani, que reagiu com grande eloqüência no primeiro dia, unindo o público através de uma sincera reação de profundo desalento – ele falou de perdas grandes demais para o coração poder suportar. À medida que o tempo foi passando, Giuliani tornou-se um militante linha-dura contra o terrorismo, exigindo qualquer sacrifício para derrotá-lo.

Os líderes precisam demonstrar que não compartilham o medo do público, de modo que têm uma reação exagerada e se apossam do poder e do controle. A reação automática deles é negar a liberdade a toda a sociedade, porque os malfeitores florescem onde quer que haja uma liberdade excessiva. Essa afirmação corresponde ao oposto da verdade, mas isso é desconsiderado. (Enquanto escrevo estas linhas, na seqüência do ataque terrorista à escola em Beslan, o presidente Putin, da Rússia, como era esperado, exigiu mais poder de governo, uma tomada de posição mais dura contra o inimigo e uma atitude mais rígida e agressiva, exatamente como o presidente George W. Bush fez depois dos atentados de 11 de setembro de 2001.)

Nesse estágio, Deus espelha essas atitudes aterradoras. Ele é hostil e inflexível. Condena os Seus inimigos, contra os quais deseja uma vingança absoluta. Seria um erro identificá-Lo com um Deus totalmente compatível com o Antigo Testamento, embora Jeová exiba essas características. Até mesmo Cristo recebe algumas passagens a respeito de pecadores sendo lançados no abismo com gemidos e ranger de dentes.

Como em todo estágio de consciência, Deus precisa se encaixar no mundo que criou. Assim, um mundo de desastres aleatórios e imprevisíveis trazem à tona um Deus caprichoso e voluntarioso. É preciso temê-Lo e aplacá-Lo para que Ele não desencadeie uma vingança. Imploramos para ser redimidos dos pecados, mas esperamos o pior, uma vez que o pecado nunca é realmente abolido, o que faz com que mereçamos qualquer coisa que aconteça.

Mas o caos que as pessoas temem tão profundamente é na verdade interno. Ele existe na nossa consciência e tentar projetá-lo nos nossos inimigos não dá certo. A guerra contra o terrorismo está fadada a fracassar, porque se tudo que escolhermos ver nos inimigos estiver em toda parte estaremos destinados a ter uma safra de inimigos que se reabastece eternamente.

Este primeiro estágio termina quando a consciência muda. Existe uma contradição interna em um Deus que cria desastres e depois espera que o adoremos como resposta aos nossos temores. Não é ele também a fonte dos nossos receios? A tática impraticável neste estágio é conquistar o medo transformando-o em raiva. A transformação mágica do medo em raiva jaz por trás de toda reação militar. Os exércitos personificam o desejo de serem duros, invulneráveis, fortes e agressivos. Essa postura parece oposta à do medo, que faz a pessoa sentir-se fraca, vulnerável e fora de controle. No entanto, o medo só pode ser neutralizado quando é efetivamente enfrentado pelo que ele é. Nesse ponto, o primeiro estágio chega ao fim e Deus adquire uma nova face.

Segundo Estágio: Lei, Ordem e Realização

NO ESTÁGIO SEGUINTE, Deus dirige um mundo onde a lei predomina. O caos do primeiro estágio deu lugar à ordem. Contemplamos um mundo no qual a natureza permanece dentro dos seus limites, governada pelos seus princípios previsíveis. Este é um mundo mais benigno que traz à tona um Deus mais benigno. Eu poderia chamá-lo de um Deus conservador. Ele aparece no Antigo Testamento depois da catástrofe em que Adão e Eva são expulsos do Jardim do Éden. Estão debaixo de uma terrível maldição, mas a vida normal precisa continuar. Desse modo, a Bíblia principia a recitar as inúmeras leis que devem governar a vida civil, começando pelos Dez Mandamentos, mas logo desenvolvendo centenas de preceitos. Deus se interessa em proporcionar uma vida boa e virtuosa aos seus filhos.

No segundo estágio, a hierarquia emaranhada é dominada pelos seguintes elementos:

organização
ordem
cooperação
leis
dinheiro
sociedade civil
competição
mercado livre

Nenhuma dessas palavras encerra uma conotação religiosa, mas permeiam todas as tradições religiosas. As leis de Manu na Índia são comparáveis às de Moisés. Todas fornecem um plano para que os seres humanos vivam juntos de maneira que algo sólido possa ser alcançado. Este é o estágio no qual a guerra torna-se irracional, um expediente para a obtenção de mais terras, dinheiro e poder. As pessoas ainda vivem com medo, mas que, como sempre, está oculto atrás da máscara dos negócios. Deus não é mais tão caprichoso (o último ato bíblico no qual ridiculariza os seres humanos encontra-se no Livro de Jó, que começa com Jeová apostando com Satã que o homem virtuoso não pode perder a fé por meio de provações de inominável aflição. Jeová não está do lado errado da aposta, mas é tão manipulador quanto Satã). Deus se deixa limitar por leis; as pessoas não precisam mais adivinhar o que Ele quer. Essa necessidade é claramente mais humana do que divina, e atende muito bem à sociedade.

No entanto, ordem não é o mesmo que amor ou perdão. Quando transgredimos as leis de Deus, merecemos ser castigados, às vezes inclusive com a morte. Desse modo, nem a raiva nem o medo são resolvidos neste estágio. Ao competir com a natureza bruta, os seres humanos sempre terão medo de serem destruídos. Eles se mostram igualmente temerosos de se apresentar diante de um juiz, humano ou divino, que tenha o mesmo poder.

A contradição embutida no segundo estágio é que a violência e a ordem não podem coexistir sem tensão. Até mesmo as sociedades mais racionais continuam a travar guerras; elas apenas desenvolvem maneiras mais eficientes de criar a destruição. O Deus do segundo estágio talvez queira que os seus filhos tenham uma vida boa, mas ele se sente totalmente à vontade com a violência.

Neste estágio, a guerra continua a ser uma opção, mas uma opção perigosa; coloca-se em perigo a prosperidade de uma nação. Os líderes são, portanto, forçados a fingir que as guerras não custam realmente o que custam, que a prosperidade e a guerra podem até andar de mãos dadas.

A tática impraticável no segundo estágio é o materialismo, a idéia de que possuir um número suficiente de coisas boas eliminará o sofrimento. A pessoa típica do segundo estágio pode ser um estudante esclarecido, de classe média, que consegue um adiamento do serviço militar. A educação e o privilégio são invocados como uma indicação de que a pessoa está acima da guerra. No entanto, a verdade é que as guerras são a emergência de impulsos inconscientes. Enquanto estes últimos não forem enfrentados, a única escolha da violência é persistir. A condição material da pessoa é irrelevante. Os países pobres vão para a guerra e os ricos também. Quando as pessoas enfrentam o fato de que o sucesso material não resolve o problema latente da violência, o segundo estágio chega ao fim.

Terceiro Estágio: Harmonia, Solidariedade, Introspecção

NESTE ESTÁGIO, Deus é indulgente. Ele governa um mundo que não é mais obscurecido pela presença do pecado. Os seres humanos têm agora uma auto-imagem melhor. O mundo é um lugar de harmonia e se parece mais com uma área de recreação do que com um campo de batalha. Tudo se acalma, e os seres humanos começam a explorar a possibilidade de que a natureza não seja determinada por Deus. Ela está evoluindo; as coisas mudam e, portanto, podem se tornar ainda melhores.

No terceiro estágio, a hierarquia emaranhada é dominada pelo seguinte:

introspecção
estabilidade
paz
apreciação
indulgência
abertura
auto-aceitação
ausência de críticas
dedicação.

Neste estágio, os seres humanos se dão conta de que são pastores do planeta. Ao aprender a cuidar de nós mesmos, aprendemos a cuidar da criação de Deus. Ao mesmo tempo, Deus voltou-se em uma direção mais benevolente. Perdeu todo o desejo de vingança. Repousa acima do mundo, feliz por deixar Seus filhos levarem a própria vida. Ele está satisfeito por ter criado um ambiente harmonioso no qual os seres humanos possam se desenvolver.

Neste estágio, olhamos para dentro de nós porque não receamos o que podemos encontrar. O lobo voraz foi embora. Existem poucos predadores internos. Embora as sombras e os impulsos inquietantes sejam muitos, não são suficientes para perturbar a impressão fundamental de sermos adequados; a auto-aceitação é uma nova possibilidade. A dignidade pessoal inclinou a balança contra o pecado.

No terceiro estágio, não existe o desejo de guerrear. Tudo gira em torno da paz como o estado normal da vida. A maturidade despontou e percebemos que só podemos encontrar a paz respeitando nossos irmãos e irmãs, e tratando-os como iguais. As sociedades entram no terceiro estágio quando estão dispostas a reconstruir as ruínas de um país inimigo. Este também é o estágio da moralidade no qual podemos odiar o pecado, mas amar o pecador. Em outras palavras, uma pessoa pode fazer coisas más sem ser considerada uma má pessoa.

Neste estágio, os líderes são pacificadores e humanitários. O comportamento deles não é mais competitivo ou beligerante, e sim solidário (Lincoln foi solidário em comparação a Ulysses G. Grant, e Bill Clinton é solidário quando comparado a George W. Bush). As ações deles precisam ser compatíveis com a indulgência; e sua política reúne diversos interesses.

A tática impraticável no terceiro estágio concentra-se na sombra, nossa parte oculta que encerra uma grande quantidade de raiva, medo e destruição provenientes do passado. O exame interior sempre traz à luz a sombra, mas não existe uma maneira prática de enfrentá-la. As pessoas no terceiro estágio freqüentemente fingem estar mais tranqüilas e ser mais tolerantes e indulgentes do que realmente são no fundo. Não estão sendo hipócritas. Mais exatamente, a descoberta de que a paz é possível é por demais acalentada para ser abandonada e, para a maioria das pessoas, enfrentar os demônios interiores não é um processo pacífico.

Quase todas as sociedades chegaram hoje a um ponto no qual um Deus pacífico tornou-se desejável. Essa foi uma conquista da evolução, embora tenhamos a tendência de recuar aos estágios inferiores quando as pressões da raiva e do medo tornam-se fortes demais. As religiões intolerantes são hoje minoritárias; pregar o ódio e o medo não é aceitável para a maioria delas. No entanto, a evolução ainda tem um longo caminho a percorrer. O Deus do terceiro estágio ainda não é completamente amoroso ou compassivo; Ele ainda não acolheu favoravelmente os seres humanos como co-criadores da própria realidade, mas, mesmo assim, o fundamento do passo seguinte foi assentado.

Quarto Estágio: Discernimento, Crescimento Consciente, Desprendimento

O Deus deste estágio é um mestre na revelação da verdade oculta. Ele dirige um mundo envolvido em mistério. Para conhecer Deus, a pessoa precisa pela primeira vez estar disposta a desistir do materialismo, pois as dádivas da revelação originam-se das camadas invisíveis da realidade. Elas são provenientes do que na Índia é conhecido como o *corpo sutil* (*Shuksham Sharir*). Prefiro o termo *corpo sutil* à noção ocidental moderna do inconsciente, porque esta última implica um lugar de escuridão e, instintos cegos. O corpo sutil é a própria sabedoria e, quando uma pessoa começa a ter acesso a ele, um fluxo de discernimento começa a emergir. O Deus do quarto estágio é misterioso, mas deseja ser conhecido.

Neste estágio, a hierarquia emaranhada é dominada pelos seguintes elementos:

intuição
mistério
verdade interior
desprendimento
independência de julgamento
aceitação crescente
concentração em si mesmo

Deus está refletido na repentina descoberta de que a origem da realidade pode estar dentro de nós. O vislumbre dessa possibilidade torna o mundo interior fascinante. Descobrir a nossa verdade torna-se extremamente importante. Como ninguém pode nos dizer qual é a nossa verdade, nós nos desligamos da autoridade externa. Neste estágio, Deus não deseja mais ser uma autoridade. Ele é uma presença oculta que se revela aos poucos.

Nas raras ocasiões em que uma pessoa com um profundo discernimento como Vaclav Havel, o primeiro presidente da Checoslováquia livre, chega ao poder, podem ocorrer períodos extraordinários, em geral muito breves, de um despertar nacional. Gandhi e Lincoln também governaram em períodos assim, embora ambos tenham tido que enfrentar uma época de grande tumulto social. Neste estágio, os líderes precisam ser completamente genuínos, seres humanos complexos que possuem o raro talento de também ser uma personalidade pública. Governam por meio da sua presença, que é sentida por aqueles que os cercam como sábia e, por vezes, virtuosa.

O Deus do quarto estágio merece ser amado sob todos os aspectos. Ele é a essência do entendimento. Qualquer pessoa que se sinta próxima dessa versão de Deus terá alcançado um grau de desprendimento, ou seja, a capacidade de ficar fora de si mesma. O desprendimento é desapego, porém não indiferença. As pessoas que estiveram perto da morte na guerra ou em um acidente de carro falam da calma repentina que as invade. Independentemente da ação violenta ao redor delas, elas se sentem separadas, como se estivessem contemplando a cena de outro lugar, a partir do qual tudo está sendo providenciado; não existe resistência a nenhum evento externo.

A espiritualidade torna-se muito mais exeqüível no quarto estágio, porque pela primeira vez nos mostramos dispostos a deixar a vida dirigir a si mesma. A ânsia desesperada de estar no controle é praticamente inexistente. Como somos uma testemunha, nossa participação nos assuntos do dia-a-dia deixa de ser extrema. O ganho e a perda não são opostos; desempenham um papel em um plano maior. Começamos a enxergar a verdadeira possibilidade de alinhar nossa vontade à vontade de Deus. Neste estágio, a guerra parece estranha e inútil. Ela só pode surgir da ignorância, de modo que nos posicionamos para tentar acabar com essa ignorância.

A limitação do quarto estágio é que nele uma solução comum para a guerra e a violência não é encontrada. Por mais que a desejemos, o fato de estarmos separados das outras pessoas as torna mais inacessíveis, além de não mais se relacionarem bem conosco. Parecemos não estar interessados nas ambições delas. Não participamos das preocupações delas. Constatamos que o discernimento não é suficiente para modificar o mundo.

Quinto Estágio: Criatividade, Descoberta, Inovação

O Deus deste estágio é um criador absoluto e governa um mundo que deseja reinventar a si mesmo. A nostalgia de um Jardim do Éden perdido chegou ao fim, pois os seres humanos sentem-se suficientemente fortes para moldar um mundo que expressará os impulsos criativos deles. Este é um estágio de poder novo que encerra uma quantidade tão grande de energia e vitalidade, que o desapego pode ser bem aproveitado como uma proteção contra as distrações externas.

No quinto estágio, a hierarquia emaranhada é dominada pelos seguintes elementos:

criatividade
arte e ciência
exploração
rebeldia
exigência de liberdade
concentração
surtos de inspiração

energia ilimitada
intolerância com relação a limites
antiautoridade

Todas essas palavras se aplicam aos precursores da história da humanidade, de Galileu a Einstein. Eles são os exploradores da consciência e não toleram ser confinados. O Deus deste estágio se parece com eles, porém em uma escala infinita. Em vez de criar o mundo e relaxar *in absentia*, Deus está constantemente criando; a gênese é um eterno processo que tem lugar em infinitas dimensões.

Neste estágio, os líderes são exemplos de humanidade. O tempo e o lugar desmoronam. Um Newton ou um Mozart serve de inspiração a gerações através dos séculos, desconsiderando as fronteiras nacionais. Os verdadeiros criadores são tão poderosos que os políticos, com a sua luta de foice de interesses conflitantes, não conseguem contê-los. Napoleão proclamou a si mesmo membro desse nível e passou todas as horas em que esteve acordado reconstruindo a França à sua imagem, do sistema jurídico aos botões dos casacos dos soldados, dos monumentos públicos ao sabor da comida e à moda. Esse período inigualável terminou quando ele se tornou um monstro do ego e destruiu a si mesmo. Ao querer que tudo no mundo fosse estampado com o seu nome, perdeu a conexão criativa que durante duas décadas o fizera parecer sobre-humano. (Napoleão acabou se tornando um homem muito comum, passando longas horas sentado na banheira em Santa Helena, ditando memórias de uma glória esquecida. Ele próprio estava consciente de que a conexão criativa tinha se rompido para sempre.)

No quinto estágio, a tática impraticável é que um mundo novo não pode ser inventado por nenhuma pessoa, por mais inspirada que ela seja. Os grandes artistas vivem em uma fantasia de criatividade totalmente desimpedida, mas o poder deles termina em uma folha de papel ou em um tela. Por outro lado, a inspiração é uma força poderosa, e, nos momentos em que estamos na presença das grandes criações de um gênio, sentimo-nos elevados a um novo nível de verdade.

Dois outros problemas ainda limitam o quinto estágio: a anarquia e o isolamento. Os criadores odeiam a restrição e desprezam a autoridade (basta lermos as intermináveis queixas de Michelangelo sobre o papa Júlio; a idéia de submeter-se até mesmo à suprema autoridade da Igreja era para ele quase uma impossibilidade emocional). No entanto, um mundo de criatividade irrestrita seria uma absoluta anarquia. Os grandes criadores acabam vivendo isolados, incapazes de mudar o mundo e ao mesmo tempo incapazes de se mesclar com ele. Deus neste estágio é um criador tão puro que está quase além da compreensão humana. Ele não consegue transformar a humanidade à Sua imagem enquanto ainda permite a existência da fragilidade humana.

Sexto Estágio: Visão, Compaixão, Amor

O Deus deste estágio ama todos os aspectos da humanidade e governa um mundo que se entrega a Ele mesmo quando isso não é solicitado. O poder torna-se o oposto do que era. Deixando de se agarrar a qualquer tipo de ameaça, ele procede do amor, sem nada pedir, mas ao mesmo tempo inspirando uma completa devoção. A pessoa neste estágio tornou-se visionária. Não mais cuida de si mesma como um indivíduo. Todos os seus pensamentos e ações são uma expressão de amor pela humanidade. Os rótulos do bem e do mal estão quase extintos. Cada criatura viva é aceita no abraço da compaixão.

No sexto estágio, a hierarquia emaranhada é dominada pelos seguintes elementos:

visão
compaixão
milagres
completa transformação
fim da personalidade
voltada para o futuro
morte do ego
entrega

O Deus do sexto estágio praticamente não está ligado ao tempo e ao espaço. Ele inspira os visionários que vivem para a transformação que um dia trará o céu para a Terra. Em vez de se interessarem pelos eventos do cotidiano, os visionários têm a faculdade da segunda atenção: são capazes de ver a aproximação de uma humanidade transformada. Buda e Jesus, Sócrates e Lao-Tsé, Maomé e Confúcio erguem-se no limiar entre o tempo e o intemporal. Convertem a existência eterna em uma possibilidade humana.

Esse limiar é um lugar mágico, porque nele as leis duras da matéria e da energia são suavizadas. Os visionários conseguem fazer milagres. Alteram a realidade e nesse sentido são como metacriadores. Sem utilizar substâncias físicas, a influência deles faz com que o futuro se modifique através de métodos invisíveis. Adoro uma frase que ouvi anos atrás: *Essas são as pessoas que precipitam a realidade na Terra.*

Neste estágio, Deus é pura bênção, pura graça. A luz Dele responde às orações impregnando a realidade grosseira com uma divina presença. Podemos sentir isso nos locais muito sagrados. Existem sempre comunidades espirituais nesses lugares, pois as pessoas que conseguem sentir essa fragrância de divindade desejam ficar perto dela o máximo possível. Neste estágio, os venerados mestres da humanidade tornam-se santos, veículos puros para a graça de Deus.

A vida no sexto estágio não encerra dualidade. O problema do julgamento desapareceu. Ninguém é visto como mau ou inaceitável. Nenhum evento é extrínseco ao objetivo de Deus. Os piores aspectos da vida humana são abençoados para que possam ser transformados. Existe um vestígio de luta deixado na guerra para as almas humanas, mas trata-se apenas de um símbolo oriundo de uma perspectiva inferior. A luz não trava a guerra. Ela permeia toda a criação e espera ser notada com infinita paciência. Ainda existe à frente mais um estágio de evolução, porque a esfera da eternidade ainda acena. Essa esfera está além da mudança e da transformação e não reconhece nenhuma distinção entre o passado, o presente e o futuro.

Sétimo Estágio: Unidade, Existência, Eternidade

NESTE ESTÁGIO final de evolução, Deus perde todas as qualidades. Ele não está mais aqui ou acolá, dentro ou fora, perto ou longe. Ele tornou-se a existência pura. O único atributo Dele é expresso na voz que vem da sarça que ardia em chamas, mas não se consumia, que disse a Moisés: *Eu sou aquele que sou.* O mundo que esse Deus governa está completamente unificado. Todas as diferenças desapareceram. O buscador chegou à origem e não ao fim ou ao início.

A hierarquia emaranhada também desapareceu no sétimo estágio. Este estado final está além das palavras e é mais bem descrito pela ausência de qualidades:

incriado
imortal
ilimitado
intemporal
além dos opostos
além dos pensamentos
inconcebível

Isso nos deixa com um adjetivo supremo. O sétimo estágio é *real.* A pessoa que chegou tão longe está desprovida de todas as ilusões. Ela só experimenta o que é eternamente verdadeiro. Não posso fingir apresentar uma imagem deste estágio sob o aspecto de como deve ser estar nele. Nem mesmo tenho certeza de quem já o habitou, considerando-se que os mais antigos documentos espirituais, como o *Rig Veda,* não possuem um autor. As fontes desses documentos primordiais receberam nomes como Vyassa e Vashistha, mas as suas verdadeiras identidades foram levadas pelo fluxo da história.

No entanto, o estado da unidade não é mítico. Ele jaz na essência de todas as tradições espirituais. E é mencionado sempre que um grande mestre é pressionado para responder à pergunta *Quem sou eu?* Seis diferentes respostas podem ser dadas a essa pergunta, que se encaixam em cada um dos principais estágios de consciência. Mas finalmente a curiosidade, mesclada com um quê de assombro e admiração, quer saber a resposta *real,* que é "Você é Aquilo", a essência pura incriada da qual emana toda a criação. "Aquilo" é o barro que Deus usa para criar todas as coisas.

Antes de haver luz ou trevas existe Aquilo; antes de haver o bem e o mal existe Aquilo. A dualidade emana dele como uma estátua que nasce do barro cru; a dualidade é novamente tragada como uma estátua que volta a se fundir com o barro cru.

Tendo em mãos essa representação completa da evolução da consciência, podemos definir exatamente o que é a guerra e de que maneira Deus se relaciona com ela.

ENTENDENDO DEUS E A GUERRA

Primeiro Estágio. A guerra é uma luta nascida do medo. Deus incentiva a luta e toma partido.

Segundo Estágio. A guerra é uma competição em torno de terras, dinheiro e poder. Deus está do lado do vencedor.

Terceiro Estágio. A guerra é uma luta para alcançar a paz. Deus é o campeão da paz.

Quarto Estágio. A guerra é o trabalho que se destina a distinguir a harmonia nas diferenças. Deus inclui tudo na harmonia.

Quinto Estágio. A guerra é o esforço inspirado de transcender a limitação para criar um novo mundo. Deus é o progenitor de todos os novos mundos.

Sexto Estágio. A guerra é o último vestígio do bem *versus* o mal. Deus é uma visão do céu recuperada.

Sétimo Estágio. A guerra não existe. Deus vive em cada momento da existência.

Essa lista nos diz que, na hierarquia emaranhada, ninguém estava errado na sua concepção de Deus, mas ninguém tampouco estava completamente certo. Todos vivemos dentro dos sete estágios de consciência. Quando um deles nos atrai e domina a mente, não bloqueia a sensação que temos dos outros. O sofredor obnubilado pelo medo também pode experimentar momentos da existência nos quais é totalmente abraçado pelo mais elevado estado de unidade. No nível da alma, todos temos esse conhecimento a respeito de nós mesmos. Com a visão mais ampla, podemos ter paciência com as múltiplas faces da guerra e as inúmeras faces de Deus. O que importa é a jornada eterna da transformação. Nessa estrada, ninguém jamais está em guerra com outra pessoa.

A METAFÍSICA DO TERROR

OUTRA PESSOA FOI DECAPITADA HOJE. Um civil americano chamado Eugene Armstrong, um homem de meia-idade, de cabelo ralo e barba grisalha aparada, estava sentado no chão com os olhos vendados enquanto os seus torturadores mascarados falavam para uma câmera. O hábito de gravar em vídeo essas decapitações para depois exibi-las na internet parece ter se transformado hoje em um ritual. Armstrong foi seqüestrado na semana passada na sua casa, na área central de Bagdá, e é um entre dois americanos e um inglês a caírem nas mãos de um grupo jihadista. Dessa vez, o grupo está exigindo a liberação de mulheres iraquianas que estão sendo mantidas em prisões administradas por americanos. O exército dos Estados Unidos afirma que essas mulheres não existem, que só há dois civis detidos em outro lugar por serem suspeitos de terem participado do programa de armas biológicas de Saddam Hussein. Ninguém disse se essas duas mulheres, que os americanos apelidaram de doutora Micróbio e sra. Antraz, serão libertadas. Se isso não acontecer, os terroristas garantem que vão executar amanhã os outros dois reféns.

A sala na qual Armstrong se encontrava estava coberta de fotos de pessoas detidas nos campos de prisioneiros de Guantanamo Bay, em Cuba. A mensagem dos homens mascarados para a câmera é uma diatribe contra os Estados Unidos. Depois de concluída, a tarefa é repulsiva demais para ser contemplada. Com extrema crueldade, Armstrong foi decapitado com uma faca e o seu corpo jogado nas ruas para ser recuperado e identificado.

A minha intenção ao descrever essa cena não é sádica, pois não assisti ao vídeo. O meu objetivo é apenas colocar você o mais perto possível do horror negro que esses atos criam. E têm a intenção de criar. O presidente Bush jurou que os terroristas não vergarão a vontade dos Estados Unidos, como ele o fez quando essa série de decapitações teve início há dois anos no Paquistão, onde foi decapitado o jornalista americano Daniel Pearl. Bush rotulou os terroristas de ideólogos do ódio. Como todas as ideologias, o terror baseia-se no seu próprio sistema de crenças. Os princípios desse sistema impressionam as pessoas pacíficas como sendo inacreditavelmente cruéis.

O assassinato é uma ferramenta política viável.

O terror representa a única maneira de despertar a consciência do mundo para a injustiça generalizada.

É crucial visar os civis, porque a morte deles gera um terror máximo.

O terror é a única coisa que chama a atenção dos governos.

No caos criado pelo terror, as pessoas oprimidas podem tomar o poder e impor um fim ao seu sofrimento.

É problemático explicar o sistema de crenças da al-Qaeda e dos outros grupos terroristas, porque de certa maneira chamar esses princípios de resultado de um pensamento refletido confere a eles uma importância excessiva. O terrorismo opera fora da moralidade; não possui leis nem regras. Desobedece a todos os instintos de tolerância e usa o intelecto para justificar algo que não pode ser justificado. As regras que estão sendo violadas são aquelas que mantêm coesas a sociedade civil.

O assassinato é um crime e o assassinato de pessoas inocentes é o crime supremo.

O caos é inimigo da felicidade e não alcança nada.

A crueldade é intolerável para uma sociedade disciplinada que vive sob o domínio da lei.

Tentar acabar com o sofrimento criando um tipo diferente de sofrimento é imoral.

Para proteger essas regras, os Estados Unidos tornaram-se o inimigo declarado do terrorismo. Para muitas pessoas, questionar esse compromisso é em si imoral. Mas cada um de nós precisa enfrentar a nova ideologia dos jihadistas e outras semelhantes, porque todos os indícios apontam para o terror sem pátria como a maior ameaça do novo século. O caminho da paz não pode desconsiderar a existência do extremismo e da sua crueldade humana como uma força política. O poder do amor precisa encontrar uma maneira de sobrepujar o seu oposto, quer rotulemos esse oposto de ódio, mal ou medo.

Creio que o choque entre o terrorismo e o amor é o conflito crucial com o qual nos defrontamos hoje. Para muitos, essa declaração em si dará a impressão de ser uma admissão de derrota. O amor é terno, doce, vulnerável, feminino, dócil, indulgente e não-violento. O terrorismo é duro, implacável, brutal, masculino, agressivo e intolerante. (Estou usando o masculino e o feminino para descrever um etos, compreendendo, é claro, que os homens podem amar e as mulheres podem praticar atos terroristas.) No aspecto físico, o terrorismo pareceria tão forte que combatê-lo com uma idêntica violência, intolerância e determinação implacável é a única escolha lúcida. O amor pode deter uma pessoa que vai detonar uma bomba suicida? O amor pode impedir uma decapitação? Se a resposta for não, o amor não pode ser a resposta a um jihadista determinado a morrer levando com ele para o além o maior número possível de civis.

No entanto, o caminho da paz nos diz que os indícios físicos são enganadores. O poder pode ser encontrado em níveis mais profundos do que o físico. A ideologia dos jihadista é instável e desesperada. Ela não pode tomar o verdadeiro poder no planeta, o qual é proveniente das esperanças e aspirações das pessoas. O amor está do lado certo; é amparado pela alma e pela expansão da consciência em toda parte. Enfrentar os terroristas é basicamente uma ação policial. Não obstante, a polícia só é eficaz quando o criminoso prefere desistir do seu intento a morrer. O ultimato policial clássico – *Saia com as mãos para cima ou vamos atirar* – é inútil contra alguém cuja motivação é a morte. Dessa maneira, a tática terrorista entrou em uma nova fase, semelhante à dos camicases que sobrevoavam o Pacífico na Segunda Guerra Mundial, à qual as regras comuns não se aplicam e as soluções ordinárias não funcionam.

Existe uma máxima espiritual que diz que a escuridão surge para encontrar a luz, o que significa que cada passo à frente dado pela consciência atrai o seu oposto. Não temos os inimigos que merecemos, e sim aqueles que são obrigados a aparecer quando a luz brilha com mais força, como os insetos daninhos que saem correndo debaixo de uma pedra quando a viramos de cabeça para baixo. Antes, quando a pedra estava na posição normal, não conseguíamos vê-los, mas, depois que ficaram expostos, podemos lidar com eles. A analogia termina aqui, porque o negrume exposto pelo terrorismo não acabará se o exterminarmos. A luz é benéfica; a sua tarefa é conduzir cada pessoa a um estado mais evoluído.

O poder da evolução nunca se encontra do lado do ódio, de modo que se esperamos evoluir além do implacável espectro do terrorismo, precisamos enfrentar as poderosas reações que o terror inspira, que são basicamente duas:

Essas pessoas correspondem ao mal, provavelmente ao mal absoluto.
Os horrores que elas cometem me fazem ter vontade de matá-las.

Quanto mais cruéis os atos terroristas, mais fácil é acreditar que os membros da al-Qaeda são bestiais, de modo que fiquei especialmente abalado quando li a história de Ayman al-Zawahri, que freqüentemente é chamado de braço direito de bin Laden, o seu especialista e verdadeiro autor de quase todos os ataques terroristas no Oriente Médio. Tive a primeira surpresa ao saber que Al-Zawahri é cirurgião oftalmologista e vem de uma importante família de médicos e acadêmicos do Cairo; até morrer, em 1995, o seu pai foi professor de farmacologia.

Al-Zawahri poderia ter se contentado com uma vida fácil repleta de privilégios, mas aos 15 anos foi preso pela prática de atividades ilegais baseadas no seu entusiasmo pelo fundamentalismo. Ele ingressara na Fraternidade Muçulmana, um antigo grupo fundamentalista consagrado. Nos anos seguintes, enquanto cursava a escola de medicina, e mesmo depois, Al-Zawahri continuou a criar distúrbios e gradualmente foi se tornando mais radical. De que maneira uma mente boa se distorce? A opressão por parte das autoridades existentes desempenha um papel nesse processo. A simpatia por um credo que o estado deseja reprimir e pelas pessoas pobres que compõem a maior parte do contigente de seguidores fundamentalistas também é um componente fundamental. A pobreza e a política formam uma combinação explosiva.

Através desse homem, consigo colocar um rosto no terror, embora eu só consiga seguir a mente dele até certo ponto. Al-Zawahri pode ser um psicopata. Ele provavelmente planejou os atentados de 11 de Setembro. Certamente assinou o abominável *fatwah* de bin Laden em 1998 que preconizou os ataques aos turistas ocidentais. Podemos vê-lo em videoteipes indistintos gravados no retiro de bin Laden, situado em algum lugar nas montanhas do Paquistão ou do Afeganistão, jurando vingança contra os Estados Unidos. No entanto, ele também participou, como médico, de uma missão misericordiosa destinada a ajudar os muçulmanos que lutavam pela liberdade na sua resistência à Rússia na guerra do Afeganistão, ao mesmo tempo em que bin Laden usava a sua fortuna de forma humanitária nesse mesmo esforço.

A tradição de intelectos brilhantes se voltarem para o terrorismo é longa. Stálin e Trotski controlaram um país inteiro dessa maneira. A fundação de Israel está profundamente emaranhada com a tática terrorista do grupo sionista clandestino conhecido como Irgun. (O ataque deles em 1946 ao quartel-general das forças armadas britânicas no King David Hotel, em Jerusalém, foi um elemento fundamental no trauma de nascimento do futuro Estado de Israel.) A história determina quem será difamando como assassino brutal e quem será exaltado como defensor da liberdade. Yasser Arafat e outros terroristas do passado e do presente denominam-se defensores da paz, mas no final eles talvez venham a ser rotulados de criminosos.

Mas quando contemplo o rosto de Al-Zawahri com os óculos de lentes grossas de erudito emoldurando uma expressão que poderia ser interpretada como totalmente determinada e cruel, sei que a imagem que ele faz de si mesmo não é a de um homem perverso. Ele é um ideólogo cuja mente analítica o levou a acreditar que, quando temos uma superpotência como inimigo, quando a terra natal dos árabes é governada por ditadores e famílias reais corruptos, quando a estrutura dos valores tradicionais está prestes a desmoronar através da pobreza e da injustiça social predominantes, a única alternativa é o terrorismo. Este se torna ao mesmo tempo remédio e vício, uma desculpa para acabar com a injustiça que nos conduz às alturas da emoção da rebelião.

Ao contrário do que ouvimos, o verdadeiro inimigo da paz não é o mal e sim o caos. No estado caótico que o terrorismo deseja criar, a sociedade desmorona. O caos não é sinônimo do mal. Ele afeta as pessoas de maneiras impossíveis de serem previstas. Quando Bagdá caiu e o exército de Saddham Hussein desapareceu da noite para o dia, o povo saqueou tudo que estava à vista, não apenas nos palácios e quartéis-generais do partido Baath como também em cada escola e universidade. Os doentes mentais foram jogados para fora das camas para que estas pudessem ser roubadas, junto com todos os medicamentos e suprimentos. Nos tumultos raciais de 1996 em Los Angeles, as comunidades negras foram saqueadas e incendiadas pelos próprios residentes. O caos é irracional. Os saqueadores iraquianos estavam prejudicando a si mesmos tanto quantos os desordeiros de Los Angeles. (Em conseqüência dos tumultos, muitos bancos e outros estabelecimentos comerciais recusaram-se a voltar a funcionar.)

Em uma escala bem mais grandiosa, a descida da Rússia para o caos depois da dissolução da União Soviética foi mais surpreendente. A máfia russa começou a florescer na presença do capitalismo, conseguindo tudo que queria por meio da intimidação e da força. Os oligarcas impiedosos ganharam milhões com operações de mineração e empresas de serviço público anteriormente de propriedade do governo, remetendo o dinheiro para contas correntes em bancos suíços. Já os cidadãos comuns recusaram-se, em sua maior parte, a pagar qualquer forma de imposto de renda, deixando o tesouro com uma base tributável equivalente a dez por cento do que deveria ser. O presidente Putin anunciou em 2002 que se o país apertasse o cinto e fizesse um esforço gigantesco para se recuperar, daí a uma década a Rússia talvez conseguisse atingir o mesmo padrão de vida de Portugal, o país mais pobre da OTAN.

Tudo que acabo de descrever nos mostra que qualquer pessoa pode tornar-se vítima do caos e, em decorrência disso, descambar em um comportamento autodestrutivo. O *mal* não é um termo que se aplique a este caso. Por mais difícil que seja acreditar, os terroristas não vêem a si mesmos como nocivos. Eles se vêem como revolucionários e, mais do que isso, como idealistas desejosos de fazer enormes sacrifícios a fim de criar um mundo melhor.

Para os olhos ocidentais, o regime do Talibã no Afeganistão era intoleravelmente cruel e fanático. Mulheres suspeitas de adultério eram rotineiramente apedrejadas ou executadas no estádio público de futebol de Kabul. As mulheres não podiam trabalhar; antigas executivas da estação de rádio do governo se viram, da noite para o dia, reduzidas à condição de pedintes e prostitutas. Nenhuma mulher podia receber cuidados médicos, nem mesmo na hora do parto, e também nenhuma forma de educação. No entanto, no mundo árabe, o Afeganistão dominado pelo Talibã era considerado um paraíso islâmico.

O mal teve aqui um monstruoso renascimento? Terá o verniz ralo da civilização sido arrancado, possibilitando que a força do barbarismo tivesse rédea larga? Você pode achar que qualquer uma dessas coisas é verdade, mas o que me impressiona é o fato de os membros do Talibã considerarem seus objetivos virtuosos e até mesmo utópicos. O principal efeito da ideologia é criar esse tipo de falso sentimento do eu.

Na década de 1930, durante os execráveis julgamentos de fachada realizados durante o governo de Stálin, centenas de pessoas instruídas, entre as quais artistas e intelectuais de renome, confessaram publicamente seus pecados contra o caminho verdadeiro do comunismo. Apesar de inocentes das acusações loucamente forjadas, uma combinação de medo e lavagem cerebral ideológica motivou essas pessoas a caminharem voluntariamente para a própria ruína, pois essa confissão não salvou a vida delas. Agora, purificadas dos seus pecados, eram enviadas para o Gulag ou para a execução. O Estado soviético era um arquiinimigo da religião, mas mesmo assim conseguiu reproduzir o surrealismo da Inquisição espanhola, época em que os hereges eram queimados na fogueira, mas eram estrangulados primeiro, em um ato de misericórdia, quando confessavam os pecados. Depois do caos, portanto, o maior inimigo da paz é a ideologia, porque nas garras dela até mesmo pessoas civilizadas se convencem a abandonar a sua condição humana.

A ideologia é especialmente traiçoeira porque oferece o oposto do que promete. Para qualquer mente equilibrada, o paraíso islâmico no Afeganistão era tão desolado quanto o paraíso dos trabalhadores na era de Stálin ou o paraíso maoísta na China. O que torna a nossa época peculiar é o fato de que os principais adversários do Islã surgiram de um tipo rival de ideologia. Para muitos fundamentalistas cristãos, a guerra contra o terrorismo é uma guerra santa. Em 2003, um general três estrelas chamado William Boykin viu-se condenado em todo o mundo árabe como sendo intolerante devido a um discurso que proferiu na igreja.

Boykin, um fundamentalista dedicado, sente-se irrepreensível pelos comentários que fez durante um sermão que proferiu sobre o tema da fé em Deus de um soldado. Ele estivera recordando as suas experiências na malfadada invasão da Somália dez anos antes, em 1993, quando a missão declarada dos Estados Unidos era derrubar déspotas corruptos que empregassem a violência para governar um Estado de fome e caos absoluto. Quando um seguidor de certo déspota disse a Boykin, com despeito, que seria protegido por Alá, Boykin deu a seguinte resposta: "Eu sabia que o meu Deus era maior do que o dele. Eu sabia que o meu Deus era verdadeiro e que o dele era um ídolo."

No furor que se seguiu a esses comentários, Boykin foi retratado como um fanático antimuçulmano. Ele tentou recuar, explicando que o ídolo a que estava se referindo era a versão distorcida de Alá do seu inimigo e não o verdadeiro Alá. Mas fiquei impressionado com a concepção do general sobre a guerra na Somália, que ele considerava um empreendimento que não era desta terra. "Deus me mostrou que o inimigo não era o inimigo que eu podia ver, e sim que o inimigo encontra-se na esfera espiritual." Por mais veementemente que ele quisesse resistir à comparação, essa é exatamente a atitude que une o fundamentalismo cristão e o islâmico: ambos encaram a guerra atual contra o terrorismo como sobrenatural, uma batalha de almas. E nessa batalha existem todas as razões para não mostrar misericórdia. Como declarou o general Boykin: "O inimigo é um inimigo espiritual. Ele reina no principado das trevas. Ele é um cara chamado Satã."

Nós nos acostumamos aos jihadistas que se referem aos Estados Unidos como o grande Satã, mas ouvir a mesma retórica no sentido contrário é profundamente perturbador. A decapitação de um inocente cidadão americano é uma crueldade bárbara executada em nome de Deus. Estremecemos horrorizados, embora não consigamos sentir o mesmo horror nem chorar tanto diante das crianças iraquianas destroçadas pelos estilhaços das bombas de fragmentação americanas. Se dermos mais um passo e dissermos que as mortes que infligimos são parte do plano de Deus, estamos fadados a descer ao mesmo mundo irreal dos jihadistas.

A nossa versão desse mundo infernal é provida de ar-condicionado e de centenas de canais a cabo, mas essas diferenças cosméticas não nos salvarão. No ano passado, fui convidado a travar conhecimento com um rico comerciante de petróleo que marcou um encontro comigo em um dispendioso *country club*. Ele me recebeu calorosamente, declarando admirar-me e desejoso de que eu me aliasse à equipe de Bush. Ele fazia parte do círculo mais interno do poder político no momento, disse-me ele. Começamos uma partida de golfe e, quando ele se sentiu à vontade, disse:

– É claro que vamos precisar que você nos mostre que aceita Jesus Cristo como o seu senhor e salvador pessoal.

Tentei não parecer surpreso e disse a ele que eu venerava Jesus Cristo como uma alma iluminada e um grande mestre (o que não foi uma mera delicadeza da parte de uma pessoa que quando criança, na Índia, freqüentou escolas administradas por cristãos e foi profundamente influenciada pela leitura do Novo Testamento). No entanto, a minha resposta não foi boa o suficiente. Ele esperou alguns momentos, enquanto cada um lançava a bola no gramado, e então disse:

– Mas você precisa enxergar a realidade mais ampla. Esses muçulmanos são malignos e temos que exterminar cada um deles.

A influência oculta da ideologia é particularmente perturbadora porque o fanatismo aprendeu a vestir terno e contratar delicados redatores de discursos. No entanto, a intolerância subjacente é igualmente evidente. Como o general Boykin, o comerciante de petróleo se defenderia violentamente da acusação de fanatismo. Boykin, na sua cabeça, estava dizendo uma verdade simples e sincera quando opinou a respeito do resultado da rancorosa eleição presidencial de 2000. "Por que esse homem [Bush] está na Casa Branca? A maioria dos americanos não votou nele. Ele está na Casa Branca porque Deus o colocou lá em uma época como esta."

Então, exatamente, que época é esta?

Para o jihadista, é uma época em que a verdadeira fé precisa ser salva da ameaça do infiel. O Ocidente corrupto poluiu e traiu os princípios do Islã. Roubou os locais mais sagrados do Islã e apoiou Israel no intolerável controle de Jerusalém. O modernismo espalha a sua influência secular, sufocando as ordens de Deus. Se essas ordens continuarem a ser desobedecidas, muçulmanos inocentes irão parar no inferno. Deus tem conhecimento desse fato e armou os Seus verdadeiros filhos e filhas para que possam alcançar o Paraíso por meio do martírio.

Para o fervoroso cristão evangélico, é o Fim dos Tempos, o tumulto que precede os sinais de um grande drama apocalíptico. A recompensa é cósmica, porque logo veremos a ascensão do Anticristo no Oriente Médio. Uma luta mortal se seguirá, guiada nos bastidores por Satã e Cristo. Milhares estão destinados a morrer, mas, no Julgamento Final, Deus encontrará os Seus, que ressuscitarão nos seus corpos para se unir a Cristo no céu.

Essa é uma crença fantástica, sobrenatural. Quero dizer, fantástica, a não ser que a sua consciência tenha sido moldada por ela.

Muitas explicações foram apresentadas para explicar o motivo pelo qual o pensamento apocalíptico revelou-se tão sedutor no momento. O modernismo é acusado de impelir as pessoas além da sua zona de conforto. Quando a comunicação de massa nos ataca com uma enxurrada de imagens violentas, a ameaça entra em sobrecarga. Ansiamos por escapar para um mundo separado, como Deus prometeu. Os detalhes da vida ordinária assustam os fundamentalistas. O caos diário nos engarrafamentos das estradas. Americanos que mudam, agitados, de cidade em cidade, em vez de se fixar em uma comunidade. No nível global, isso se traduz em um número sem precedentes de refugiados e desabrigados no mundo. Enfrentamos a superpopulação e a insuportável aglomeração das cidades poluídas. Existe também a incerteza econômica, o repentino excedente de rapazes desempregados e descontentes no Oriente Médio (em alguns países árabes, a maioria da população tem menos de 18 anos) e muitas outras coisas.

Antigos ressentimentos religiosos voltam a se incendiar, a propagação do evangelismo e, de uma forma mais sutil, o afastamento de muitas pessoas instruídas, de classe média, das religiões em que foram criadas.

Quando examinamos individualmente essas razões, nenhuma delas parece de fato ser a explicação que estamos buscando. Elas parecem itens do relatório de um órgão de pesquisa ou do departamento de sociologia de uma universidade. No entanto, *alguma coisa* aconteceu. Eu sinto isso e estou certo de que você também sente. Independentemente das causas, estamos todos enredados nessa mudança. Somente se compreendermos esse fato poderemos escapar do reflexo automático que nos faz pensar: *Essas pessoas são malignas!* e *Elas fazem com que eu tenha vontade de matá-las.* A empatia é a sua própria recompensa. Se conseguir se ver no mesmo contexto daqueles que o ameaçam, você abrirá um caminho para a razão e para a constante diminuição do medo.

O extremismo possui raízes humanas. Em 1961, Israel colocou em julgamento "o homem na cabine de vidro",* o notório nazista Adolf Eichmann. Os julgamentos de Nuremberg da era do pós-guerra há muito tinham terminado, mas alguns conhecidos nazistas tinham conseguido não ser capturados. Eichmann estava entre os mais importantes desse último grupo. Ele foi localizado na Argentina e seqüestrado pelo serviço secreto de Israel como parte de uma campanha destinada a levar a julgamento todas as pessoas que haviam cometido crimes contra a humanidade.

---

* Os israelenses construíram uma cabine de vidro à prova de balas para proteger Eichmann. Essa cabine tornou-se o símbolo mais duradouro do julgamento. As autoridades não queriam correr nenhum risco com relação à segurança do seu notório suspeito. (N. da T.)

Não há dúvida de que os crimes de Eichmann foram monstruosos, mas o homem em si era insípido e comum. Ele deu origem à frase *a banalidade do mal*, que não quer dizer que as ações de Eichmann tenham sido banais, e sim que os atos malignos procedem de circunstâncias cotidianas. Nesse caso, o mundo se viu diante do mistério de como um vendedor ambulante desempregado foi transformado em um tenente-coronel da SS e colocado no comando dos extermínios em massa de Hitler, no cargo de chefe do departamento judeu da Gestapo.

Como a ascensão do terrorismo nos coloca diante desse mesmo mistério, gostaria de explorar os detalhes da história de Eichmann. Ele nasceu em uma família alemã de classe média, mas teve o azar de ser menos bem-sucedido do que o pai. Este último era dono de uma pequena companhia de mineração, mas Adolf acabou sendo um trabalhador comum. Durante algum tempo, trabalhou no negócio da família, mas depois saiu de casa e tornou-se um vendedor ambulante de materiais elétricos. Em 1932, com quase trinta anos, ingressou no Partido Nazista austríaco e era um dos inúmeros jovens insatisfeitos com a Primeira Guerra Mundial e lançados no caos econômico pela Depressão. Esses homens estavam ansiosos para encontrar um bode expiatório para o seu sentimento de impotência e raiva; Hitler lhes ofereceu o expediente perfeito.

Tendo perdido o emprego de vendedor, Eichmann recebeu dos nazistas um ano de treinamento militar no período de 1933 a 1934, mas permaneceu depois no partido como burocrata. Ele tinha talento para a atividade administrativa e a organização, habilidades valorizadas até mesmo por um regime terrorista. Foi designado para o departamento de segurança de Himmler e tornou-se especialista em assuntos judaicos. Eichmann chegou ao ponto de ter um conhecimento superficial de hebraico e iídiche; visitou a Palestina em 1937, quando os nazistas estavam pensando na possibilidade de deportar os judeus para a sua terra natal sionista. (Abraham Lincoln também flertou com a idéia de devolver os escravos negros para a África, embora em ambos os casos a história tenha dado uma guinada mais violenta.)

No início, Eichmann era um mero funcionário que controlava as autorizações que os judeus precisavam quando queriam sair da Áustria e da Checoslováquia. Depois a situação ficou mais severa e ele se tornou a autoridade que supervisionava a "emigração forçada", a política que tirou de suas casas 150 mil judeus que não quiseram emigrar. Quando a Solução Final começou a ser implementada, essa política se transformou em evacuação forçada e as habilidades burocráticas de Eichmann evoluíram para a perversidade madura de recolher, processar e transportar milhões de judeus para os campos de concentração. A ascensão de Eichmann foi rápida; em 1939, quatro anos depois de ter sido designado para trabalhar com Himmler, ele já era um completo assassino em massa. Ajudou pessoalmente a desenvolver as técnicas de envenenamento com gás que tornaram o genocídio eficiente, e testemunhas recordam cenas nas quais ele se sentava à janela espiando as câmaras de gás para ter certeza de que a morte estava sendo administrada o mais rápido possível ao maior número de vítimas.

O fato de isso envolver a observação de mulheres e crianças que gritavam empilhando-se umas sobre as outras no esforço desesperado de escapar do gás não comovia Eichmann, embora sem dúvida o rosto delas tenha ficado bem perto do dele do outro lado da janela. À semelhança do que acontece hoje em dia com os terroristas, Eichmann estava protegido pela ideologia. Para ele, essa era realmente uma solução para deploráveis danos sociais. A missão do Reich de purificar a raça era sagrada. Eichmann nunca poderia aceitar o rótulo de monstro que o resto do mundo anexou a ele (os registros dos julgamentos de quase todos os criminosos de guerra nazistas praticamente não revelam nenhuma admissão de culpa e remorso). Eichmann chegou ao ponto de declarar que ele, pessoalmente, não era anti-semita; o seu fervor era pela eficiência e a organização. Nunca reclamou das privações que os seus trabalhadores passavam nos campos de concentrações ou das suas próprias dificuldades. Ele se queixava principalmente de que a cota de remessas humanas não estava sendo atingida.

A descaracterização de Eichmann salvou a sua vida durante algum tempo. Por não ter sido destacado quando foi capturado no fim da guerra, conseguiu escapar de um campo americano de prisioneiros em 1946. Viveu os 14 anos seguintes com uma identidade falsa até que agentes secretos israelenses o descobriram em um subúrbio nas imediações de Buenos Aires. O seu julgamento, que teve lugar no final da primavera e no verão de 1961, resultou na sentença de morte, que foi cumprida por enforcamento em 1º de junho de 1962. O corpo de Eichmann foi cremado e as suas cinzas espalhadas no mar em águas internacionais.

A vida desse homem exemplifica muitas das forças a que nos referimos: o caos econômico e social abalou a sua vida. Uma ideologia atraiu a sua lealdade e o deixou cego diante da realidade. Ele caiu sob o controle de um pensamento sobrenatural e apocalíptico que prometia uma utopia através da violência. Outros fatores poderosos também contribuíram (e são predominantes hoje), como a ascensão de um líder carismático, o ódio a um inimigo comum, o apelo à unidade racial e a humilhação do orgulho masculino. No entanto, explicar como uma pessoa comum se transforma em um monstro não é tão simples. Ou será que é? Há quarenta anos, uma famosa experiência foi realizada em Yale pelo psicólogo Stanley Millgram. Voluntários entraram em uma sala e foram informados de que estavam participando de uma experiência que iria determinar de que maneira o castigo afetava o aprendizado. Cada um deles foi vinculado a um objeto de estudo que fora conectado a fios que poderiam administrar um choque elétrico. Essa pessoa foi definida como "o aluno" cuja capacidade de aprender seria testada. O procedimento envolvia fazer uma série de perguntas e, para cada resposta errada do aluno, o voluntário (ou professor) apertaria um botão para enviar um choque. As respostas erradas provocavam choques cada vez mais fortes. As voltagens que estavam sendo aplicadas eram claramente marcadas no mostrador situado diante do professor, e iam até 450, ou seja, o dobro da quantidade que corre através da corrente de uma residência. Depois disso, o mostrador marcava XXX.

Você teria dificuldade em enviar 450 volts de eletricidade para o corpo de uma pessoa? Millgram escolheu os seus voluntários na comunidade de Yale e na cidade circunvizinha, mas mesmo assim 65 por cento deles se mostraram dispostos a aplicar o choque máximo. Não se sentiam à vontade com o que estavam fazendo. As suas vítimas, os alunos, gritavam de dor e recorriam inclusive aos berros implorando misericórdia, a seguir gemiam e finalmente tombavam, inconscientes. Mas, mesmo assim, o técnico de jaleco branco que estava na sala para monitorar a experiência dizia aos voluntários que nenhuma resposta poderia ser marcada como uma resposta errada, exigindo que administrassem um choque ainda mais forte.

Na realidade, não foram aplicados choques e os alunos eram atores. Millgram não estava na verdade testando o relacionamento entre a dor e o aprendizado. Estava testando a suscetibilidade das pessoas comuns à autoridade. As constatações de Millgram foram perturbadoras, mas futuras experiências confirmaram as conclusões dele de que a linha divisória entre uma pessoa normal e um monstro é mais tênue do que imaginamos.

Uma experiência realizada em 1971 na Universidade de Stanford criou uma prisão falsa na qual determinados alunos fariam o papel de guardas e outros o de prisioneiros. Os guardas receberam carta branca para tratar os prisioneiros como bem quisessem, mas a experiência teve que ser interrompida após uma semana porque o comportamento dos guardas excedeu as mais ultrajantes expectativas. Em um prenúncio marcante dos eventos que tiveram lugar na prisão de Abu Ghraib, no Iraque, os guardas humilharam aqueles que estavam sob os seus cuidados, colocaram capuzes na cabeça deles e os instigaram a simular o ato sexual. Tudo isso aconteceu apesar do fato de não haver em ação nenhuma hostilidade étnica ou diferença de classe, bem como nenhuma animosidade mais intensa por causa da guerra. Funcionários do governo americano perguntaram a opinião do psicólogo que conduziu a experiência de Stanford sobre as torturas em Abu Ghraib e ele disse o seguinte: "Não é que coloquemos maçãs estragadas em um barril perfeito. Colocamos maçãs perfeitas em um barril estragado e este corrompe tudo que toca." A consciência é sem dúvida maleável. Ela pode ser levada a se adaptar à irrealidade, à mentira e a todas as variedades de condições desumanas.

No entanto, ainda existem motivos para esperança, porque as forças que transformam uma pessoa em um terrorista não são mundanas. Se quisermos que uma pessoa cruze a linha que separa um ser normal de um monstro, precisamos oferecer as seguintes condições:

Dar a ela permissão para desprezar a moralidade.
Colocar uma autoridade por perto para reforçar a crueldade, tornando-a um dever.
Organizar uma hierarquia, de modo que os níveis mais baixos tenham que obedecer aos mais altos.
Criar uma atmosfera de medo.
Aplicar pressão de grupo, mostrando que todo mundo está fazendo a mesma coisa.
Livrar a ação maligna de qualquer ameaça de punição.
Fazer tudo por trás de portas fechadas.

Essas são condições específicas que podem ser revertidas antes que um grande mal surja. Elas foram válidas na Inquisição espanhola, nos julgamentos das bruxas de Salém e nos campos de concentração nazista. Esses horrores são a exceção porque, se removermos a atmosfera de medo ou instalarmos uma autoridade que proíba a crueldade, a tortura não conseguirá florescer. Descobriu-se na experiência de Millgram que as pequenas mudanças eram extremamente poderosas. Quando a figura de autoridade de jaleco branco não estava na sala para dar ordens, os voluntários já não se mostravam dispostos a aplicar aos estudantes choques na proximidade da voltagem máxima. Se a pessoa que estava recebendo o choque não estivesse atrás de um vidro e sim do outro lado da mesa do voluntário que estava aplicando o choque, a proximidade fazia com que quase todas as pessoas interrompessem rapidamente o que estavam fazendo.

Em contrapartida, a metafísica do amor não precisa de circunstâncias especiais amparadas por figuras de autoridade. Na ausência de uma ideologia adulterada, a rota natural da consciência de todas as pessoas é atraída pelo amor. O amor é mais forte do que o terror porque, em última análise, todo impulso pode retroceder à nossa profunda necessidade de amor. A sua consciência sabe disso, inclusive quando o manto do tumulto encobre a verdade. As condições que fazem a consciência voltar-se para o amor são simples:

Dar amor aos outros e recebê-lo de volta.
Sentar-se sozinho no seu próprio silêncio.
Mergulhar na beleza natural.
Dedicar-se à arte e apreciar a arte sob todas as suas formas.
Dizer a verdade, independentemente das conseqüências.
Rir, dançar e brincar com uma criança.
Ter um escoadouro para a alegria.
Comungar com emoções profundas.
Agir por bondade e compaixão.
Sentir-se unido a um grupo cujos objetivos sejam positivos.
Oferecer-se para servir.

A estrutura da vida cotidiana está muito distante das condições que criam o terrorismo, e, quando os fundamentalistas muçulmanos começarem a valorizar essas coisas e experimentá-las em lugar da agitação difundida em que vivem, a força do amor trabalhará de uma forma paciente, porém irresistível, para criar a mudança. Não posso dizer se isso acontecerá na nossa época, mas é certo que todos queremos nos sentir seguros, dignos, em paz com nós mesmos, sexualmente gratificados e amados. Essas necessidades são básicas e a verdade é que, mesmo na presença de condições horrendas, as pessoas tentam agarrar-se a elas.

Uma das maiores histórias de coragem através do amor é narrada por Nadezhda Mandelstam, viúva de um dos maiores poetas russos modernos. O seu marido, Osip Mandelstam, nasceu em 1891, sendo, portanto, um homem jovem na época da Revolução Russa. No entanto, permaneceu imune às pressões do sistema soviético e seguiu o seu próprio rumo. O seu trabalho não se enquadrou no estilo realista aceito e exigido no governo de Stálin, o que lhe custou o seu sustento, mas Mandelstam prosseguiu lamentando o rumo tomado pela sociedade russa à medida que declinava para o terror e a opressão.

Por esse motivo, foi deportado de Moscou em 1934, mas retornou e voltou a ser preso em 1938. Dessa feita, Stálin o enviou para um campo de trabalhos forçados e ele aparentemente morreu no caminho. A mulher dele se lembra de que recebeu a notícia da morte do marido no dia em que os escritores soviéticos estavam sendo premiados pelo Estado. A notícia da morte de Mandelstam foi dada durante uma festa de jovens escritores que celebravam os seus prêmios. Eis o que ela relata:

> Fadeyev derramou uma lágrima ébria por M. "Acabamos com um grande poeta!" A celebração adquiriu um pouco do sabor de um velório sub-reptício. Não estou certa, contudo, com relação a quais dos presentes... realmente compreendiam o que a destruição de

M. significava. Afinal de contas, quase todos pertenciam à geração que modificara os seus valores em benefício do "novo". Foram eles que haviam preparado o caminho para o homem forte, o ditador a quem foi dado o poder de matar ou poupar as pessoas ao seu bel-prazer, de estabelecer metas e escolher os meios que julgasse adequados à realização delas.

Nadezhda Mandelstam decidiu que a poesia do marido iria sobreviver. Tudo que ele escrevera fora proibido e deixara de ser publicado. Era crime ser apanhado com literatura proibida, de modo que ela escondeu todos os manuscritos que conseguiu recolher. Passou meses decorando centenas de versos e depois ficou esperando.

Ela permaneceu quieta durante vinte anos. O governo a observava constantemente. Foi nomeada para posições docentes recebendo um salário irrisório e sabia que alguns dos seus melhores alunos, os que lhe pediam ansiosos para recitar um dos poemas de Osip Mandelstam, eram espiões, colocados na sua turma pela KGB. A sua única segurança jazia em fingir que o trabalho do marido não existia mais, que era exatamente o destino que o Estado determinara para ele.

Vinte anos depois, houve uma redução da tensão na Guerra Fria. Stálin foi acusado no Comitê Central e, finalmente, Nadezhda Mandelstam pôde começar a publicar os poemas perdidos. Foi graças a seus esforços que temos hoje a maior parte do que sobreviveu de um grande artista. O seu livro de memórias publicado em 1970, *Hope Against Hope* [Esperança contra esperança], é um dos mais comoventes da literatura moderna, um clássico da persistência do amor. A sombra do stalinismo continua a escurecer a

Rússia enquanto o governo central dá seguimento à sua tática brutal contra a Chechênia, mas uma mulher, agindo por amor, nos deu algo que perdurará muito mais tempo do que o terrorismo ou a ideologia. Eis uma amostra da obra delicada e idílica de Osip Mandelstam. Até mesmo na tradução, ouço uma voz que fala além do tempo e da morte.

UMA CHAMA ESTÁ NO MEU SANGUE

Uma chama está no meu sangue, queimando seca a vida, até os ossos.
Não canto agora sobre a pedra, canto sobre a madeira.
Ela é leve e áspera: feita de uma única vara, o coração profundo do carvalho e o remo do pescador.
Leve-as bem para o fundo, as estacas: golpeie-as com firmeza, em volta do Paraíso de madeira, onde tudo é luz.

O CORPO EM PAZ

A RESOLUÇÃO DO CONFLITO tornou-se um tema importante para os acadêmicos, cursos universitários e teses de doutorado, mas duvido de que esse fato tenha favorecido muito a causa da paz. Quando comentei com um grupo de diplomatas que só acabaríamos com o terrorismo quando granjeássemos a estima do inimigo, olharam para mim como se eu tivesse enlouquecido. Obtenho a mesma reação sempre que digo que o país mais seguro seria aquele desprovido de um exército e de armas. (O Vaticano é um Estado assim, bem como Mônaco, Luxemburgo, muitas ilhas do Caribe e do Pacífico, e a Costa Rica, mas nós os descartamos como casos especiais ou como sendo insignificantes demais para serem levados em conta.) Os conflitos não são resolvidos quando dois grupos se afastam com uma animosidade residual.

O caminho da paz precisa substituir o atual estilo de negociação, o qual obviamente revelou-se inútil. Eu estava na platéia quando perguntaram a um mestre espiritual se a diplomacia um dia teria êxito no Oriente Médio. "Como isso seria possível?", respondeu ele. "A diplomacia consiste apenas em mentir com elegância."

Como comentário, ele soou verdadeiro. Quando duas nações que estão em guerra se reúnem para falar sobre a paz, seus diplomatas precisam mentir a respeito do que está de fato acontecendo. O que está efetivamente tendo lugar é irracional, confuso, brutal e repleto de raiva, porque essa é a natureza da guerra. Os jornais dos dois países estarão cheios de acusações sobre civis inocentes que são atingidos propositadamente. Haverá acusações de crimes de guerra e atrocidades praticadas pela outra parte. A disposição de ânimo nas ruas será rancorosa e a retórica insolente de Deus e país estará a todo o vapor.

Olhamos com o coração pesado para uma seqüência de triunfos diplomáticos declarados que na realidade não foram nada disso. O exemplo clássico é uma famosa fotografia tirada em 1993 no gramado da Casa Branca. De um lado, o líder da OLP, Yasser Arafat, vestindo a costumeira cobertura árabe para a cabeça e o uniforme marrom do exército, estende a mão para o primeiro-ministro de Israel, Yitzhak Rabin, que traja um terno escuro. O sol brilha luminoso sobre eles, embora não reluza tanto quanto o sorriso exibido pelo presidente Clinton, cujos braços estão estendidos em um abraço aberto que reúne os dois aquiinimigos.

Que triunfo estavam celebrando? O fato de que esses dois adversários nunca tinham dado um aperto de mãos em público. Nos bastidores, mal conseguiam tolerar um ao outro, e a Declaração de Princípios formal que estavam assinando naquele dia era uma impostura. Logo Rabin seria assassinado por um dos seus próprios cidadãos, enquanto Arafat continuaria o arriscado ziguezague de terror e negociações que acarretou um interminável sofrimento para o povo palestino. Passada mais de uma década, não resta um único fragmento dos antigos acordos. A quem precisamos informar que os dois lados estão travados em um conflito mais sangrento do que nunca?

Não podemos fingir ser amigos quando estamos frente a frente na mesa de conversação e permanecer inimigos no coração. A famosa máxima que diz que a guerra é uma extensão da diplomacia só faz sentido quando admitimos que o oposto também é verdadeiro: a diplomacia é uma extensão da guerra. A mentira elegante é uma frente para uma campanha de morte que só fica menos intensa quando nenhum dos dois lados é capaz de causar um número suficiente de baixas no outro para declarar a vitória total.

Antes de Rabin e Arafat, Henry Kissinger sentou-se a uma mesa com o norte-vietnamita Le Duc Tho em Paris. Tanto Kissinger quanto Le Duc Tho ganhariam o Prêmio Nobel da Paz em 1973 por terem dado um fim à Guerra do Vietnã, mas duvido de que tenham mencionado o que realmente estava acontecendo sob o aspecto emocional, mesmo que apenas por um momento. Se tivessem, a posição americana talvez tivesse sido a seguinte: *Sou poderoso e forte. Poderia varrê-lo do mapa com um único golpe e conseguir o que quero, mas alguma coisa está me segurando, de modo que estou lhe oferecendo a chance de sobreviver. Aceite a minha oferta antes que eu fique realmente zangado e o esmague.* A posição norte-vietnamita talvez tivesse soado assim: *Você não é capaz de me ferir o suficiente para ganhar. Você atacou o meu lar e a minha família, e prefiro morrer a vê-lo na minha casa. Pensa que sou mais fraco do que você, mas descobri como sou capaz de feri-lo violentamente.* Esses são os sentimentos que precisam ser enfrentados pelo caminho da paz. A paz possui métodos poderosos capazes de afastar as pessoas da noção distorcida de que a violência é a única escolha que elas têm.

SOLUÇÕES PACÍFICAS

Como negociar conflitos por meio da paz

Mostre respeito pelo seu adversário.
Reconheça a injustiça percebida.
Acredite no perdão.
Forme um vínculo no nível emocional.
Desista das ações beligerantes.
Reconheça valores opostos aos seus.
Não faça um julgamento que condene seu adversário.
Não fale em função da ideologia.
Enfrente o fator subjacente do medo.

Por mais sofisticada que a guerra moderna tenha se tornado, as nações parecem negligenciar essas máximas extremamente simples e humanas. Por que precisam nos dizer que devemos respeitar nossos inimigos? Porque nos sentimos insultados quando eles não nos respeitam. Ninguém pode negociar com um adversário desdenhoso e insolente. No diálogo com o mundo árabe, a atitude do Ocidente tem sido um desdém escassamente disfarçado, de modo que é compreensível que tão pouco progresso tenha sido alcançado. Vou reforçar cada item da lista com argumentos que vão além da impostura da guerra.

Mostre respeito pelo seu adversário. O erro aqui é substituir o respeito pela força. O argumento do guerreiro é sempre o de que o país obtém o respeito espancando o inimigo e impondo-lhe o respeito. No clima atual, esse argumento está sendo promovido como a única maneira de lidar com a mentalidade árabe. Israel adotou essa posição quando prometeu matar um (ou mais) palestino para cada israelense morto em ataques terroristas. Os Estados Unidos e outros aliados aplaudiram, e o resultado hoje é óbvio, pois os territórios ocupados vociferam com uma violência da qual não parece ser possível escapar. No entanto, os árabes e os israelenses moram a quarteirões de distância uns dos outros em Jerusalém. Os palestinos que cruzam a fronteira para trabalhar em Israel são um fator primordial na economia dos dois países. De muitas maneiras, não podem viver um sem o outro. Mas não existe um respeito fundamental entre eles.

Para uma pessoa de fora que não pertença a nenhuma das duas religiões, as reivindicações com relação a Jerusalém como Cidade Santa parecem iguais. O respeito pertence às duas crenças. Os negociadores profissionais já me disseram inúmeras vezes que obstáculos aparentemente intransponíveis se dissolvem quando cada adversário realmente acredita que o seu lado está sendo tratado com igualdade. Esse é um princípio básico no caminho da paz, mas, até que as partes inimigas ajam motivadas por ele, as disputas do tipo que campeia no Oriente Médio continuarão a existir.

Reconheça a injustiça percebida. O erro aqui é acreditar que somente você foi ofendido. Toda disputa gira em torno dessa percepção. Ambas as partes sempre acham que alguma coisa lhe é devida. No entanto, se você sente que foi injustiçado, precisa admitir que o outro lado tenha os mesmos sentimentos. No fim da Segunda Guerra Mundial, como uma maneira de subjugar a Alemanha, os Aliados lançaram bombas incendiárias sobre a bela cidade medieval de Dresden, um dos destaques da cultura alemã. Cada pedaço da antiga cidade, inclusive a famosa catedral e a ópera, foi reduzido a escombros.

O efeito esperado da desmoralização dos alemães foi nulo. A produção bélica na verdade aumentou. Na percepção dos alemães, e da história em geral, os Aliados cometeram um crime de guerra. As forças que executaram o bombardeio argumentaram que a destruição de Dresden foi insignificante em comparação com as atrocidades cometidas por Hitler, e no entanto a injustiça percebida foi real. O caminho da paz não pode prosseguir enquanto cada um dos lados não reconhecer os atos que praticou.

Acredite no perdão. Quando genuíno, o perdão encerra um tremendo poder de cura. Nada que a mente possa oferecer – desculpas, a promessa de uma indenização, justificativas de certo e errado – é um substituto para o sentimento de que você pode perdoar alguém que o magoou. Ainda estou impressionado com o perdão não-declarado que um Japão derrotado vem mostrando aos Estados Unidos desde a Segunda Guerra Mundial. Em acréscimo às duas bombas atômicas lançadas em Hiroshima e Nagasaki, centenas de milhares de cidadãos japoneses foram mortos pelas terríveis bombas incendiárias que choveram não apenas sobre Tóquio, mas também sobre todas as cidades importantes do país. Metade da população de cada cidade morreu, pois a casa japonesa típica de madeira e papel é completamente vulnerável ao fogo. Se bombardeios nos fizessem perder metade da população civil de Chicago, Detroit, San Francisco e de todas as outras áreas urbanas do país, será que estaríamos tão prontos a perdoar?

Desde os atentados de 11 de Setembro, creio que os americanos têm esperado em silêncio, furiosos, um pedido de desculpas do mundo árabe, o qual eles merecem. No entanto, por sua vez, o mundo árabe está esperando em um silêncio furioso as desculpas do Ocidente pela era humilhante do colonialismo e pelo desprezo injustificável do orgulho árabe depois da Primeira Guerra Mundial, quando os Aliados desmantelaram autocraticamente o Império Otomano. A verdade é que eles também merecem um pedido de desculpas. O simples ato humano de apresentá-lo não ocorreu a nenhum dos dois lados. O caminho da paz afirma que isso é preciso.

Forme um vínculo no nível emocional. Pode ser frustrante perceber que as guerras começam porque as pessoas não gostam umas das outras. Às vezes, isso se reduz apenas a duas pessoas. Na década de 1960, as conferências de paz em Viena entre os Estados Unidos e a União Soviética fracassaram porque o presidente John F. Kennedy e o primeiro-ministro soviético Nikita Khrushchev tornaram-se inimigos pessoais.

As emoções estão diretamente ligadas a uma parte subverbal do cérebro antigo. *Sentir* que podemos confiar em alguém conta muito mais do que apenas *pensar* que podemos. A determinação dos Estados Unidos e da Inglaterra de provocar o colapso do comunismo é amplamente atribuída à sintonia emocional existente entre o presidente Ronald Reagan e a primeira-ministra britânica Margaret Thatcher. Por outro lado, nenhum líder de Israel já se sentiu emocionalmente à vontade com Yasser Arafat. O mundo chorou o assassinato de Anwar Sadat em 1981, no Egito, porque ele foi o primeiro líder árabe a formar um genuíno vínculo emocional com a oposição. No entanto, esse vínculo foi considerado o seu maior crime aos olhos dos fundamentalistas que o assassinaram. O caminho da paz nos diz que o vínculo emocional, o sentimento de que a confiança e a amizade são possíveis, precisa estar presente.

Desista das ações beligerantes. Nas negociações convencionais, um país só é vencedor quando detém uma posição de poder. Por conseguinte, é normal continuar a golpear o inimigo durante as conversações de paz. Kissinger começou a negociar secretamente com os norte-vietnamitas em um apartamento de Paris em 1969, enquanto os Estados Unidos davam seguimento às suas intensas agressões. Essas primeiras conversações fracassaram e a posição americana continuou a ser de que apenas a constante aplicação da guerra conduziria à paz. Milhares de vidas foram perdidas devido a essa convicção, e o resultado final não foi a vitória ou mesmo o objetivo político declarado de salvar o Vietnã do Sul.

A principal razão pela qual ainda acreditamos que a luta traz o oponente à mesa de conversações é o fato de que as guerras quase sempre terminam com um dos lados sendo esmagado. As verdadeiras conversações de paz seriam aquelas que começariam com a interrupção do ataque. No conflito do Iraque, depois da queda de Saddam, os Estados Unidos acreditavam que, sem uma pressão constante sobre os rebeldes, não haveria nenhuma esperança de negociações, embora cada dia da luta atraísse para o país um novo fluxo de terroristas e jihadistas. Mas se tivéssemos parado de lutar, o outro lado não compreenderia que poderíamos recomeçar a qualquer momento? A ameaça do reinício da guerra não estaria descartada. Nenhum gesto expressa mais sinceramente o desejo de paz do que o fato de um dos lados interromper a ação beligerante.

Reconheça valores opostos aos seus. Diz a sabedoria convencional que, quando duas partes negociam, tentam encontrar um denominador comum e motivos para fazer concessões mútuas. Na verdade, isso raramente funciona. Em um divórcio amargo, se você fica com a casa que eu amava e eu fico com as obras de arte que você adorava, o resultado é uma contemporização, porém não pacífica. Depois da Primeira Guerra Mundial, os Aliados, vitoriosos, dividiram muitas partes do mundo, inclusive o Oriente Médio, os Bálcãs, a Polônia, os Estados Bálticos e a Renânia, em territórios destinados a satisfazer diversos interesses e exigências. Como resultado, os ressentimentos se acirraram; as rivalidades étnicas e nacionais começaram a cozinhar em fogo lento, entrando depois em ebulição. Vinte anos mais tarde, a guerra voltou, e ainda hoje estamos pagando o preço, como o comprovam o conflito nos Bálcãs e no mundo árabe.

As negociações precisam começar com o reconhecimento de que o adversário possui valores muito diferentes dos seus. Se tivesse sido originalmente reconhecido, por exemplo, que o Iraque era na verdade formado por três regiões distintas dominadas pelos sunitas, xiitas e curdos, cada uma com direitos e tradições válidos, ninguém teria traçado um círculo arbitrário e dito: *Essas são as suas fronteiras. Agora vocês são um só povo. Vivam dessa maneira.* Eles não teriam conseguido viver assim, não sem um ditador brutal e nunca conseguiram. A contemporização forçada é inútil.

No excelente documentário *The Fog of War* [A névoa da guerra], o ex-secretário de Defesa Robert S. McNamara revive o seu papel na Guerra do Vietnã. Ele relembra a turbulência daquela época bem como os seus sentimentos conflituosos, que mantinha em segredo enquanto estava sendo caluniado publicamente por travar a "guerra de McNamara". O senhor idoso olha para a câmera e diz: "Se ao menos conhecêssemos o inimigo." Em retrospecto, compreendeu que os Estados Unidos não tinham praticamente nenhum conhecimento das convicções e das queixas dos norte-vietnamitas, sabiam pouco a respeito dos motivos pelos quais estavam lutando ou de quanta determinação efetivamente possuíam. Esse desconhecimento desempenhou um enorme papel na estupidez da guerra e no seu trágico resultado. O caminho da paz nos diz que temos de conhecer os valores dos nossos adversários, caso contrário nunca saberemos o que é e o que não é negociável.

Não faça um julgamento que condene seu adversário. Quase todas as guerras começam porque ambos os lados acham que estão certos. Não existe um denominador comum, mesmo quando um dos lados transige moralmente as suas convicções.

A lição clássica neste caso é a da Guerra Civil, conflito que começou apesar de os sulistas no fundo saberem que a escravidão era errada. A moralidade cristã e a visão do sofrimento cotidiano os tornaram intensamente conscientes de que estavam cometendo um pecado. Mas o fervor do Norte abolicionista indispunha até mesmo os sulistas moderados. O peso do julgamento contra eles não causou uma mudança benéfica. Em vez disso, forçou uma postura defensiva e a recusa de negociar. O caminho da paz nos diz que não podemos esperar acabar com nenhum conflito enquanto um dos lados forçar o outro a defender os seus valores.

Não fale em função da ideologia. Este assunto é tão crucial que já dediquei todo um capítulo a ele. Basta dizer aqui que as guerras se tornam muito piores quando se transformam em uma batalha de sistemas de crenças. Estes últimos são muito mais viscerais do que o termo sugere. As crenças não são eletivas. Simplesmente não escolhemos tê-las ou não. Mais exatamente, as crenças são a maneira pela qual justificamos todo o nosso modo de vida. A guerra atual na nossa cultura por causa do casamento entre homossexuais é um exemplo. Enquanto instituição religiosa, o casamento vem declinando constantemente desde a década de 1970. Um número muito maior de pessoas está apenas vivendo junto. O casamento aos poucos se transformou em um acordo civil dirigido por um oficial do cartório em vez de por um padre. A taxa de divórcio gira em torno de cinqüenta por cento à medida que o estigma moral ligado a ele torna-se coisa do passado.

Apesar desses fatos, quando os homossexuais declararam o desejo de se casarem, um segmento considerável da população ficou indignado: a santidade do casamento estava sendo atacada; a lei natural que liga o homem e a mulher estava sendo violada. No entanto, era exatamente o oposto que estava acontecendo. Os homossexuais estavam reivindicando o casamento em uma época na qual grande parte da população heterossexual tinha desistido dele. O fato de a homossexualidade existir em todas as sociedades e em todos os períodos da história indica que ela é tão natural quanto a heterossexualidade, embora muito menos comum.

No entanto, a ideologia torna os simples fatos irrelevantes. Os fundamentalistas que gritam contra o casamento entre homossexuais, e contra a vida homossexual de modo geral, vivem em um mundo de crenças autojustificáveis. A esperança fervorosa deles é que a realidade um dia se adapte à sua ideologia, e, quando isso não acontece, retaliam. A mesma atitude alimentou o comunismo durante setenta anos. O Estado soviético começou com uma explosão de otimismo ideológico e acabou com uma lamúria quando o ideal lentamente transformou-se em uma mentira. O caminho da paz é suficientemente sábio para nos dizer que toda ideologia precisa ser removida das negociações para que elas alcancem uma base realista para avançar.

Enfrente o fator subjacente do medo. As guerras parecem girar em torno da raiva, mas na verdade giram em torno do medo. Esse é um fato difícil de ser enfrentado pelos combatentes. Em nome da firmeza e da invulnerabilidade, os países em guerra nunca admitem que têm medo um do outro. Seria de grande auxílio se o fizessem, porque é possível abordar o medo mútuo. Tudo que é necessário é parar de fazer o que assusta o outro lado. No século XIII, os arqueiros ingleses desenvolveram a prática de armar as suas flechas com pontas de metal chamadas estiletes. Esse novo progresso lhes permitia perfurar as cotas de malha a uma distância de noventa metros. Também aprenderam a atirar com o arco de mão com muita rapidez, a uma velocidade de vinte flechas por minuto, em contraste com a besta, cujo mecanismo tinha de ser lentamente girado antes que a flecha pudesse ser lançada.

Imagine o terror resultante quando os franceses, que ainda viviam de acordo com o código da dignidade de cavaleiro, descobriram que o inimigo tinha mudado as regras. A aproximação desajeitada dos cavaleiros oprimidos pelo peso da armadura desaparecera. De repente, um bando de soldados a pé derramando uma chuva de flechas puseram um fim aos antigos hábitos da guerra. O novo método aumentou o custo da guerra, pois a única escolha dos franceses foi retaliar na mesma moeda.

Por que os dois lados não concordaram em que um aumento no medo era inaceitável? As armas continuaram a tornar-se mais inomináveis a cada década. O revólver já não era suficientemente inominável? Não precisávamos prosseguir com a "metralhadora mecânica" Gatling da Guerra Civil, o tanque blindado da Primeira Guerra Mundial e a bomba atômica. Os dois lados sempre souberam que o medo pode crescer pouco a pouco. De algum modo desprezamos esse conhecimento. O caminho da paz o traz para o primeiro plano. Não existe justificativa para vivermos no medo. Como Freud colocou sucintamente, a ansiedade é a emoção mais indesejada. Ao enfrentar o fator medo, as nações poderiam retornar à verdadeira razão da própria vida, que é perseguir a felicidade e a verdade espiritual. Se promover o medo se tornasse indesculpável, as guerras desapareceriam. Todas elas estão a serviço do medo, por mais que a ideologia ou a moralidade possa afirmar o contrário.

Se o caminho da paz oferece soluções tão claras para o conflito, por que seguimos na direção oposta durante tanto tempo? Será que somos tão intrinsecamente violentos que não conseguimos agir de outra maneira? Alguns cientistas acreditam que o nosso cérebro contém uma capacidade permanente para agressão, e que quando a guerra é deflagrada, simplesmente, pomos em prática o projeto que existe dentro de nós. Lembro-me de ter tomado conhecimento desse argumento pela primeira vez na década de 1960, quando pesquisas de campo realizadas com chimpanzés no seu hábitat introduziram a noção dos machos alfa dominantes. Hoje em dia, o fato de os machos lutarem pela dominância em todo o reino animal é um clichê, mas na época era espantoso ler sobre os paralelos entre o comportamento animal e o humano.

O macho alfa dominante tem a preferência na escolha das fêmeas para o acasalamento, lutando contra qualquer outro macho que tente se aproximar. Os chimpanzés, os gorilas e os babuínos são promíscuos, e, quando as fêmeas estão no cio, todos os machos são atraídos por elas. O macho dominante encontra-se em um estado de alerta permanente e acaba envolvendo-se em muitas lutas sem importância todos os dias, ou até mesmo a cada hora. Para continuar a ser um alfa, ele precisa ser fisicamente grande e forte, ter um temperamento agressivo e ser incansavelmente competitivo.

O paralelo entre um grupo de chimpanzés e uma gangue de rua parece imediatamente óbvio. O hábito do confronto físico entre os machos, que recua a milhares de anos, explica a prevalência da agressão em todas as culturas. Na pior das hipóteses, nenhum homem viril quer ser deixado de fora da luta pelo sucesso. Se a dominância na natureza exige competidores egoístas, cruéis e firmes, por que não aceitar esse modelo para nós mesmos, particularmente se o nosso cérebro for programado dessa maneira? Não será a paz uma fantasia biológica, uma perversão da natureza?

Há também a questão relacionada do território, que respalda esse argumento. Embora possamos ter a impressão de que os animais vagam ao acaso pela floresta, estão na verdade em grande harmonia com os limites do seus territórios. Esses limites separam bandos de babuínos, grupos de leões e até nuvens de pardais. Uma vez mais, os machos são geralmente responsáveis por proteger esses limites, o que fazem expulsando os outros machos que se aventuram dentro do território para tentar se acasalar com as fêmeas. A beleza do canto de um pássaro é irrelevante para um etólogo. O ar não está repleto de música, e sim de sinais de advertência enviados de macho para macho, dizendo: *Se você está ouvindo isto é porque está perto demais do meu território. Não entre!* O paralelo humano uma vez mais parece óbvio: a guerra é territorial. A nação invasora está tentando se apossar de um novo território, que está sendo defendido porque a biologia o exige, como o tem feito há éons.

No entanto, se nos aprofundarmos na biologia da guerra e da paz, descobriremos que é igualmente inato em nós apresentar um comportamento oposto à agressividade com relação à sexualidade e ao território. A guerra constante é quase desconhecida entre as sociedades primitivas. Exceto no caso de uma tribo da Idade da Pedra na Nova Guiné, cuja cultura baseava-se em atacar diariamente a tribo do outro lado do rio, a antropologia não indica que os aborígenes vivam ou tenham vivido no estado de constante vigilância exibido pelos machos dominantes em um bando de babuínos. Os animais podem não ter outra escolha, mas nós temos. Há muito tempo, a sociedade humana aprendeu a buscar as vantagens da monogamia. Tornamos o incesto um tabu para que os filhos não disputem com o pai os favores sexuais da mãe. Os homens aprenderam a se unir como amigos. Encontramos substitutos para a guerra no combate simbólico dos esportes e dos jogos. De muitas maneiras, a nossa adaptação moveu-se constantemente na direção da paz.

As mulheres menstruam, o que é o mesmo que estar no estro para os nossos parentes primatas, mas há muito tempo desenvolvemos um novo uso para a sexualidade: o prazer. O contato sexual que dura apenas alguns segundos, como acontece entre a maioria dos primatas inferiores, encerra pouco prazer, porque o animal precisa estar sempre à espreita dos machos concorrentes. Retiramos o sexo da visão pública e o tornamos íntimo. Dessa maneira, quase todas as questões da dominância tornaram-se irrelevantes. Não existem outros machos por perto durante o ato sexual. Quanto ao efeito excitante dos feromônios, ambos os sexos os emitem, no entanto não afirmamos que as mulheres são compelidas à violência por eles. Os feromônios conferem um significado subjacente à atração sexual, mas do ponto de vista biológico essas substâncias químicas assumem o seu lugar em uma complexa dança hormonal que está tão relacionada com o desenvolvimento da função saudável dos órgãos quanto com afetar o comportamento social. O fato de as fêmeas quererem atrair os machos e vice-versa é tão fundamental para uma sociedade pacífica quanto para uma que esteja em guerra. Nós não equiparamos a atração à luta.

Eu poderia mencionar muitos pormenores do comportamento animal para respaldar o argumento de que a dominância masculina é apenas um dos fatores pelos quais uma criatura se adapta ao ambiente. Hoje se sabe, por exemplo, que os machos alfa não são tão bem-sucedidos assim. Jovens machos se infiltram e também procriam, pois é o que eles obviamente têm que fazer para que a linha genética permaneça forte. Achei divertido observar como os ornitófilos ficaram surpreendidos ao descobrirem que a fêmea do humilde pardal inglês não é fiel. Mesmo depois de formar um casal com um único macho, as fêmeas dos pardais convidam outros machos para o acasalamento quando o marido está fora, o qual, como sempre, é o último a saber. Outra noção sentimental precisa dar lugar ao comportamento complexo.

Os animais cooperam tanto quanto competem, e talvez até mais. A interdependência é crucial em um ecossistema equilibrado. Apesar do impulso de sobrevivência, todas as espécies aprenderam a compartilhar o território e a comida. O leão quer devorar a gazela, mas não pode ficar à espreita perto da cacimba o tempo todo. É melhor para os leões deixar as gazelas beberem água; caso contrário, as presas morreriam de sede. O cuco joga fora os ovos que pertencem ao ninho de outro pássaro e os substitui pelos seus, mas esse comportamento é raro. A norma é respeitar os ninhos dos outros depois que são construídos. De uma maneira extremamente intricada, as ordens dos animais aprenderam que o compartilhamento, o altruísmo e outras supostas funções superiores favorecem a sobrevivência. O conceito darwiniano original da sobrevivência do mais apto não mais se sustenta como um fato manifesto e evidente. A natureza é uma dança de adaptações que se revelam incrivelmente flexíveis e engenhosas quando realmente as observamos. A evolução é criativa. Ser cruel ou egoísta tem lugar ao lado de inúmeros outros comportamentos.

Se a necessidade de travar a guerra não é inata, por que decidimos fazê-la? Os etólogos não podem estar totalmente errados. Em 1930, já no fim da carreira, Sigmund Freud publicou o seu livro mais pessimista, *Civilization and Its Discontents* [A civilização e as suas insatisfações]. A época era de grande turbulência social – poucos anos depois os nazistas expulsariam Freud de Viena. Há muito ele considerava a agressão um impulso inato. Se fôssemos sinceros com nós mesmos, comentou ele ironicamente, teríamos de admitir que nada poderia nos dar mais prazer do que ver os nossos inimigos enforcados na árvore mais alta.

No entanto, havia uma razão ainda mais profunda para ser pessimista a respeito da tendência humana para a violência. Aos olhos de Freud, os costumes da sociedade, que são pacíficos e envolvem a cooperação, estão em contradição com o que a nossa psique realmente deseja fazer, que é encontrar escoadouros ilimitados para os impulsos biológicos do sexo e da agressão. No nível inconsciente, diz ele, todos traduzimos em ação essa contradição. Estamos divididos entre o que queremos fazer e o que deveríamos fazer segundo uma moralidade que proíbe o incesto, a guerra, a promiscuidade sexual e a violência desenfreada. Tentamos nos ajustar à civilização porque é bom para nós vivermos legalmente e em paz uns com os outros, mas os impulsos primitivos do Id (que significa "ele (neutro)" em latim), a nossa parte que não escuta a razão, apresentam um obstáculo enorme e talvez insustentável à idéia de sermos civilizados.

Como, em última análise, ele acreditava que a agressão inata não podia ser dominada, a perspectiva de Freud às vésperas do fascismo era especialmente sombria, mas apesar disso o seu tipo de determinismo encerra o mesmo encanto que outros argumentos deterministas. Ele tem um ar de ser objetivo e cientificamente confirmado. Deixa o indivíduo fora de perigo por ter um comportamento violento porque "ele" me fez fazer isso (pense em como automaticamente atribuímos o comportamento dos adolescentes aos hormônios em ebulição). "Ele" poderia ser o gene, o cérebro inferior, o Id de Freud ou algum outro acionador. A simplicidade do determinismo é confortante. Podemos usar um slogan como *Os homens são de Marte, as mulheres são de Vênus,* e instantaneamente surge uma explicação clara e bem definida para a batalha dos sexos.

Todos os argumentos deterministas sofrem da mesma fraqueza gritante: não levam em consideração os indivíduos que se libertam do claro padrão habitual. Sem sombra de dúvida, existem homens que não são agressivos e egoístas, e outros que compreendem e demonstram empatia pelas mulheres. Existem pessoas espirituais que genuinamente transcendem a violência. Por causa disso, somos obrigados a perguntar: *Como eles se tornaram assim?* De algum modo essas pessoas abriram caminho através da biologia, de modo que não é possível afirmar que a biologia determina o comportamento. Dizer que a *Santa Ceia* de Leonardo é produto da biologia soaria ridículo, embora a arte possua raízes primitivas. Afirmar que a guerra é atribuível à biologia encerra o mesmo tipo de simplificação exagerada. A arte e a guerra são criações sociais complexas expressas através das pessoas, cada uma das quais é uma combinação única de biologia e muitos outros fatores.

Como todas as culturas produzem arte, fazem amor, cuidam das crianças, cultuam Deus e sentem admiração e assombro, por que deveríamos considerar a violência dominante apenas por ela ser preponderante?

O caminho da paz não nega a biologia. O fato de que a violência faz parte da nossa natureza é indiscutível. Para ser sincero, você e eu provavelmente temos estado mais fascinados pela guerra do que queremos admitir. Nosso cérebro absorveu imagens de corpos empilhados em Auschwitz e de curdos envenenados com gás no Iraque, de crianças fugindo do napalm no Vietnã e africanos assassinados com machetes na África, o cadáver de um soldado americano sendo arrastado nu e mutilado pelas ruas da Somália e centenas de outros inomináveis resultados da violência. Essas imagens foram metabolizadas pelas nossas células. Armazenadas como memória, elas nos fazem ter pesadelos e despertam a culpa em nós, mas também afetam nossa mente inconsciente. No entanto, o cérebro não está isolado. Todas as células são inteligentes, e através de um fluxo constante de moléculas mensageiras nosso coração, fígado e rins, sem mencionar o sistema imunológico e as glândulas endócrinas, também absorveram essas mesmas imagens assustadoras.

Não é necessário estar na frente de batalha para sofrer os efeitos da guerra. Qualquer pesquisador de laboratório pode expor um voluntário a imagens de guerra e detectar importantes mudanças em todos os sinais vitais. Você e eu temos vivido essa situação desde que nascemos. Quando assisti aos vídeos repugnantes de Daniel Pearl, o repórter do *Wall Street Journal* que foi seqüestrado e posteriormente decapitado pelos jihadistas no Paquistão, senti o meu coração bater mais rápido devido à ansiedade, e, embora a elevação da pressão sangüínea não seja algo de que possamos estar subjetivamente conscientes, eu sabia que isso também devia estar acontecendo, porque naqueles momentos eu estava assimilando a assustadora situação na qual o bravo prisioneiro se encontrava.

A partir de um argumento mais esotérico, eu sugeriria que a violência polui o corpo emocional, um conceito inaceitável para a medicina tradicional, mas ela não precisa fazê-lo. As imagens por ressonância magnética proporcionam evidências físicas de que o cérebro exposto a um estresse elevado funciona de uma maneira diferente do cérebro normal, e isso é verdade quer o estresse seja físico, quer emocional. As imagens por ressonância magnética são apenas outra peça do quebra-cabeça, porque indícios de que níveis elevados de cortisol e adrenalina (os supostos hormônios do estresse) exercem um efeito deteriorante no processo de envelhecimento já tinham se acumulado a partir de pesquisas hormonais.

Em resumo, o corpo tranqüilo não é igual ao corpo em estado de guerra. Quando atuamos a partir do corpo em estado de guerra, o mundo não é igual àquele em que operamos a partir do corpo tranqüilo. No primeiro caso, achamos que existem perigos e ameaças por toda parte. Os hormônios do estresse são catabólicos, ou seja, interrompem o metabolismo e decompõem o tecido, em vez de formá-lo. Surtos de medo, acompanhados por um aumento da adrenalina, criam um constante efeito deteriorante. Observamos acentuadamente essa situação no rosto esquelético e sombrio dos cidadãos de qualquer lugar como Sarajevo, onde o cerco durou tempo demais e o corpo foi além dos seus limites de resistência.

O corpo em guerra é mais prejudicado sempre que três condições estão presentes com força total:

A violência circunvizinha é inevitável.
Os surtos de violência ocorrem aleatoriamente.
Não se tem controle sobre a violência.

Descobriu-se nas trincheiras da Primeira Guerra Mundial que a fadiga de combate não é um teste de caráter. Todo soldado, se exposto durante um tempo suficiente ao fogo da artilharia e privado de descanso, sofrerá um distúrbio mental. Mas na Primeira Guerra Mundial sempre havia uma frente interna livre do tiroteio. Não temos tanta sorte hoje em dia. Cada notícia sobre o terrorismo nos faz lembrar que os três fatores estão presentes em casa: a ameaça é inevitável, os ataques ocorrem aleatoriamente e nenhum indivíduo pode controlar o resultado. No filme *Fahrenheit 11 de setembro,* é feita a acusação de que esses fatores estão sendo manipulados por políticos inescrupulosos. Os níveis de alerta, hoje familiares, que vão do verde ao amarelo, ao laranja e ao vermelho não são apenas alertas; são um barômetro de medo que pode ser usado indiscriminadamente pelos que têm sede de poder.

Uma vez que o nosso corpo transforma automaticamente esses níveis de alerta em níveis de ansiedade, perderam o efeito com o tempo, como era de prever. Uma espécie de fadiga de combate civil se manifestou e pessoas que um dia foram sacudidas pela ameaça estão começando a considerar exaustiva a constância da ameaça. Executamos a rotina de estar em estado de alerta, quando a realidade subjacente é que é difícil manter a vigilância mesmo nos níveis mínimos.

Por mais indesejável que a notícia seja para as autoridades, o corpo tranqüilo é mais forte do que o corpo em estado de guerra. Quando você conseguir se libertar do estresse aleatório e incontrolável que está sempre presente, o seu corpo começará a ficar em paz. A medicina moderna já descobriu que o amor aumenta a resposta imunológica humana. Um pesquisador que exibiu um filme de Madre Teresa para voluntários escolhidos ao acaso descobriu que o sistema imunológico deles respondeu de imediato. O aumento da imunoglobulina chamada IgA demonstrou que a exposição ao amor efetivamente aumentava as defesas do corpo. Isso acontecia quer ou não os voluntários tivessem uma opinião favorável sobre Madre Teresa. O amor, portanto, tem o mesmo poder de modificar nosso corpo, só que de uma maneira positiva. As pessoas que se sentem amadas vivem mais tempo, resfriam-se menos, têm a pressão sangüínea mais baixa, menos ataques do coração e uma menor taxa de câncer. As pessoas que ficam viúvas e começam a se sentir sozinhas e menos amadas sofrem taxas mais elevadas de todas essas afecções, além de viverem menos. Não é possível usar o estresse, sob a forma de constantes lembretes sobre o terror, para criar a paz no corpo. Os mecanismos simplesmente não estão presentes.

LEVANDO A PAZ AO CORPO

Não fique remoendo eventos estressantes.
Evite tornar-se viciado em más notícias.
Pense a respeito do medo de uma maneira sensata e razoável.
Compreenda que resultados positivos são possíveis.
Discuta o que sente com os outros; trabalhe junto com eles para modificar o estresse.
Sempre que puder, permaneça no controle. Não deixe o caos dominar.
Permaneça centralizado e, sempre que perder o equilíbrio, procure retornar ao centro.
Encontre um escoadouro para a raiva e a ansiedade.

Essas são sugestões sensatas, mas me pergunto quantas pessoas costumam utilizá-las. Para cada vez que dois amigos almoçam juntos e se queixam da vida que levam em uma época de guerra e terror, deveria haver outra em que especulariam sobre a melhor maneira de encontrar a paz. Em uma época de crise, levar a paz ao corpo pode parecer um emprego de tempo integral. Um amigo meu conversou comigo a respeito disso:

– Dormi até mais tarde no dia dos atentados de 11 de Setembro. Acordei com mensagens telefônicas que pareciam histéricas e, quando liguei a televisão, fui arrastado para as cenas de caos e destruição. Mas de certo modo me senti imune. Após meditar durante vinte anos, consegui sentir empatia pelos sentimentos horríveis das pessoas, mas senti-me orgulhoso de poder me manter afastado, e enviar energia e uma luz de cura para elas em vez de chorar com elas.

"Aos poucos esse estado mudou. Tornei-me viciado nas notícias da televisão a cabo. Expus-me a cada detalhe da guerra do Afeganistão. Acompanhei os problemas das famílias depois dos atentados de 11 de Setembro e ouvi cada palavra das gravações do jato que foi derrubado na Pensilvânia, bem como as mensagens telefônicas deixadas pelas pessoas nas torres gêmeas que sabiam que iam morrer.

"Eu ansiava por essas informações. Queria estar ligado. Mas foi então que coisas que eu não desejava começaram a acontecer. Comecei a me envolver com os sentimentos negativos, atormentando-me a respeito de fantasias de vingança contra os canalhas terroristas. A idéia de ir para a guerra começou a me entusiasmar.

"Todos aqueles anos de meditação serviram para alguma coisa? Não, mas como todo mundo tenho que lutar contra a escuridão. Quando notei o que estava acontecendo, caí fora. Não sou mais um viciado em notícias de guerra e é impressionante observar as pessoas que são. Elas parecem irreais para mim. Creio que a minha única vantagem com relação à maioria das pessoas é o fato de eu saber que não posso deixar a escuridão vencer, e a minha visão espiritual me diz que isso não vai acontecer."

A vida espiritual consiste em encontrar um centro e se agarrar a ele. A negatividade pode dar a impressão de ser o seu centro. Se você se agarrar sombriamente à convicção de que essa é uma guerra e que os nossos inimigos malignos devem ser eliminados, esse núcleo de determinação é psicologicamente real, mas não é o seu núcleo.

Você precisa enfrentar o fato de que não apenas o seu corpo, como também o corpo político é afetado pela violência. Quando você se vê obcecado pela guerra e pela violência, está enfaticamente atraindo o que os outros sentem. Essa osmose não é perniciosa em si. A consciência coletiva faz parte de você. Mas não é o seu eu real e se você confundir o que os outros sentem com o que você sente, estará colocando o seu corpo em guerra por um mau motivo; porque todo mundo está fazendo isso.

O meu amigo que tinha sido sugado pela histeria da guerra reverteu o processo: compreendeu que acompanhar os acontecimentos negativos diários não encerrava nenhum mérito. Recuou e se perguntou como realmente queria se sentir. Independentemente do que os outros pudessem vivenciar, ele pessoalmente experimentava a guerra como estressante, como uma condição negativa na qual ninguém o estava forçando a penetrar. Assim sendo, parou de participar da mentalidade de guerra.

Dizer tudo isso não é a mesma coisa que vivê-lo. Precisamos trazer paz ao nosso corpo e depois, na ausência do tumulto, poderemos encontrar aquilo a que queremos nos agarrar. A espiritualidade sem um núcleo de paz é muito limitada.

Conheci recentemente um homem que possuía extraordinários dons de cura. Ele não precisava tocar as pessoas que estavam doentes. Bastava que apontasse um dedo para elas e elas freqüentemente começavam a tremer, a enxergar uma luz interior e a ficar sem forças para se levantar. Esses são reconhecidamente os sintomas clássicos da cura pela fé. Esse homem parecia ser capaz de fazer as doenças desaparecerem, independentemente de como expliquemos o processo. No entanto, no que dizia respeito à guerra, ele me disse resolutamente que apoiava os ataques preventivos contra os países terroristas e que acreditava firmemente que o Iraque possuía armas de destruição em massa, que astutamente esconderam antes da guerra.

"Vou votar em Bush porque ele apresenta uma maior probabilidade de nos manter em segurança", disse ele, repetindo as palavras da propaganda política e não os pensamentos de alguém que tinha enfrentado sua própria escuridão.

Um número suficiente de pessoas já apóia matar o inimigo. A beligerância e o medo não precisam da sua ajuda, caso você tenha achado que corríamos o perigo iminente de uma explosão de paz. Mesmo que a Coréia do Norte ou o Irã seja obrigada a se livrar das armas nucleares em algum ponto do futuro, ainda vale a pena levar paz ao corpo. Isso pode servir de veículo para devolver a sensatez ao mundo. O argumento fundamental nesse caso é que o corpo em paz é normal, ao passo que o corpo em guerra não é.

NOSSA MAIOR ESPERANÇA

O QUE VOCÊ FAZ em uma situação sem esperança? Como a esperança pode vir de novo em sua ajuda? O caminho da paz precisa responder a essas perguntas. A esperança é emocionalmente necessária em uma crise. Ela é uma das principais maneiras pelas quais nossa mente nos protege. No entanto, é difícil sentir esperança quando cada desastre é instantaneamente transmitido ao redor do mundo. Além disso, a esperança raramente é pura. Ela está sempre misturada na hierarquia emaranhada com outras emoções, inclusive as que estão em oposição à esperança, como o desespero, o medo, a raiva e a vingança.

Devido a esse emaranhado, a esperança tem sido com freqüência um disfarce para a violência. Quantas vezes não ouvimos os políticos, às vésperas da guerra, dizerem ao microfone o quão fervorosamente esperam que haja paz? É preciso fazer um elogio insincero à esperança mesmo quando o inimigo está sendo lançado na desesperança e esmagado sem misericórdia.

Perdemos o contato com a realidade da esperança, que é uma força poderosa quando possui uma origem espiritual, mas um engodo quando não possui. Para demonstrar o que quero dizer, vou contar a história de uma esperança médica. Conheci recentemente um paciente de câncer que achava que gozava de boa saúde, até que certo dia começou a ter dificuldade em produzir as palavras certas quando queria dizer alguma coisa. A sua fala tornou-se mal articulada a ponto de os outros o notarem e um dia bateu de encontro a uma parede, por não ter conseguido manter o equilíbrio enquanto atravessava a sala. Foi levado às pressas para o hospital, submetido a uma tomografia por ressonância magnética e algumas horas depois soube que sofria de um volumoso tumor cerebral.

Os cirurgiões abriram a cabeça dele, mas quando depararam com a malignidade fecharam o crânio sem remover o tumor. O homem tinha um blastoma glial, a forma de câncer cerebral mais fatal e de crescimento mais rápido que se conhece. O tumor já tinha se espalhado além da massa original, penetrando mais de uma região do cérebro.

– Quando recebi a notícia, todo mundo estava chorando e pude sentir o pânico no quarto – relata ele. – Por alguma razão, eu não estava em pânico. Pedi apenas uma coisa a minha família, que acreditassem que eu não ia deixá-los. Fragilizados, concordaram com o meu pedido e foram embora. Fiquei deitado sozinho na cama do hospital e a minha mente estava muito quieta. O único pensamento que eu tive foi: *Como vou sair dessa?*

"Naquele momento notei uma luminosidade com o canto do olho. Ela vinha do outro lado do quarto e, à medida que eu observava, ia ficando cada vez mais brilhante. Vi a forma de uma mulher rodeada por rostos. Eu parecia saber que rostos eram aqueles, e eles pareciam me conhecer, mas não consegui lhes dar nome. A mulher me disse que eu ficaria bem. Depois de dizer isso, a luz começou a enfraquecer e desapareceu.

"Pela primeira vez em várias noites consegui dormir e, quando acordei, me senti mais forte. A enfermeira da manhã entrou no quarto e eu disse a ela que tinha visto uma aparição. Ela respondeu: 'Estou aqui apenas para medir o seu pulso', de modo que me ocorreu que eu talvez devesse guardar a experiência para mim mesmo. Decidi, então, enviar minha tomografia para todos os centros oncológicos que descobri, mas nenhum quis me tratar. A maioria disse que o melhor que eu tinha a fazer era ir para casa, comprar algumas fraldas e esperar pelo fim.

"Finalmente entrei em contato com um especialista em tumores cerebrais e espinhais que concordou em me receber. Mas até ele me fez esperar duas semanas, sem dúvida imaginando que eu não estaria mais vivo no dia da consulta. No entanto, quando nos encontramos, ele indicou uma nova quimioterapia que talvez fizesse o meu blastoma parar de crescer e, na melhor das hipóteses, permanecer do tamanho que estava. Ele não estava prometendo nada, mas interiormente eu sentia que não precisava de promessas.

"Tomei um mês de pílulas que me custaram 25 mil dólares. Por algum motivo, eu praticamente não apresentei efeitos colaterais. Quando fiz outra tomografia, o tumor tinha desaparecido. Todo mundo ficou impressionado e surpreendido. Outros pacientes com o meu problema tinham morrido apesar da nova droga; menos de um em 17 mil sobrevive mais do que seis meses. Sinto-me feliz por relatar que estou quatro meses além desses seis meses e, embora ainda esteja me tratando, sinto-me mais esperançoso do que nunca."

Quando a esperança serve como um meio para mergulharmos mais profundamente em nós mesmos do que qualquer pessoa poderia prever, ou mais do que qualquer pessoa acredita ser possível, ela é uma força espiritual. Essa história contém certas características de casos semelhantes de recuperações extraordinárias.

A pessoa não sente medo.

A crença em um resultado extraordinário está presente.

A busca da cura não depende de opiniões externas.

Com freqüência, existe uma certeza inabalável de que a cura será alcançada.

Essas mesmas qualidades aplicam-se a qualquer situação que seja considerada sem esperança pela maioria dos observadores. Para reacender a esperança, precisamos encontrar um caminho para o extraordinário, o que exige uma mudança em nós mesmos, pois todos nos acostumamos a um tipo muito mais fraco de esperança. Analise as duas frases seguintes:

O meu marido me espancou novamente ontem à noite, mas espero que ele não faça mais isso.

A minha mãe era alcoólatra e lembro-me de ter tido uma enorme esperança de que ela ia parar de beber.

Que reações lhe vêm à cabeça quando lê essas palavras? Imagino que a maioria das pessoas reagiria imediatamente com tristeza e solidariedade, mas outras, especialmente se tiverem passado por situações semelhantes, sentiriam um ímpeto de raiva. A pessoa também poderá ter julgamentos negativos a respeito da passividade e da co-dependência. Hoje sabemos que simplesmente esperar que um alcoólatra melhore é uma maneira de sancionar o hábito, assim como esperar que uma pessoa que comete abusos pare de nos magoar é o mesmo que nos tornarmos uma vítima.

Há cinqüenta anos, os terapeutas mais bem treinados não diziam às famílias dos alcoólatras que parassem de sancionar o hábito deles e diziam às mulheres que eram vítimas da violência doméstica que permanecessem casadas pelo bem dos filhos. Hoje, os terapeutas dizem quase o oposto, embora a polícia tenha levado um longo tempo para tomar alguma atitude com relação a um homem que espanca a mulher que não seja fazer vista grossa.

A violência em especial precisa ser tratada com esperança porque no fundo a pessoa violenta não tem esperança. Lemos a respeito das "viúvas negras" na Chechênia e outras muçulmanas ao redor do mundo que estão dispostas a se tornarem terroristas suicidas. Como deveríamos nos sentir com relação a essas mulheres? A maneira como as encaramos diz muito a respeito da nossa consciência. A perspectiva mais comum é condená-las como as piores terroristas; são fanáticas irracionais que se venderam a uma religião que promete o paraíso como uma recompensa para o martírio. A segunda reação mais comum é vê-las como grotescamente equivocadas na religião delas. Essa visão provém daqueles que ainda sustentam que o Islã é uma religião pacífica que condena o suicídio e considera um pecado matar pessoas inocentes. Estou certo de que na frente de batalha essas mulheres são objeto de um medo intenso. Para um jovem soldado americano, a visão de uma mulher com véu, vestida de preto, cada uma parecendo quase idêntica às outras, encerra o potencial de que todas possam ser terroristas suicidas. É por esse motivo que algumas iraquianas inocentes foram mortas quando ultrapassaram os cartazes com sinais de parada nos postos de controle americanos. A desculpa de que elas não sabiam ler os avisos ou que os comandos verbais para que parassem foram proferidos em um árabe distorcido é fraca demais. É melhor atirar nelas do que correr o risco de estarem entre as fanáticas irracionais.

A visão menos comum é a de que essas mulheres perderam toda a esperança. À semelhança do que ocorre com a violência das gangues nas áreas pobres das cidades, aqueles entre nós que não têm esperança pertencem a uma subcultura, e o comportamento dessa subcultura possui vida própria. Um dos chefes de gangue mais violentos de Los Angeles era famoso por amputar os braços e as pernas de membros de gangues rivais enquanto estavam subjugados no chão. Finalmente, "Monstah", como era conhecido, foi capturado pela polícia e condenado à prisão perpétua em uma prisão de segurança máxima. Descobriu-se que ele era uma pessoa inteligente, de uma família que não era paupérrima. No entanto, o pai tinha abandonado a família antes de ele nascer e a vida no South Central de Los Angeles ensinou ao jovem Kody Scott – o seu verdadeiro nome – que ele só poderia sobreviver se se tornasse o homem mais cruel de uma subcultura na qual as drogas, o assédio da polícia e a lei da selva eram a norma do dia-a-dia.

Para Monstah, a violência tornou-se uma maneira de garantir o poder e adquirir status. Isso funcionou durante alguns anos enquanto ascendia ao "superestrelato do gueto" e depois alcançou um fim previsível. Ele era um sociopata e não sentia o mínimo remorso pelos assassinatos que cometia. Mas o que possibilitou que um sociopata se tornasse um modelo de status, poder e respeito entre os seus companheiros? A resposta é a inquestionável desesperança que era um dado básico naquele ambiente. Em muitas partes do mundo, a desesperança é um fato cotidiano. A Palestina, o Sudão, a Colômbia (país que continua a ter a taxa de assassinatos mais elevada do mundo, apesar das entradas maciças de dinheiro americano e da ajuda militar) e Ruanda nos vêm imediatamente à cabeça.

Assim como a hierarquia emaranhada fez com que americanos comuns fabricassem uma vida normal em torno das terríveis armas que desenvolvemos e da horrível possibilidade de que talvez sejam usadas contra nós, as pessoas comuns nesses lugares precisam fabricar uma vida normal ao redor da desesperança. É assim que a esperança é virada de cabeça para baixo. Ela pode proteger um problema e torná-lo pior. Não há dúvida de que uma das emoções mais difíceis de enfrentar é a desesperança, mas temos de enfrentá-la se quisermos compreender a esperança. Analise as duas frases seguintes:

Toda a minha família foi morta na Bósnia, mas espero que a luta termine.

O meu pai está me ensinando a fabricar bombas, mas espero nunca precisar explodir junto com elas.

Essas frases soam dolorosamente inúteis. No entanto, não são nem extremas nem imaginárias. Alguém encurralado pela violência está pensando nelas agora. No fim da década de 1980, a Europa e os Estados Unidos ficaram de lado e permitiram que milhares de bosnianas fossem estupradas e mortas, esperando que a diplomacia e a pressão internacional acabassem com a política sérvia de purificação étnica. Esse não é um uso impróprio da esperança?

O truque aqui é não se desesperar, mas, como nos desesperamos muito depressa na nossa condição atual, o desespero só pode ser evitado se nos aprofundarmos mais no valor espiritual da esperança. O mestre e místico sufista Meher Baba comentou certa vez: "O único pré-requisito para a iluminação é a completa desilusão." A ilusão nos mantém nas garras da negação. Ela nos persuade a confiar nos amigos falsos em vez de nos verdadeiros. Se você conseguir ver de olhos abertos quando a esperança é uma falsa amiga, estará avançando espiritualmente, porque o espírito não precisa de esperança quando pode ter a realidade.

A ESPERANÇA É UMA FALSA AMIGA

Quando é um disfarce para a negação.
Quando é sinônimo de apatia.
Quando encobre os conflitos.
Quando obriga as pessoas a sofrer em silêncio.
Quando habilita a condição de vítima.
Quando impede a realização.

Todas essas condições tendem a permanecer juntas, mas apesar disso são com freqüência excessivamente sutis para que a maioria das pessoas as perceba. Tenho um amigo que foi criado em uma família próspera. Quando criança, era sensível e amadurecido para a idade que tinha. A mãe dele gosta de dizer que aos seis anos ele era como um pequeno adulto. Ele se distinguiu na escola, formou-se posteriormente em uma faculdade da Ivy League e ingressou em uma carreira de sucesso. Ele havia aprendido rapidamente quando criança que havia algo errado na sua casa e que o problema girava em torno do seu pai.

– Eu ia dormir à noite ouvindo-o resmungar antes de perder a consciência e acordava muitas manhãs ouvindo-o tirar a tampa de uma garrafa de vodca. Eu não achava que isso fosse normal. Sabia que havia algo errado a respeito das suas explosões de raiva e a distância que não podia ser transposta entre o meu pai e as outras pessoas. Mas foi somente quando completei dez anos que a minha mãe me confessou que tínhamos um pequeno segredo de família: o meu pai bebia demais.

"A partir daquele momento, uma cortina caiu sobre o meu coração. Passei a sentir um ódio permanente do meu pai e uma intensa solidariedade com a minha mãe. Ela não era forte, mas possuía as qualidades da paciência amorosa e da aceitação tranqüila. Como essa era a maneira de ela lidar com o problema, segui o exemplo dela, ou pelo menos tentei segui-lo. Não conseguia encontrar nenhum motivo para amar o meu pai, mas aprendi a ser uma boa pessoa.

"E o fato de eu ser uma boa pessoa foi compensador. Cresci, saí de casa e fui bem-sucedido. Mais tarde, comecei a formar a minha própria família. No entanto, havia uma coisa da qual eu mais me orgulhava. Eu podia ter bebidas alcoólicas em casa e não beber demais. Ninguém seria capaz de dizer que eu tinha um alcoólatra na família."

O meu amigo seguiu o exemplo de esperança da sua mãe, uma mulher que não tinha outras ferramentas à sua disposição. Mas, na verdade, a esperança era uma falsa amiga, algo de que ele só se conscientizou anos mais tarde.

– Eu tinha ido ao dentista certo dia para extrair um dente. Estava com 32 anos na época e não estava me sentindo particularmente nervoso. Não senti dor e o dente morto tinha que sair. Mas quando o dentista e sua assistente se inclinaram sobre mim, com as cabeças quase se tocando enquanto preenchiam o meu campo visual, o rosto deles se transformou no rosto do meu pai e da minha mãe.

"De repente, soube que tinha sido vítima de um conluio. O meu pai mau e a minha mãe boa tinham unido forças sem que eu jamais desconfiasse. Naquele instante, fui atingido por um pensamento inconcebível: aquelas duas pessoas tinham roubado a minha infância. Elas podiam ter tentado cuidar melhor de mim, conhecer-me melhor. Mas não fizeram isso. Em vez disso, preferiram me roubar. Foi tudo que pude fazer para impedir que a minha dor transbordasse bem ali, na cadeira do dentista, tal a força com que enxerguei a verdade desses fatos. Era uma verdade que eu não podia mudar, mas o que era bem pior para mim é que se tratava de uma verdade que ninguém na minha família, principalmente as pessoas que diziam me amar mais, jamais admitiria."

Vejo nessa história a coragem de uma pessoa que conseguiu enfrentar a falsa esperança e depois emergir com a verdadeira esperança, do tipo baseado no autoconhecimento. O momento da compreensão foi doloroso, porém decisivo por ele ter podido liberá-lo.

A melhor esperança em qualquer situação segue certos princípios.

A MELHOR ESPERANÇA

Desmascara a negação.
Inspira um final para a apatia.
Enfrenta o conflito.
Acaba com o sofrimento silencioso.
Muda a situação das vítimas.
Promove a compreensão.

O caminho da paz inclui todas essas coisas e qualquer pessoa que queira levar esperança para um lugar como o Iraque, o Sudão ou a Colômbia terá sucesso se seguir esses princípios.

Desmascarando a negação

A negação é a convicção genérica de que as coisas vão melhorar se não fizermos nada. No entanto, não se trata de um mecanismo simples. Estamos envolvidos na negação quando acreditamos que palestinos e israelenses podem conviver ou essa convicção é a melhor esperança e vale a pena ser perseguida? Estamos envolvidos na negação quando acreditamos que o Oriente Médio pode ser libertado dos fiéis fanáticos que controlam o diálogo em cada país ou essa é uma visão do futuro que precisamos manter viva? Não existe nenhuma resposta fixa da qual possamos nos apossar e considerar verdadeira, mas, se removermos a negação, a esperança terá uma chance.

É negação afirmar que o nosso lado de uma disputa está sempre certo e o outro, sempre errado.

É negação fingir que somos destemidos.

É negação afirmar que estamos dispostos a pagar qualquer preço para conseguir o que queremos.

É negação agir como se a outra parte não existisse e não tivesse o direito de se expressar.

É negação dizer que não temos nada em comum com o nosso inimigo.

A guerra persiste porque as nações se escondem atrás dessas negações. Ceder à condição humana comum é considerado difícil demais. Uma nação teria de dizer à outra: estou com tanto medo quanto você. Sei que lutamos porque queremos a mesma coisa, mas nenhuma das duas vai consegui-lo. Temos de ser solidárias uma com a outra e verificar se as nossas diferenças podem ser resolvidas. Os diplomatas podem querer dizer essas coisas, mas sabem que se o fizer estariam cometendo um suicídio profissional. A negação continua porque ela se disfarça de força. Um dos truísmos da terapia é que aquilo que não reconhecemos não pode ser compreendido e o que não compreendemos não pode ser curado. Quando um país assume a postura de ser durão e forte, de não admitir fraquezas, de não mostrar clemência, o resultado no curto prazo pode ser um incremento na segurança, mas o resultado no longo prazo é o aumento da violência. Enquanto escrevo estas linhas, o presidente Putin está exigindo um aumento radical de poder na crise permanente com a Chechênia. Ele suprimiu a liberdade de imprensa, neutralizou opiniões antagônicas na televisão estatal, prendeu inimigos das suas reformas econômicas e promete esmagar qualquer ação rebelde contra Moscou, seja o terrorismo, seja qualquer outro crime. Esse é um exemplo extremo de como a negação conduz a medidas desesperadas, pois o argumento de que a violência precisa ser enfrentada a cada passo com mais violência revelou-se desastroso ao longo da história. Aquilo que Putin se recusa a admitir, ou seja, que o inimigo possui queixas legítimas, é o que precisa emergir do disfarce da negação para que o ciclo da violência tenha a chance de terminar.

Aquilo a que resistimos persiste; o que sentimos podemos curar.

Inspirando um fim à apatia

A apatia tem sido vista como uma fraqueza moral ou uma recusa de cumprir o nosso dever. A culpa do apático comparecimento dos eleitores às urnas, por exemplo, é atribuída ao poder excessivo de grupos fragmentados como a direita fundamentalista cristã no seu pior aspecto. Na maioria das vezes, contudo, a apatia é um sintoma de sentir-se oprimido. Se você colocar um rato branco sobre uma placa que emite uma carga elétrica e aplicar um choque moderado em intervalos regulares de alguns minutos, o animal inicialmente terá uma reação forte. Dará pulos a cada choque e tentará freneticamente escapar. Mas se você continuar a aplicar os choques, os esforços do rato para escapar se tornarão fracos e erráticos. Finalmente, você poderá administrar todos os choques que quiser em qualquer intensidade de dor. O rato ficará deitado quieto, sem se mexer.

O choque da violência moderna criou em nós o mesmo efeito. O Vietnã foi notoriamente a primeira guerra televisionada. Com as imagens da morte e da destruição saltando diante dos nossos olhos, não havia como *não* reagir. Mas as imagens não paravam nunca e intermitentemente eram terríveis demais para serem assimiladas (como a foto desoladora de uma menina vietnamita nua correndo aos gritos pela estrada, fugindo de um ataque de napalm). Um dos princípios que fundamentam o pensamento oriental é que cada pessoa possui um corpo emocional que pode ser marcado com cicatrizes, exatamente como o corpo físico. As cicatrizes no corpo físico impedem o crescimento de um novo tecido; indicam que o processo de cura foi interrompido um pouco antes de ter sido alcançada a verdadeira cura, que possibilita uma nova vida e um novo crescimento.

Essas repetidas imagens de horror causaram cicatrizes horríveis no nosso corpo emocional e, como os ratos sobre a placa elétrica, deixamos de reagir, por mais forte que a carga seguinte possa ser. O restante da psique se organiza em volta do tecido marcado pela cicatriz, assim como a pele continua a crescer ao redor da cicatriz da batalha. Quando surgiram as imagens de tortura da prisão de Abu Ghraib, no Iraque, fiquei perplexo com a ausência de uma profunda reação emocional. As pessoas se mostraram chocadas, surpresas, consternadas, incrédulas, indignadas e estarrecidas. No entanto, esse mal-estar não se transformou na vergonha e na dor permanentes que se seguiram às fotos dos campos de concentração alemães quando foram liberadas em 1945. Não que os dois crimes sejam iguais, mas, em ambos os casos, uma pessoa ética sentiria a mesma dor profunda pela humanidade traída.

Faz parte do caminho da paz ficar ferido cada vez que a humanidade é traída. A apatia, sob a forma de entorpecimento emocional, precisa ser debelada para que isso aconteça. Exatamente como as vítimas de um extremo abuso doméstico, o corpo emocional, que a guerra marcou com cicatrizes, pode continuar em um estado de desesperança. Você e eu não estivemos presentes ao massacre no Camboja ou em Ruanda, mas o nosso corpo emocional confere a esses eventos uma presença dentro de nós mesmos. *"Se o fizerdes ao menor dos meus irmãos, estareis fazendo a mim"* é o princípio norteador nesse caso. A esperança entra como uma ferramenta de cura para dizer que a humanidade pode ser traída, porém nunca esquecida. A esperança é a mão que se estende e diz: *Sinto quem você é e o que está acontecendo a você.*

Enfrentando o conflito

Muitas pessoas espirituais acreditam que o conflito sempre deve ser evitado. Elas o desaprovam moralmente; na mente delas, todo conflito é uma forma de violência. No entanto, o conflito interior está presente em todo mundo. Somos motivados por sentimentos e idéias contraditórios e, às vezes, as contradições são dolorosas. Você quer se ver como uma boa pessoa, mas tem impulsos que nenhuma pessoa boa (como você o define) deveria ter. Quer ver o seu país como um bom país, mas ele tem impulsos que nenhum país bom deveria ter. Existe muito pouca diferença entre esses dois estados.

A maior parte da violência no mundo não é praticada por pessoas más, e sim por pessoas que estão expressando o que existe dentro delas, e, se o que houver do lado de dentro for a raiva e o medo, o esforço de reprimir esses sentimentos acabará fazendo com que se manifestem. Eu disse que todas as guerras são erupções do inconsciente. O conflito que obtém todas as manchetes é a guerra internacional, mas a guerra interior, que tem lugar no íntimo de cada pessoa, é na verdade mais importante. É a semente que dá origem a todos os outros conflitos.

É claro que os nossos líderes não admitem nada disso. Os políticos estão sob uma enorme pressão para aparentar ser o que não são: seguros, estáveis e conclusivos em todos os momentos. Em outras palavras, desprovidos de conflito. Essa forma de engodo público é prejudicial a todo mundo. A desculpa habitual para a fachada de força inabalável do político é que o público exige líderes fortes. O ex-presidente Bill Clinton pagou um preço altíssimo em humilhação e vergonha por não ter admitido que tinha fraquezas. Na sua autobiografia, ele detalha as aventuras sexuais malsucedidas que perseguiram a sua carreira desde o início, nascidas de impulsos que ele não conseguia controlar. No entanto, os impulsos só são incontroláveis quando damos atenção a eles tarde demais e começam a irromper sozinhos.

Quando foi fazer terapia para examinar os motivos que o levaram a destruir publicamente a sua reputação, Clinton descobriu o conceito de *splitting* [divisão]. Esse termo descreve uma tática da psique: quando temos desejos que são tão maus ou vergonhosos a ponto de serem rejeitados pelo nosso eu oficial, eles são isolados em uma região que não tem nenhum contato com o resto da personalidade. Muitos tipos de comportamento extremo se encaixam nessa categoria. A raiva assassina, do tipo que instiga os assassinos em série, ou a violência sexual psicopática, como a que aflora nos estupradores em série, é separada tão completamente que a pessoa na verdade dá a impressão de ser mais meiga e gentil do que a média.

Uma vez separadas, essas energias da psique não ficam adormecidas. Fazem parte de nós e, portanto, podem pensar, sentir e falar conosco. Como crianças abandonadas, querem atenção e, quanto mais as desprezamos, mais estridentes tornam-se as suas exigências. No caso de Clinton, a representação foi ficando cada vez mais de mau gosto, finalmente insinuando-se no Salão Oval, exatamente onde o eu oficial deveria estar em sua melhor forma. As energias divididas sabiam disso. Sabiam que um presidente deve ser forte, disciplinado, um modelo de autocontrole. Haveria maneira melhor de mostrar que outra parte da psique era selvagem, permissiva e descontrolada?

Ninguém está imune ao *splitting,* embora ele possa ser extremamente bem disfarçado. Você não precisa ser uma personificação do Médico e o Monstro, a clássica parábola do *splitting.* Fiquei fascinado ao ler como a respeitada psicoterapeuta suíça Alice Miller percebeu o poder do seu próprio conflito interior. Ela era uma pessoa aparentemente saudável, sob o aspecto psicológico, tendo feito o seu treinamento como psicoterapeuta e freqüentado dois cursos completos de psicanálise. Isso certamente significava que ela tinha examinado e eliminado toda a vegetação rasteira emaranhada da sua mente inconsciente. Certo dia, no entanto, ela se matriculou em um curso de arte no qual o professor encorajou os alunos a reproduzir, sem censura, quaisquer imagens que desejassem trazer à luz. Deveriam pintar o mais livremente possível, sem emitir julgamentos negativos a respeito de qualquer imagem por julgá-la excessivamente estranha, assustadora ou inadequada. Miller ficou estupefata ao descobrir que as imagens despejadas pelo seu pincel eram muito violentas. Mostravam figuras providas de presas aprisionadas atrás de grades. O rosto delas exibia expressões atormentadas. À medida que aquelas imagens perturbadoras vinham à tona, absolutamente idênticas às que poderiam ter sido pintadas em um hospício, Miller começou a voltar a cenas da sua infância que supostamente tinham sido resolvidas nos seus anos de terapia. Na verdade, isso estava longe de ser verdade. Elas ainda estavam repletas de carga psíquica, cheias de raiva e de dor. Os prisioneiros com presas das suas imagens eram ela mesma.

Se isso aconteceu com uma pessoa com tanto discernimento e inteligência, não creio que nenhum de nós possa tirar a conclusão de que somos completamente não-violentos por dentro. Podemos não extravasar a nossa violência, tendo-a transformado em um comportamento aceitável ou eliminando-a totalmente da nossa vida cotidiana. No entanto, o fato de o mundo exibir tanta violência significa que o nosso conflito oculto encontrou uma maneira de se retratar externamente.

O caminho da paz nos conduz à verdade interior por um ou outro caminho. Alice Miller chegou até essa verdade ao deparar com indícios inegáveis dos seus demônios internos. Você e eu poderemos encontrar nossa verdade de uma maneira diferente, através da depressão, da tristeza, de explosões de raiva, de uma consciência importuna ou simplesmente da coragem. Há esperança de que qualquer conflito possa terminar quando chegamos à sua origem. O conflito é o resultado inevitável da separação. Não é nossa culpa ou nossa vergonha. O conflito possui até mesmo um lugar necessário na jornada da alma. Ele atua como o ponto de encontro entre duas escolhas, e desde que estejamos no caminho, a escolha é uma constante. Não existe uma escolha única que possamos fazer de uma vez por todas. A jornada é excessivamente dinâmica para isso e os impulsos mais profundos retornam muitas vezes em diferentes estágios da vida. A esperança nos diz que todo conflito está servindo o espírito, mesmo naqueles dias sombrios em que somos tentados a acreditar que o conflito só está presente para nos derrotar.

Acabando com o sofrimento silencioso

A visão moral da violência, que a rotula de má e errada, pouco fez para acabar com ela. A visão alternativa é abandonar os nossos julgamentos e ver a violência pelo que ela é: uma forma de sofrimento. Essa é uma mudança difícil para muitas pessoas. Não apenas elas têm o hábito de fazer julgamentos automáticos, como também as pessoas violentas causam danos e, por conseguinte, o sofrimento delas parece merecer menos solidariedade. *Você me feriu, então por que eu deveria sentir compaixão por você? Na verdade, você é que deveria sentir compaixão por mim.* É preciso ser um santo para efetuar a mudança da indignação moral para a compaixão?

Penso no bispo de Digne em *Os miseráveis,* de Victor Hugo que oferece abrigo e comida para Jean Valjean, o prisioneiro faminto que está sendo perseguido. Como retribuição pela bondade recebida, Valjean furta objetos de prata do bispo. Quando é preso pela polícia e levado à presença da vítima do seu crime, Valjean está certo de que será mandado de volta para a prisão que o privara de toda fé e esperança. Em vez disso, o bispo endossa o álibi de Valjean de que o par de valiosos castiçais de prata encontrados pela política tinha sido um presente. Ele profere então as frases decisivas do romance: "Você não pertence mais ao mal, e sim ao bem. Estou comprando a sua alma de você. Eu a removo dos pensamentos sombrios e do espírito da perdição. Eu a entrego a Deus!"

O que torna essa cena extremamente comovente é o fato de ela não pertencer apenas a um criminoso desesperado, mas também à jornada da alma de todas as pessoas. Os pontos críticos surgem quando podemos fazer a escolha de não sofrer em silêncio, porque é nesses momentos que fazemos um pacto com a alma que é assustador, porém necessário. O pacto é que a redenção é possível por meio do amor. A ausência do amor é definitivamente o problema, e o amor é definitivamente a solução. Não temos de formular essa verdade de uma forma religiosa. Não precisamos entrar em contato com outra esfera para localizar o poder redentor do amor que está disponível para nós aqui e agora.

O problema é que o amor surge através de um ser humano falível. Figuras de uma bondade irrepreensível como o imaginário bispo de Digne são inspiradoras, mas não basta apenas imitá-las mecanicamente. (A bondade praticada como um ritual, um hábito ou um dever tem o seu lugar. Eu preferiria ver cada mendigo na rua receber uma esmola do que vê-los ser tratados com desprezo e descaso.) No entanto, a bondade decisiva, o ato que salva uma alma da maneira como Jean Valjean é salvo não é a norma. A norma é trabalhar constantemente no caminho espiritual para eliminar os obstáculos que impedem o amor de surgir através de nós. O trabalho se parece muito mais com o esforço realizado para desentupir um encanamento do que com o ato de imitar um santo.

A esperança é a emoção que sustenta esse trabalho determinado, mesmo quando os resultados parecem lentos ou impossíveis. Sou capaz de amar o terrorista que causa danos ao meu país? Sou capaz de amar o criminoso que quer me fazer mal? No nível da alma eu já os amo e o caminho espiritual é um meio para chegar a esse nível. Como a alma não vive em um lugar, a metáfora da jornada não é realmente precisa. O que é exato é o processo da mudança. Não é pedindo a alguém que sinta uma compaixão repentina pelos terroristas ou mesmo que anuncie publicamente que os nossos inimigos merecem ser amados. Mas, na nossa alma, cada um de nós abriga o conhecimento de que somente o amor vai acabar com a violência. Independentemente de como você e eu vivamos nossa vida exterior, nossa vida espiritual precisa permanecer dedicada a essa visão.

Modificando a situação de vítima

Uma situação que precisa ser constantemente abordada é a da vítima. Jaz enterrada no fundo da minha mente uma frase que li há mais de trinta anos e que dizia que a raiva é o resultado da convicção da injustiça. É uma construção filosófica para uma idéia simples: quando sentimos que a vida é injusta conosco, reagimos com raiva. As vítimas surgem em várias nuances de raiva. Algumas encontram-se em um estado de indignação virtuosa expressa em voz alta. Outras estão esgotadas, exaustas por uma raiva que arde lentamente e que nunca será respondida e por antigas injustiças que nunca serão corrigidas. Entre esses dois extremos de indignação e exaustão, a vida normal continua. Mas na vida normal a condição de vítima também é comum. As pessoas vivem o dia-a-dia, abrigando uma série de convicções que as mantêm paralisadas na condição de vítima:

O SISTEMA DE CRENÇAS DA VÍTIMA

O que você precisa enfrentar antes de poder se recuperar

Sou completamente inocente. Não mereço o que estou passando.
Não havia nada que eu pudesse fazer a respeito.
A culpa é de outra pessoa.
As pessoas às vezes são cruéis.
A vida é injusta.
Quero voltar a estar no controle, mas é difícil.
Tenho que ficar alerta o tempo todo agora. Poderia acontecer de novo, mas não vou deixar.
Praticamente não há nada que eu possa fazer a respeito desse medo.

O movimento de recuperação está hoje maduro o suficiente como força social que essa lista de convicções não será uma surpresa. No entanto, nós nos acostumamos demais a ver as vítimas através dos olhos delas. Elas acreditam nesses princípios de todo o coração, o que torna difícil enxergar além do trauma. Para muitas vítimas, o trauma lhes confere um propósito. De uma maneira estranha, ser magoado torna-se a vida delas, assim como a doença pode tornar-se a vida inteira de um inválido crônico. Sabemos que não é saudável para uma pessoa inválida transformar-se na sua doença e é igualmente prejudicial uma vítima transformar-se no seu trauma.

No entanto isso acontece, freqüentemente sem aviso. O conhecido psiquiatra Irvin Yalom escreve a respeito de uma mulher rica e já com certa idade, cuja vida era aparentemente tranqüila. Ela era feliz e saudável, até a noite em que foi a um restaurante com o marido. No estacionamento, um assaltante agarrou a bolsa dela e fugiu. Ele nunca foi apanhado e a bolsa jamais foi recuperada. Essa não é uma ocorrência rara em qualquer cidade grande, mas as conseqüências para essa mulher foram extraordinárias.

Ela não conseguia esquecer o incidente. Em vez de diminuir com o tempo, ficou mais marcante. Ela começou a sentir-se profundamente profanada e, nos meses seguintes, uma parte dela foi roubada: a sensação de ser invulnerável. Ela não sabia, mas essa era uma parte fundamental da sua constituição psicológica, como é para todos nós. Mais de um mestre espiritual disse que devemos viver cada dia como se a morte estivesse nos perseguindo constantemente, pois isso é de fato verdade. Mas a nossa psique está organizada em torno da idéia oposta, ou seja, que nunca seremos feridos, jamais ficaremos doentes e nunca morreremos.

Debaixo da superfície, todos sabemos que essas verdades são evidentes por si mesmas. Mesmo assim, não as aceitamos. Ficar doente e morrer está sempre acontecendo a outra pessoa. Os mestres espirituais que querem que nos conscientizemos da mortalidade não são sádicos. Apenas acreditam que, se voltarmos as costas para a verdade, ela nunca será capaz de nos libertar. É por esse motivo que experimentar o trauma é a única solução para a condição de vítima. A definição mais simples de vítima é a seguinte: uma pessoa que não consegue cessar de ser ferida.

E foi exatamente como essa mulher começou a se relacionar com o mundo. Intensamente deprimida, passou a ter medo de tudo. A menor ameaça, ou mesmo a sugestão de uma ameaça, a lançava em um paroxismo de terror. Na verdade, ela se tornou a sua própria terrorista, pois a característica inconfundível do terrorismo é fazer com que a vida cotidiana pareça inevitavelmente perigosa. Nas próprias palavras, ela perdera a sensação de ser especial, o que para ela significava estar segura e protegida do mal que vem de outras pessoas menos especiais.

A resposta para o caso dessa senhora foi a terapia a longo prazo, mas mencionei essa história porque ilustra a natureza insidiosa do sistema de crenças da vítima. Não existe nenhuma dúvida de que os fatos parecem amparar todas as convicções que relacionei. Se alguém comete ao acaso uma violência contra você, os fatos parecem gritar que a vida é injusta, que você é inocente, que a crueldade humana aleatória levou embora o seu senso de autocontrole.

Mas, apesar de tudo isso, o que está realmente acontecendo é que você passou a se relacionar com o mundo através de um trauma. Não foi o trauma em si que causou a mudança. Foi preciso haver uma disposição interior. Na verdade, a vida não é nem justa nem injusta. O mundo é um reflexo de quem somos interiormente.

Vi-me recentemente frente a frente com esse fato em um encontro que me fez ser invadido por uma espécie misteriosa de admiração. Ao comparecer a um evento social em uma cidade distante, fui apresentado a um casal na casa dos oitenta anos. Eles eram checos e houve uma simpatia mútua quando expressei a minha admiração por Vaclav Havel, ex-presidente da Checoslováquia (hoje República Checa), que é uma figura extraordinariamente espiritual.

O casal sorriu e assentiu com a cabeça. Ao observá-los, percebi que encerravam algo diferente. Irradiavam uma luz tranqüila que parecia ao mesmo tempo pacífica e repleta de alegria. Chegou a hora de eu ir embora e, posteriormente, no carro, o meu anfitrião disse: "Estou contente por você ter gostado tanto deles. Você sabia que eles se conheceram em Auschwitz?"

Fiquei aturdido. Ao ver a minha expressão, o meu anfitrião contou-me a história do casal. Ambos eram judeus e tinham sido recolhidos com outros judeus-checos por volta de 1943. O homem, que era padeiro, tinha na ocasião apenas vinte e poucos anos, mas os nazistas precisavam de padeiros e ele foi mantido vivo. Passaram-se os meses e ele só sobreviveu porque o trabalho de exterminação em massa não pôde ser concluído antes da chegada dos Aliados. A mulher sobreviveu principalmente porque chegara muito tarde e os seus dados não tinham sido totalmente processados. Além disso, por ser jovem e saudável, o seu trabalho também foi explorado.

Eu não conseguia combinar esses fatos horríveis com as duas pessoas que acabara de conhecer. Eles não desgastavam a sua história expondo-a o tempo todo; na verdade, nunca a mencionavam. Tive uma enorme vontade de perguntar-lhes se a experiência que tiveram nos campos havia acarretado o seu atual estado de paz, por meio de um ato de alquimia do qual a psique certamente é capaz quando enfrenta uma profunda atrocidade. Ou já eram assim antes? Ou foram necessários anos de esquecimento consciente para que superassem o trauma?

Nunca saberei a resposta, mas uma coisa eu sei: se você conseguir parar de se relacionar com o mundo através do seu trauma, há esperança de que possa começar a se relacionar com ele através da alma. Eis como deve ser o processo.

As vítimas se agarram à sua condição porque sentem ser inocentes. O marido que de repente anuncia que quer o divórcio porque está apaixonado por outra mulher, o assaltante que saca um revólver ou uma faca em uma rua escura quando saltamos do carro, o acidente de carro que mata um membro da nossa família: nenhum desses eventos possui uma causa justificada. Ficam estampados na mente como uma ferida, e esse é o problema. Ela sempre dói. Sempre leva tempo para ficar curada. Sempre resulta em lágrimas e ansiedade às quais nos sentíamos imunes anteriormente.

No entanto, sob certos aspectos, a ferida psíquica é diferente do ferimento físico. Se não ficarmos alertas, a ferida psíquica passa a fazer parte da nossa identidade, o que faz com que o perigo de nos relacionarmos com o mundo através dela se torne mais intenso. As vítimas não conseguem impedir a mudança na personalidade. À semelhança do que aconteceu à mulher cuja bolsa foi roubada, é como se um vírus invasor tivesse penetrado no sistema e não pudesse ser detido. Ele corrompe a sensação diária de que somos felizes, especiais e protegidos.

Tudo isso é para dizer que a idéia específica de *eu sou inocente* é um subterfúgio, um disfarce. De fato você é inocente. O ataque contra a sua percepção do eu não tem justificativa, mas somente uma percepção do eu mais forte irá resgatá-lo. A sua mente nunca determinará por que você, entre tanta gente, foi ferido. As lutas dela são inúteis desde o início. Conheci pessoas que passaram anos tentando descobrir se a sua falta de sorte se deve ao mau carma. Essa se torna a palavra mágica para uma lógica deturpada que diz: "Eu não julgava merecer ser ferido, mas examinando uma camada mais profunda, mais mística, percebo que merecia."

Essa não é realmente uma resposta. Em primeiro lugar, não cura a ferida. Segundo, existe como um conceito mental e pouco faz para acalmar as emoções, que são o principal combustível da permanente condição de vítima. Você se *sente* vitimado, independentemente do que sua mente possa dizer. Desse modo, mesmo que acredite sinceramente que existe um nível de culpa mais profundo que neutraliza sua inocência, o que entendeu? Que todas as ações são ao mesmo tempo culpadas e inocentes? Essa maneira dupla de pensar me impressiona como sendo a essência da confusão e da inutilidade.

O pacote inteiro – o evento em si, a ferida, os sentimentos que irrompem e a luta da mente para encontrar uma explicação – está tão entrelaçado que não pode ser desenredado. Se conseguir enfrentar esse fato, terá dado um grande passo para compreender como a vida funciona. Isso não significa que você não possa curar a ferida. Na verdade, entender que essa realidade está emaranhada ajuda a cura, porque você pode se impedir de perseguir a falsa esperança de que tudo um dia será revelado e corrigido.

A verdadeira esperança oferece algo diferente. Você pode se recuperar. Atormentar-se com a culpa e a inocência talvez seja inevitável; todos fazemos isso grande parte do tempo quando coisas ruins nos acontecem. Existe, no entanto, uma verdade mais profunda: a alma possui uma visão clara da saída. Você precisa ter conhecimento desse fato para se beneficiar dele. Sem dúvida, o mundo é uma hierarquia emaranhada, mas essa frase implica que existe algo no topo da hierarquia. Esse algo é a consciência absoluta, o puro estado da existência. A essência dele é a sua essência. A inteligência dele é a sua inteligência. A lucidez e a capacidade dele de organizar a vida são suas. A vítima perde o contato com essas verdades. A condição de vítima deixará imediatamente de existir quando a pessoa recuperar a consciência. O caminho da cura a traz de volta, passo a passo. Com isso em mente, a esperança é a garantia de que a sua conexão com a Existência pura nunca poderá ser perdida; o pior trauma do mundo não pode causar um único arranhão na Existência.

Promovendo a compreensão

Estou tentando, da melhor maneira possível, concatenar as coisas cruciais que a esperança pode fazer. As emoções podem ser gradualmente curadas, de maneira a não serem mais anestesiadas por traumas passados. As suas convicções podem ser modificadas por meio de uma análise séria. No entanto, com o tempo, é preciso haver um passo que faça a sua nova realidade ficar tão solidamente coesa quanto a antiga.

Esse passo é a compreensão.

A compreensão encerra um poder mágico, semelhante à percepção intuitiva, porém muito mais profundo.

Você de repente *sabe* que é o criador da sua vida. Pode reunir o poder da mudança à sua volta. A realização, ou a ausência dela, afeta a vida de todo mundo. Todo médico fica impressionado com a forma peculiar como as pessoas reagem aos diagnósticos. Sintomas idênticos podem dar origem a resultados incrivelmente variados. Esse fato é particularmente misterioso no caso do câncer. Algumas das malignidades mais violentas, como o melanoma, o câncer de pele mais fatal, também têm as taxas mais elevadas de remissão espontânea.

Já presenciei casos desse tipo e também o oposto. Tive uma paciente jovem, anos trás, cuja radiografia do pulmão apresentou uma sombra suspeita. A sombra era compatível com o câncer de pulmão, mas de modo algum um diagnóstico definitivo. Todavia, a jovem ficou arrasada com a notícia. Sofreu um rápido declínio e morreu meses depois de câncer no pulmão. No entanto, um exame retrospectivo das radiografias anteriores, tiradas mais de cinco anos antes, revelou que a mesma sombra estivera presente na época e mostrara apenas leves sinais de crescimento. O médico anterior não mencionara a sombra à moça ou minimizara a sua importância.

A conclusão inevitável é que o câncer só se espalhou rapidamente depois que a paciente se conscientizou do perigo da doença. Em resumo, ela morreu por causa do diagnóstico. Esse fato seria considerado na medicina uma forma extrema de um fenômeno bastante conhecido, chamado controle por parte do hospedeiro. Todos somos expostos diariamente a um sem-número de organismos de doenças, alguns dos quais são derrotados pelo sistema imunológico, outros passam pelas nossas defesas e nos fazem ficar doentes, e outros simplesmente vivem dentro de nós como hóspedes despercebidos. Considerando-se esse fato, de que maneira os micróbios selecionam quais os que vão causar problemas e quais os que não vão? Aparentemente, a decisão é tomada pelo próprio corpo. De alguma maneira, o hospedeiro controla a doença que vai florescer e qual a que não vai.

Até descobrirmos como funciona o controle por parte do hospedeiro (e a ciência está distante desse ponto), só podemos afirmar que o paciente como um todo está envolvido. As pessoas morrem o tempo todo porque é o que desejam e sobrevivem o tempo todo porque não querem morrer. Lembro-me de um casal que foi internado no hospital quando eu era um jovem residente. Ambos tinham câncer e o estado do marido era muito pior do que o da mulher, mas ele agüentou semana após semana. Apesar da diferença relativa da doença da esposa, ela morreu primeiro. Vinte e quatro horas depois o marido também faleceu. Sei que ele esperou conscientemente por ela, porque certo dia, durante a minha ronda diária, ele declarou que um cavalheiro sempre segura a porta para uma dama. E foi exatamente o que ele fez.

A realização espiritual se parece muito com o controle por parte do hospedeiro. Em algum nível, todos sabemos tudo, porque nada somos além de consciência pura. Sabemos quem nos ama e quem não nos ama. Sabemos que há uma igualdade entre os seres humanos, que existe uma realidade além do aspecto físico, que nada acontece por acaso. Os momentos resplandecentes que recebem o rótulo de epifanias acontecem quando nos permitimos saber o que já sabemos.

No flamejante ah! da compreensão, a vida torna-se mais real, não tanto por ter mudado, mas por termos decidido nos relacionar com ela de um modo diferente. Por sorte, não se trata apenas de uma variação de humor. Na hierarquia emaranhada, certos poderes só são desvelados quando nos permitimos explorá-los.

Se a esperança for o seu guia, você precisa estar disposto a examiná-la metafisicamente. Rumi, o poeta metafísico mais seguro de si, diz o seguinte: "Existe um campo entre o certo e o errado. Venha e eu o encontrarei lá." Na Índia, isso se chama Vedanta. Veda é a verdade, a vida boa que é entregue por Deus, mas todo o bem do mundo não pode torná-lo um lugar pacífico. Temos tido a bondade por um longo tempo, mas o mundo é um sumidouro de violência, intolerância, fome, guerra e ganância. Vedanta significa o fim do Veda; em outras palavras, olhar além da bondade. Você poderá chamar isso de uma forma de esperança radical, e eu concordo, mas o que a tornará uma realidade?

Compreender que somente as soluções espirituais darão certo.

Essas soluções só acontecem com uma mudança na consciência.

A mudança na consciência acontece em uma pessoa de cada vez.

Existe uma lei espiritual que afirma que precisamos celebrar nossas perdas, porque somente o irreal pode ser perdido, e, quando ele se vai, o real permanece. Donde o conselho aparentemente cético de Meher Baba (porém na verdade muito sábio) de que o caminho para a iluminação é através da total desilusão. A palavra-chave é *total*. Se você pretende mudar sua consciência tão completamente a ponto de a violência ser extinta, deixará de ser uma personalidade motivada pelo ego. Não terá nenhum interesse pessoal na política, na psicologia, no dinheiro ou no futuro. Só se interessará pela região intemporal onde nasce a consciência. Encontre esse campo gerador e todos os dias que o tocar, mesmo que de leve, aumentará a paz do mundo de uma maneira que nenhuma outra ação pode esperar fazer. Em um determinado nível, você permanecerá o cidadão interessado, aquele que faz o bem, a pessoa cheia de esperança. Mas em um nível mais profundo, olhará para o absoluto como o único causador da transformação aqui na Terra.

Epílogo

VOCÊ CONHECE a fábula budista de Pêlo Grudento e o Príncipe das Cinco Armas?

Pêlo Grudento era um monstro, um ogro gigante que morava nas profundezas da floresta na Índia. Ele se alimentava dos aldeões que viviam além da floresta e os mantinha permanentemente aterrorizados. Certo dia, um herói surgiu em cena para salvá-los. Ele tinha o curioso nome de Príncipe das Cinco Armas. Quando ele nasceu, os astrólogos da corte reuniram-se em volta do seu berço e profetizaram que o bebê seria um poderoso guerreiro quando crescesse e que dominaria cinco armas, em vez de apenas uma. Armado com as cinco armas, o príncipe partiu para derrotar o monstro.

Quando os dois se encontraram na floresta, o príncipe pegou o arco e atirou uma rajada de flechas sobre o ogro, mas o pêlo compacto e emaranhado de Pêlo Grudento era impenetrável, e todas as flechas eram inúteis e ficavam grudadas nele. O príncipe desembainhou a espada e atacou o ogro, mas esta também ficou presa no pêlo grudento do ogro, junto com a faca, a clava e a lança do príncipe.

Tendo perdido as cinco armas, o príncipe saltou sobre a besta atacando com os punhos, mas em instantes suas mãos e pés também ficaram grudados no pêlo de Pêlo Grudento. O monstro o teria comido imediatamente, mas a coragem do Príncipe das Cinco Armas lhe rendeu uma pausa.

– Se este herói pode lutar contra mim com tanta bravura, talvez seja melhor eu refletir sobre o assunto – ponderou Pêlo Grudento.

O príncipe estava condenado, mas de repente teve uma inspiração.

– Não ouse me comer – gritou com audácia. – Todas as minhas armas podem ter ficado grudadas em você, mas tenho um segredo dentro de mim. Assim que me engolir, ele explodirá e você morrerá.

Pêlo Grudento ficou impressionado, e por não querer morrer, deixou o Príncipe das Cinco Armas livre. Mas antes que ele partisse, Pêlo Grudento quis saber qual era o segredo oculto.

– É uma sexta arma que eu nunca vi?

– Não é uma arma, e sim a compaixão – disse o príncipe, que era bastante versado na sabedoria do Buda. – Esse era o meu segredo oculto, ao qual você não poderia ter sobrevivido.

O monstro ficou tão motivado que a partir daquele dia tornou-se discípulo do Príncipe das Cinco Armas. Aprendeu o Caminho Óctuplo. Com o despertar da paz interior, perdeu sua natureza violenta. Aprendeu que todas as suas ações monstruosas resultavam de más ações passadas que podiam ser expiadas. No final, Pêlo Grudento se tornou iluminado e assim os aldeões ficaram livres do monstro da floresta.

O mesmo segredo oculto pode nos salvar se nos voltarmos para ele. A compaixão está fazendo o seu trabalho em milhares de corações ao redor do mundo. É preciso renunciar ao oposto de compaixão porque a nossa maldição está na raiva, na vingança, na morte mecanizada e na violência contra a natureza. Nenhuma outra cura acabará com a guerra. Não será o sofrimento que acabará com a guerra e tampouco a esperança descuidada de alcançar uma vitória total sobre o mal. O verdadeiro trabalho pela paz envolve uma pessoa avançar de cada vez e, com o tempo, alterar o equilíbrio no mundo. A história já enviou guias de compaixão em Cristo, Buda, Lao-Tsé e um sem-número de santos de todas as religiões, inclusive do Islã. Não precisamos de mais guias. A mensagem não precisa mais ser transmitida.

Você, eu e muitas outras pessoas não sentimos nenhuma necessidade da guerra, não encontramos nenhuma satisfação nela. Nós nos soltamos do pêlo de Pêlo Grudento. Cada pessoa que se solta é uma unidade de paz. Não sei quantas unidades são necessárias para mudar o mundo. O ogro que devora seres humanos não tem necessidade de vítimas. Mas as armas mais terríveis foram experimentadas e é chegada a hora de usar o segredo oculto dentro de nós. Você e eu nada somos em comparação com o enorme mecanismo de morte mecanizada que nos esmagou. Sabemos, no entanto, que o nosso segredo oculto é real e devemos celebrar: é nossa a única arma que certamente destruirá o monstro.

Apêndice

O Programa para Pacificadores

SEGUE-SE UM TEXTO que resume o programa semanal para pacificadores que aparece na página 7 de *A paz é o caminho*. Ele é apresentado aqui como um referência para qualquer pessoa interessada em tornar-se parte de uma comunidade de consciência. É possível fazer o download desse mesmo conteúdo [em inglês] no site *www.chopra.com*, onde ele é apresentado em formato para impressão no tópico News from Deepak.

SETE PRÁTICAS PARA OS PACIFICADORES

Como acabar com a guerra pessoa por pessoa

A GUERRA É a praga que os seres humanos impõem a si mesmos. Também é uma praga que talvez possamos eliminar. Em qualquer dia desde que você e eu nascemos, alguma parte do mundo tem estado em guerra; em 2003, o total de conflitos declarados era trinta. Pelo menos 108 milhões de pessoas morreram na guerra no século XX.

Dos vinte maiores orçamentos militares do mundo, 14 pertencem a países em desenvolvimento. Os Estados Unidos gastam mais com as forças armadas do que os 16 países seguintes somados.

O fato de que a guerra é o principal problema do mundo é inegável.

A necessidade de uma idéia nova é igualmente inegável.

A idéia nova é criar a paz pessoa por pessoa, até que o mundo alcance uma massa crítica de pacificadores em vez de pessoas que defendem a guerra.

Não existe um caminho para a paz. A paz é o caminho.

– MAHATMA GANDHI

Por que as tentativas de acabar com a guerra não deram certo

OS MOVIMENTOS DE PAZ tentaram três maneiras de acabar com a guerra:

O *ativismo,* a abordagem que exerce pressão política sobre os governos que fazem a guerra. O ativismo envolve manifestações públicas de protesto, fazer *lobby* e o engajamento político. Quase todas as guerras criam algum tipo de movimento de paz que se opõe a ela.

Por que o ativismo falhou?

Porque os manifestantes não são ouvidos.

Porque são vencidos pela frustração e pela resistência.

Porque o seu empenho é amplamente excedido pelos interesses da guerra na sociedade.

Porque o seu idealismo se transforma em raiva e violência.

O ativismo nos deixou com a imagem irônica de pacificadores indignados que acabam contribuindo para a soma da violência no mundo.

A SEGUNDA ABORDAGEM é o *humanitarismo,* a abordagem que envolve a ajuda às vítimas da guerra. Prestar auxílio às vítimas é um ato de bondade e compaixão. Encarnada pela Cruz Vermelha Internacional, essa iniciativa é permanente e atrai milhares de voluntários no mundo inteiro. Todas as nações do planeta aprovam o humanitarismo.

Por que ele falhou?

Porque o número de humanitaristas é amplamente excedido pelo de soldados e defensores da guerra.

Por causa dos recursos financeiros. O orçamento da Cruz Vermelha Internacional de 1,8 bilhão de dólares é uma minúscula fração dos orçamentos militares do mundo.

Porque os mesmos países que fazem a guerra também conduzem empreendimentos humanitários, mantendo as duas atividades muito separadas.

Porque os humanitaristas surgem em cena depois de a guerra ter começado.

A TERCEIRA ABORDAGEM é a *transformação pessoal,* a abordagem que envolve acabar com a guerra pessoa por pessoa. A idéia predominante é que a guerra começa em cada ser humano e só aí pode terminar. A tradição religiosa de rezar pela paz é o mais perto que a maioria das pessoas jamais chegará para acabar com a guerra dentro do coração. Na verdade, quase ninguém ouviu falar nessa abordagem.

Por que ela falhou?

Porque ninguém de fato já a experimentou.

Você é capaz de ser a mudança que quer ver no mundo?

– MAHATMA GANDHI

Por que a guerra acaba em você

A ABORDAGEM DA transformação pessoal é a idéia do futuro para acabar com a guerra. Ela depende da única vantagem que as pessoas da paz têm sobre as que fazem a guerra: os números. Se um número suficiente de pessoas no mundo se transformasse em pacificadores, a guerra acabaria. A idéia dominante aqui é **massa crítica**. Foi necessária uma massa crítica de seres humanos para abraçar a eletricidade e os combustíveis fósseis, para ensinar a evolução e adotar todas as principais religiões. Quando o momento está correto e a participação de um número suficiente de pessoas se faz presente, a massa crítica pode mudar o mundo.

Ela pode acabar com a guerra?

Há um precedente que nos leva a crer que pode. O antigo ideal indiano de *ahimsa,* ou não-violência, conferiu a Gandhi o seu princípio norteador de reverência pela vida. Todas as tradições espirituais acreditam que a paz precisa viver no coração da pessoa antes que possa existir no mundo exterior.

A transformação pessoal merece uma chance.

Quando uma pessoa está apoiada na não-violência,
os que estão perto dela deixam de sentir hostilidade.

– PATANJALI, sábio indiano da Antigüidade

SETE PRÁTICAS PARA A PAZ

O PROGRAMA PARA os pacificadores pede que você siga uma prática específica, cada uma baseada no tema da paz.

Domingo: Existindo em Prol da Paz
Segunda-feira: Pensando em Prol da Paz
Terça-feira: Sentindo em Prol da Paz
Quarta-feira: Falando em Prol da Paz
Quinta-feira: Agindo em Prol da Paz
Sexta-feira: Criando em Prol da Paz
Sábado: Compartilhando em Prol da Paz

A nossa esperança é que você crie a paz em cada nível da sua vida. Cada prática dura apenas alguns minutos. Você pode ser tão discreto ou tão aberto quanto quiser. No entanto, os que estão à sua volta saberão que você é a favor da paz, não apenas através das suas boas intenções como também pela maneira como se comporta na vida cotidiana.

Domingo: Existindo em Prol da Paz

MEDITE HOJE CINCO minutos em prol da paz. Sente-se tranqüilamente de olhos fechados. Leve a atenção para o coração e repita interiormente estas quatro palavras: *paz, harmonia, riso, amor.* Deixe que as palavras se irradiem da quietude do seu coração para o seu corpo.

Ao encerrar a meditação, diga para si mesmo: *Abandonarei hoje todos os ressentimentos.* Pense em um ressentimento que você tenha contra alguém e deixe que ele vá embora. Envie o seu perdão para a pessoa em questão.

Segunda-feira: Pensando em Prol da Paz

O PENSAMENTO ENCERRA PODER quando é substanciado pela intenção. Hoje, introduza a intenção da paz nos seus pensamentos. Passe alguns momentos em silêncio e a seguir repita esta antiga prece:

Que eu seja amado, que eu seja feliz, que eu seja pacífico.
Que os meus amigos sejam felizes, amados e pacíficos.
Que os meus inimigos sejam felizes, amados e pacíficos.
Que todos os seres sejam felizes, amados e pacíficos.
Que o mundo inteiro vivencie essas coisas.

Se em qualquer momento do dia você se vir dominado pelo medo ou pela raiva, repita essas intenções. Use a prece para retornar ao seu centro.

Terça-feira: Sentindo em Prol da Paz

ESTE É O DIA para experimentar as emoções da paz, que são a compaixão, a compreensão e o amor.

A compaixão é o sentimento do sofrimento compartilhado. Quando você sente o sofrimento de outra pessoa, surge a compreensão.

A compreensão é o conhecimento de que o sofrimento é compartilhado por todos. Quando você compreende que não está sozinho no seu sofrimento, nasce o amor.

Quando existe amor, a oportunidade da paz está presente.

Enquanto você pratica, observe um desconhecido em algum momento do dia. Diga em silêncio para si mesmo: *Essa pessoa é exatamente como eu sou. Como eu, ela sentiu ale-*

gria e tristeza, desespero e esperança, medo e amor. Como eu, ela tem pessoas na sua vida que se importam profundamente com ela e a amam. Como eu, a vida dessa pessoa é impermanente e um dia chegará ao fim. A paz dessa pessoa é tão importante quanto a minha paz. Desejo paz, harmonia, alegria e amor na vida dela e na vida de todos os seres.

Quarta-feira: Falando em Prol da Paz

O PROPÓSITO DE FALAR HOJE é criar felicidade no ouvinte. Tenha a seguinte intenção: cada palavra que eu pronunciar hoje será escolhida conscientemente. Eu me absterei de me queixar, condenar e criticar.

O seu exercício é fazer pelo menos uma das seguintes coisas:

Dizer a uma pessoa o quanto você a aprecia.
Expressar uma gratidão genuína por aqueles que o ajudaram e amaram.
Dizer palavras edificantes ou carinhosas para alguém que precise delas.
Demonstrar respeito por alguém cujo respeito você valoriza.

Se você perceber que está tendo uma reação negativa diante de alguém, uma reação que não seja pacífica, abstenha-se de falar e fique em silêncio. Só se pronuncie quando sentir-se calmo e equilibrado, e então fale com respeito.

Quinta-feira: Agindo em Prol da Paz

HOJE É O DIA de ajudar uma pessoa necessitada: uma criança, alguém doente, uma pessoa idosa ou frágil. A ajuda pode assumir muitas formas. Diga a si mesmo: *Hoje farei um desconhecido sorrir. Se alguém agir de um modo prejudicial comigo ou com outra pessoa, responderei com um gesto de bondade amorosa. Enviarei para alguém um presente anônimo, mesmo que insignificante. Oferecerei ajuda sem exigir gratidão ou reconhecimento.*

Sexta-feira: Criando em Prol da Paz

PROPONHA HOJE pelo menos uma idéia criativa para resolver um conflito, seja na sua vida pessoal, seja no seu círculo familiar ou entre amigos. Se puder, tente criar uma idéia que se aplique à sua comunidade, à nação ou ao mundo inteiro.

Você pode mudar um antigo hábito que não esteja dando certo, olhar para alguém de uma nova maneira, dizer palavras que nunca disse antes ou pensar em uma atividade que reúna as pessoas de um modo caloroso e alegre.

A seguir, convide um membro da sua família ou um amigo para propor uma idéia criativa desse tipo. A criatividade é mais agradável quando é você que tem a nova idéia ou propõe a nova abordagem. Anuncie que aceita e aprecia a criatividade. Seja flexível e descontraído. Deixe as idéias fluírem e experimente tudo que é interessante. O objetivo neste caso é a união, porque só pode haver confiança mútua quando nos ligamos aos outros. Quando você confia nas pessoas, desaparece a necessidade de uma hostilidade e desconfiança oculta, as duas grandes inimigas da paz.

Sábado: Compartilhando em Prol da Paz

COMPARTILHE HOJE com duas pessoas o seu exercício de pacificação. Ofereça a elas este texto e convide-as a iniciar a prática cotidiana. À medida que um número cada vez maior de pessoas participar desse compartilhamento, a nossa prática se expandirá, tornando-se uma massa crítica.

Celebre hoje prazerosamente a sua consciência da paz com pelo menos outra pessoa consciente da paz. Entre em contato com ela por e-mail ou por telefone.

Compartilhe sua experiência de uma paz cada vez maior.

Compartilhe sua gratidão pelo fato de outra pessoa encarar a paz com tanta seriedade quanto você.

Compartilhe suas idéias para ajudar o mundo a aproximar-se da massa crítica.

Faça o que puder, de uma forma notável ou modesta, para ajudar qualquer pessoa que deseje tornar-se um pacificador.

O melhor motivo para você se tornar um pacificador

AGORA VOCÊ CONHECE o programa. Se você se transformar em um pacificador, não se tornará um ativista que participa de passeatas pelas ruas. Você não será contra nada. Ninguém lhe pedirá dinheiro. Tudo que lhe é solicitado é que visite o seu íntimo e se dedique à paz.

Talvez dê certo.

Mesmo que não veja de imediato um declínio da violência ao redor do mundo, saberá no coração que dedicou a vida à paz.

Mas a melhor razão para você se tornar um pacificador é o fato de todas as outras abordagens terem falhado.

Não sabemos qual é o número da massa crítica – o melhor que podemos esperar é realizar a mudança por meio da transformação pessoal. Acabar com trinta guerras ao redor do mundo e talvez com todas as guerras futuras que certamente irão irromper não vale alguns momentos do seu dia?

Existem neste momento 21,3 milhões de soldados servindo em exércitos ao redor do mundo. Não podemos recrutar uma brigada dez vezes maior?

Cem vezes maior?

A iniciativa começa agora, com você.

Notas

ESCREVI ESTE LIVRO mantendo os olhos abertos e os ouvidos atentos. Por ser um iniciante nos detalhes da máquina de guerra, encontrei na internet uma ajuda inestimável. A maioria dos fatos nestas páginas foi retirada de pesquisas no Google, de modo que, ao digitar as mesmas palavras-chave, qualquer leitor poderá ter acesso às informações, como eu tive. A internet tem uma reputação de negligência, mas na verdade é freqüentemente mais confiável do que uma biblioteca convencional. Cada fato pode ser verificado muitas vezes. Por exemplo, as palavras "Iraqi body count 2004" [contagem corpos Iraque 2004] produz 25 mil resultados que são mais atualizados do que qualquer livro impresso.

Também mantive um diário dos eventos cotidianos no mundo. Extraí as informações de fontes de notícias na Web, principalmente na AOL News e em comunicados da Associated Press que podem ser encontrados em muitos sites, como *www.salon.com*.

Espero que os leitores que desejem pesquisar um tema específico recorram à Web e investiguem por si mesmos, porque somente ficando de olhos abertos e ouvidos atentos é possível expandir a consciência. No capítulo sobre a religião e a incapacidade dela para acabar com a guerra, menciono o dia em que me apresentei no *Larry King Live* com quatro líderes religiosos. Cada um deles mencionou o tempo todo o nosso dever de combater o mal, e no último instante emiti um protesto, que foi amplamente abafado pela voz deles: "Temos que parar de chamar as outras pessoas de más." Ao explorar a abundância de informações sobre a guerra que está disponível na Web, você também mergulhará em novos mundos e perspectivas. Ficar aprisionado na nossa cegueira cultural é o mesmo que ficar preso no pêlo de Pêlo Grudento.

Um bom lugar para começar é o site no qual iniciei a minha busca: "What Every Person Should Know About War" [O que toda pessoa deve saber sobre a guerra]. Espero, no entanto, que o seu caminho o conduza ao Web site da Aljazeera, a controvertida rede de televisão por satélite, para que possa descobrir por si mesmo o que o mundo árabe está pensando e como ele nos vê. Provavelmente não preciso mencionar os sites gratuitos do *Time, da Newsweek* e do *New York Times,* além de fontes menos convencionais, como *Salon.com* e *Slate.com.* Mas quantos de nós lemos na internet o *Times* de Londres ou *The Observer*? Descobrimos muito rápido que a nossa visão da Europa tornou-se distorcida e simplificada demais.

Se você tiver inclinação para a psicologia, dê uma olhada em "A Fine Line Between Normal and Monster?" [Um limite estreito entre o normal e o monstro?], que é um fascinante artigo on-line, um dos muitos que tratam da experiência da dor de Millgram e a experiência da prisão em Stanford. Os que têm inclinação para a história podem seguir numerosas *threads* para Adolf Eichmann, Osip Mandelstam e armamentos medievais na Batalha de Crecy, assuntos que mal abordei nestas páginas. Se você tiver uma inclinação científica, recomendo com insistência que leia o livro *The Self-Aware Universe* [O universo autoconsciente] de autoria de Amit Goswami. A explicação dele sobre a hierarquia emaranhada alterou a minha opinião a respeito de como a realidade é construída. Tenho tido o privilégio de discutir esse conceito com ele nos últimos cincos anos.

Finalmente, ler a respeito de Hannah Arendt e as suas famosas idéias sobre a banalidade no mal ajudará a convencer qualquer pessoa das formas cotidianas pelas quais a hierarquia emaranhada enreda a todos nós. Arendt não era uma pensadora otimista, considerando-se a longa sombra do Holocausto. Mas ela disse algo auspicioso: a reflexão profunda nos colocará frente a frente com as decisões que tomamos e afastará as nossas escolhas do mal. O caminho da paz envolve mais do que a reflexão profunda. Mas o trajeto começa aqui, e foi com essa finalidade que escrevi este livro.

O Que Posso Fazer?

A NOSSA TAREFA conjunta é formar um movimento da paz que não seja um movimento contra a guerra. A diferença é fundamental, porque todo movimento criado para ser "contra" acabou se transformando em resistência, oposição e violência. Só posso falar como pessoa, mas, para mim, o movimento pela paz ideal baseia-se em uma das três palavras que começam com S: *Satsang*. *Satsang* significa compartilhar a consciência com outras pessoas. Essa atitude pode começar por algo simples como promover um grupo de discussão uma vez por semana, um fórum no qual todos têm a chance de falar a respeito do seu desejo para a paz.

O passo seguinte pode ser uma "célula de paz", um grupo de dez pessoas que desejam promover a paz através do programa de sete passos delineado neste livro. Com essa finalidade, incluímos um texto na página intitulado "Programa para Pacificadores" cujo download pode ser feito na internet. Ele pode ainda ser distribuído para todos os que possam desejar fazer parte de uma célula de paz.

Finalmente, à medida que a consciência se desenvolve, você talvez queira se associar a uma comunidade global de células de paz. Um website especial, www.peaceistheway-globalcommunity.org, foi criado para relacionar cada célula de paz e fornecer links para elas para que o *Satsang* esteja presente no mundo inteiro.

Eu adoraria ver o meu ideal tornar-se uma realidade, mas o ponto central de um movimento de paz é participar de acordo com o seu ideal. A paz é uma visão, e as visões devem se desenvolver sozinhas, acompanhando os desejos íntimos de cada um. Neste momento, a visão é uma centelha, mas, em algum lugar, em algum momento, a centelha se incendiará. Não posso dizer quando será esse momento; poderá acontecer com você. Espero que sim, porque estou certo de que não existe uma comunidade mais forte do que a que é invisível e é criada por pessoas inspiradas pelo seu propósito mais elevado.

ARCO DO TEMPO

NOS PASSOS DO BUDISMO

Pam e Gordon Smith: MEDITAÇÃO • Thich Nhat Hanh: PAZ A CADA PASSO / A ESSÊNCIA DOS ENSINAMENTOS DO BUDA / VIVENDO BUDA, VIVENDO CRISTO • Stephen Chun-Tao Cheng: O TAO DA VOZ • Dalai Lama: OS ESTÁGIOS DA MEDITAÇÃO • Dalai Lama e Jeffrey Hopkins: COMO PRATICAR – O CAMINHO PARA UMA VIDA REPLETA DE SENTIDO / CONSELHOS SOBRE A MORTE – E COMO VIVER UMA VIDA MELHOR • John Welwood: EM BUSCA DE UMA PSICOLOGIA DO DESPERTAR • Jeremy Hayward: O MUNDO SAGRADO • Lama Surya Das: O DESPERTAR DO BUDA INTERIOR / O DESPERTAR DO CORAÇÃO BUDISTA / O DESPERTAR PARA O SAGRADO • Bri Maya Tiwari: O CAMINHO DA PRÁTICA

VIVENDO O AMOR

David Spangler: PAI MÍSTICO, MÍSTICO PAI / MILAGRES DO DIA A DIA / O CHAMADO / BÊNÇÃO • Robin Casarjian: O LIVRO DO PERDÃO • Joan Gattuso, UM CURSO EM AMOR / UM CURSO DE VIDA

ESCRITO NAS ESTRELAS

Melanie Reinhardt: QUÍRON E A JORNADA EM BUSCA DA CURA

A FORÇA DA INTUIÇÃO

Clarissa Pinkola Estés: MULHERES QUE CORREM COM OS LOBOS • Caroline Myss: ANATOMIA DO ESPÍRITO / CONTRATOS SAGRADOS • Charlene Belitz e Meg Lundstrom: O PODER DO FLUXO • Marianne Williamson: O VALOR DA MULHER / ILLUMINATA / GRAÇA COTIDIANA / AMOR ENCANTADO • Deepak Chopra: A REALIZAÇÃO ESPONTÂNEA DO DESEJO • Charles e Anne Simpson: HISTÓRIAS SAGRADAS • Aliske Webb: DOZE PONTOS DE OURO • Belleruth Naparstek: SEU SEXTO SENTIDO

A LIÇÃO DOS XAMÃS

Jamie Sams: AS CARTAS DO CAMINHO SAGRADO / DANÇANDO O SONHO • Jamie Sams e David Carson: CARTAS XAMÂNICAS • Marlo Morgan: MENSAGEM DO OUTRO LADO DO MUNDO / MENSAGEM DO ETERNO • John Tarrant: A LUZ DENTRO DA ESCURIDÃO • Olga Kharitidi : CÍRCULO DE XAMÃS • Douglas Gilette: O SEGREDO DO XAMÃ • Hank Wesselman: ANDARILHO ESPIRITUAL • James F. Twyman: EMISSÁRIO DA LUZ

AS LEIS DO ESPÍRITO

Deepak Chopra: O CAMINHO PARA O AMOR / O CAMINHO DA CURA / COMO CONHECER DEUS / AS SETE LEIS ESPIRITUAIS PARA OS PAIS / O LIVRO DOS SEGREDOS / A PAZ É O CAMINHO / O CAMINHO DO MAGO

A LUZ EM TODA A PARTE

John Callanan: O ESPÍRITO DE TONY DE MELLO / A PORTA PARA SEU EU INTERIOR, John O'Donohue: ANAM CARA / ECOS ETERNOS • Phil Jackson e Hugh Delehanty: CESTAS SAGRADAS • Christine Longaker: ESPERANÇA DIANTE DA MORTE • John Ruskin: PURIFICAÇÃO EMOCIONAL • Robert Griffith Turner Jr.: O FOGO E A ROSA • Neale Donald Walsch: AS NOVAS REVELAÇÕES

O ENCANTO NO COTIDIANO

Victoria Moran: REFÚGIO PARA O ESPÍRITO / COMO CRIAR UMA VIDA ENCANTADA, A LUZ QUE VEM DE DENTRO / EM FORMA DE DENTRO PARA FORA •
Judith Orloff, M. D. ENERGIA POSITIVA • Elizabeth Lesser: DE CORAÇÃO ABERTO

COLEÇÃO SÁBIAS PALAVRAS

Thomas Cleary: I CHING • org. Thomas Cleary: O ESPÍRITO DO TAO • Morihei Ueshiba A ARTE DA PAZ • org. Jack Kornfield e Jill Fronsdal: ENSINAMENTOS DO BUDA • Francesca Fremantle e Chogyan Trüngpa: O LIVRO TIBETANO DOS MORTOS • Olga Savin: O CAMINHO DE UM PEREGRINO,